新编21世纪高等职业教育精品教材
公共基础课系列

心灵成长之旅

XINLING CHENGZHANG ZHILÜ

大学生积极心理指导与训练

（第2版）（含成长手册）

主　编◎张丽芳　吴　蕊
副主编◎焦莹莹　孙　东

中国人民大学出版社
· 北京 ·

第2版前言

| QIANYAN |

党的二十大报告将“健康中国”作为我国2035年发展总体目标的一个重要方面，提出“把保障人民健康放在优先发展的战略位置，完善人民健康促进政策”，并对“推进健康中国建设”作出全面部署，提出要“重视心理健康和精神卫生”。本教材以习近平新时代中国特色社会主义思想为指导，全面贯彻党的教育方针，坚持为党育人、为国育才，落实立德树人根本任务，坚持健康第一的教育理念，培育学生热爱生活、珍视生命、自尊自信、理性平和、乐观向上的心理品质和不懈奋斗、荣辱不惊、百折不挠的意志品质，促进学生思想道德素质、科学文化素质和身心健康素质协调发展，培养担当民族复兴大任的时代新人。

在多年高职院校的教育实践中，我们发现，高职院校学生与本科院校学生相比，虽然处于相同的年龄阶段，但由于学习经历、家庭环境等特殊的个人生活体验，他们在自我认知、学习兴趣、情绪管理、人际关系、未来希望等诸多方面具有其自身特点。尤其是随着社会经济水平的不断提高，在无时不网、无处不网、无事不网的时代，学生个性化发展更加鲜明。心理健康教育如何适应高职院校学生的特点，如何采用更适合的方式使学生发现自身潜能，激发生活、学习热情，成就幸福、出彩人生，成为我们思考的重点。

在本教材编写过程中，我们查阅了国内出版的众多大学生心理健康教育的教材，发现绝大多数内容都是面向少数问题学生、针对消极问题展开的，离学生的心理距离较远，也很容易让学生认为一谈心理，就是心理疾病，产生不良的心理暗示。本教材以高职院校学生日常的生活状态为切入点，吸收与借鉴积极心理学的研究成果，着眼于发现和养成学生的积极心理品质，挖掘学生固有的、潜在的、具有建设性的力量，进而促进学生人格的完善，走向幸福人生。

本教材在内容选取与编写方式上有以下几个特点：

一是内容创新。本教材改变了以解决心理问题为重点的思维逻辑，吸收并借鉴了积极心理学的理念与方法，以培养学生积极心理品质、挖掘学生潜能为目标选取内容。

二是形式新颖。本教材以学生安然的成长故事为线索，将理论知识贯穿起来，按照“感—思—学—行—悟”的体验式模式，在每部分内容设计了成长困惑、成长导航、成长训练营、成长加油站等板块，使学生能够在体验中感悟、在体验中学习、在体验中成长。

三是趣味性、可读性。遵循学生的认知规律，本教材选取了大量图片，还有部分原创作品，图文并茂，增强了直观性，提高了吸引力。

本教材在第1版基础上对部分内容与形式进行了修订，主要体现以下几方面：一是按照“积极自我认知→积极人际关系→幸福人生”的逻辑关系，调整了部分内容顺序；二是强化了课程思政，修改、增加了部分案例；三是强调学生参与，突出心理品质的养成，单独编写了成长手册。

在本教材编写团队中，张丽芳教授担任第一主编，负责统稿、教材内容审定、撰写前言等工作，并参与了成长驿站一、四的编写；吴蕊副教授担任第二主编，负责成长手册的统稿、初审，承担了成长驿站四、七的编写任务；焦莹莹副教授担任第一副主编，负责确定编写体例，承担了成长驿站一、三的编写任务；孙东副教授担任第二副主编，负责成长驿站二、五、六、八的内容初审，参与了成长驿站七、八的编写；其余参编人员具体分工如下：成长驿站二、五由张峰副教授编写，成长驿站六由高娟老师编写，成长驿站八由任玉冰老师编写。

在本教材编写的过程中，我们吸收、借鉴了国内外同行专家们的相关资料、研究成果，在此一并表示感谢。同时，由于编者水平有限，书中疏漏和不妥之处在所难免，恳请读者提出宝贵的意见和建议。

编者

目　录

| MULU |

引 子

安然出生在鲁西南地区的一个普通农民家庭，家中父母身体健康，还有一个上小学二年级的弟弟。高中毕业后，安然考入省内一所职业院校。两个儿子上学给家里带来了不小的经济压力。安然十分珍惜来之不易的求学机会，心中暗下决心：要认真学习，练就过硬本领，用自己的劳动创造美好生活。

带着对新生活的憧憬，安然开始了大学生活……

成长驿站一
勇于探索，发现独一无二的我

学习目标

素质目标

懂得欣赏自我，悦纳自我，积极追求自我实现。

知识目标

1. 复述自我意识的概念、结构及功能。
2. 熟记完善自我的方法。

能力目标

1. 提升自我认识的水平，对自我做出客观合理的评价。
2. 具备在实践中完善自我的意识及行为。

行为目标

在生活、学习中能够有意识地进行自我调适，建立自尊自信意识，培养健全的人格，纠正自身存在的个性偏差。

课前导语

你是不是经常有这样的思考："我是谁?""我的性格是内向还是外向?""我想成为什么样的人"……这些问题让我们不断地认识、审视并塑造自我。关于认识自己这件事，越早开始越好。这样，我们就可以更好地把握、完善自己，最终实现独一无二的自我。

如何清晰地认识自我、积极悦纳自我，培养自信、真诚、勇敢、充满希望的积极心理品质？本成长驿站将给大家带来一些启示和答案。

第一站　我就是我，不一样的烟火

安然日记

今天我作为换届代表参加了系里的学生会换届，投出了神圣的一票。

看着台上的学长学姐自信大方，语言表述清晰有条理，坐在台下的我心生羡慕，甚至有了点自惭形秽的感觉：我个人形象不太好，又黑又瘦；虽然是个让人省心的孩子，但在班级里不是“出镜率高”的学生。我性格比较内向，不太好意思在大家面前讲话，可看着学长学姐意气风发、侃侃而谈的样子，心里也是痒痒的。

我也想尝试改变一下自己，让自己更自信、更阳光一些。可我该从哪里开始呢？

成长困惑一

看完安然的日记，你是否也有过类似的感受？想让自己变得更好，却无从下手，对自己没有深刻的了解，遇事随波逐流。关于自己，你还有其他疑惑吗？请记录在《成长手册》（成长驿站一→第一站→成长困惑一）里，待上完本堂课之后再回头看看，是否有了答案。

成长导航

古语有云：“知人者智，自知者明。”（出自《道德经·第三十三章》）意思是说，能了解别人的人聪明，能了解自己的人明智。人往往是这样，“不识庐山真面目，只缘身在此山中”。了解自己比了解别人更难。大多数时候，令我们困惑最多的不是别人，而是自己。认识世界，都是从认识自己开始的。

如果一个人不了解自己是怎样一个人，那么他的生活就会处于一种混沌之中，充满不安和彷徨。因此，在认识别人之前，我们首先要认识自己；要认识世界，我们就更要认识自己。只有认识了自己，我们才能更好地做自己。大学生要培养和保持健康的心理，必须从拥有良好的自我意识开始。

一、认识自我

（一）自我意识的概念

自我，又称“自我意识”，简单地说，就是“我”对自己及自己与周围环境关系的认识、评价与体验。自我意识包括以下几方面内容：

1. 生理自我

生理自我是我们对自己的身体、生理状态的认识和评价，如身高、体重、身材、容貌、性别等方面的认识，以及对温饱饥饿、劳累疲乏、生理病痛等的感觉。生理自我是与生俱来的。

2. 心理自我

心理自我是我们对自己心理状态的认识和评价，如对智力、性格、气质、兴趣、能力、记忆、思维、情绪等特点的认识和评价。

3. 社会自我

社会自我是我们对自身与他人、家庭、集体以及外界环境等各种客观事物关系的认识、体验和愿望，如自己在家庭、集体中的地位，对他人的影响力，对环境的适应性等。

拓展阅读

《少年》

“我还是从前那个少年，没有一丝丝改变……”2020 年 2 月 4 日小年夜晚，在央视总台网络春晚中，平均年龄 75 岁的清华大学上海校友会艺术团的成员们挽起袖子，唱起歌曲《少年》，让观众泪目。

50 多年前，这群老人踏入清华校园，学成以后奔赴祖国最需要的地方。他们把热血、热爱和汗水泼洒在了祖国需要的地方，而他们经历的一切也滋养了自己的人生，让人生的境界变得更加广阔。

歌曲《少年》

“少年”二字，不问白发，只问心境，无关年龄，只关热爱。因为热爱，岁月带给他们的不是惊慌，而是光芒。这群白发苍苍的老人，永远热血是少年。

（二）自我意识的结构

自我意识是一种多层次、多维度的复杂心理现象，它是由自我认识、自我体验和自我控制构成的。

1. 自我认识

自我认识就是自己对自己的认识，包括自我认知和自我评价。自我认识就是要解决“我是一个什么样的人”的问题。从认识形式看，自我认识表现为自我感觉、自我观察、自我分析和自我评价等。例如：一个学生因为高考失利而没有考上大学或者没有考上理想的大学，就感觉自己低人一等，认为自己没有用，他就会产生自卑感，做事情也提不起兴趣，无法积极投入，结果也常常以失败而告终。难道人的全部价值就只体现在考大学这一件事情上吗？显然不是。“不以一时成败论英雄”，谁又能保证“咸鱼”不会有翻身的一天呢？

2. 自我体验

自我体验，是我们对自己怀有的一种情绪体验，即“对自己是否满意”“能否悦纳自己”的问题。“满意”则自我肯定、信心十足；反之，则自我否定、垂头丧气。我们可能都有过这样的体验，在对自己失望时，整个世界都似乎成了灰色；在情绪沮丧、抑郁消沉时，我们所看到的、做到的，甚至从记忆深层挖出的都是令人伤感的事情，甚至会自己否定自己；而在充满自信时，对自己的缺点都可以合理化，积极地去看待、去争取改善。

3. 自我控制

自我控制是指个体在没有外界监督的情况下，能控制自己的行为、思想和言语等，以达到自我期望的目标。自我控制包括自我激励、自我暗示、自强自律，核心内容是“我将如何规划自己的人生”。自我控制是解决“如何有效地调控自己”“如何改变现状，使自己成为一个有理想的人”的问题。日常生活中讲的“自制力”实际上就是自我控制的能力。

（三）自我意识的存在方式

1. 现实自我

现实自我是指个体在现实生活中的真实情况，即自我在能力、水平、业绩等方面的实际表现。它是个体在现实生活中获得的真实感受。

2. 镜中自我

镜中自我，也称“投射自我”，是指从别人眼中反照出来的自我形象，即在个体眼中别人对自己的基本看法。

趣味阅读

唐太宗以人为镜

魏征是隋末唐初著名的政治家，他尽心竭力辅佐唐太宗17年，始终以谏诤为己任，有时甚至犯颜直谏、面折廷争，阻止或纠正了唐太宗许多错误的行为和主张，为“贞观之治”的形成和巩固做出了杰出的贡献。他去世之后，唐太宗伤心地说：“以铜作为镜子，可以端正衣冠；以历史作为镜子，可以知道国家的兴亡；以人作为镜子，可以知道自己的得失。现在魏征去世了，我失去了一面很好的镜子啊！”

资料来源：http://baike. so. com/doc/5013848 - 5239201. html.

3. 理想自我

理想自我是指个体想要达到的比较完美的形象（如图1-1所示）。

图1-1　理想自我

（四）自我意识的功能

自我意识与人的成长发展息息相关。自我意识在大学生的成长中具有目标导向、自我控制和内省调节等功能。

1. 目标导向功能

一个人想要成就一番事业，就必须从自身的实际出发，制定明确合理的目标，只有这样才能激发自身强大的动力和潜能，调动起积极性。个体在对自我形成客观全面认识的基础上，树立起清晰合理的“理想自我”形象，为个人将来的发展确定目标。这将对个人的认知、情感、意志、行动产生很大的影响，是个体活动的动力。

2. 自我控制功能

一个人如果有了发展目标而不付诸行动，其结果仍然是一无所获。在有了目标之后，还必须具备自立、自主、自信、自制的意识，对偏离目标的情感和行动，加以调节和控制。在通往成功的路上，很多人与成功失之交臂，并不是因为他们缺乏机会和才华，而是因为他们缺乏自我控制的意识和能力。自我控制是自我意识发挥能动作用的一个重要表现，它为目标的实现保驾护航，是成功的卫士，是自我意识的一项很重要的功能。

3. 内省调节功能

自我意识健全的个体，不仅能够确立符合个体的“理想自我”，而且能够通过自我控制来实现预期目标。但是由于主客观条件的制约，“理想自我”的实现常常会遇到各种障碍，致使个体产生不同程度的挫折感，这时自我意识就会对自己的认识、情感、意志、行为等进行反省，找寻受挫的主客观原因，并重新调整认识，形成新的“理想自我”，使其与“现实自我”趋于统一。要想使自己成为自我实现的人，就需要有积极的自我意识，随时对自我的认识、情感、意志和行为加以反省和调节。

二、大学生自我意识发展的特点

大学生正处于自我意识发展的关键时期，其自我意识的发展出现了许多新的特点，具体体现为以下几个方面：

（一）自我认识的广度和深度大大提高

中学阶段，学生对自我的认识多集中在身体、容貌、仪表等外在方面。而到了大学阶段，学生除看重外在，更加注重内在的素质，如思想道德素质、科学文化素质、行为习惯素质、人际交往素质等。

（二）自我体验的内容和形式更加丰富、复杂

1. 丰富性

丰富多彩的学习生活为大学生发展丰富性的自我体验提供了有利条件。随着大学生的自我意识不断完善发展，他们的成人感逐渐增强，意识到作为新时代的大学生身上所承担的责任和义务，会有爱国主义和集体主义的体验；意识到由于自己的能力和品德状况而产生自信或自卑等情绪。

2. 敏感性

大学生的对自我的认识还在不断探索中，个性也不够成熟和稳定，驾驭情感的意志力也不够强大，因此对与他们相关的事物，很容易迅速引起情感、情绪上的反应。例如：大学生开始重视自己的人际关系情况，对他人的言行和态度十分敏感，特别在涉及自己的前途、理想及异性交往等方面，更容易引起强烈的自我情绪体验。

3. 波动性和两极性

大学生的情绪极具波动性和两极性（如图 1－2 所示）。他们可能因一时的成功而产生积极的、愉快的情感体验，甚至骄傲自满、忘乎所以，进而对自我的肯定多些，充满了自信；也可能因一时的挫折、失败而低估自我或丧失自信心，甚至悲观失望，对自我的否定就多些，容易产生自卑、内疚等情绪。

图 1－2　大学生情绪的波动性和两极性

4. 内隐性

进入大学阶段，学生们不再像儿时那样天真烂漫，喜怒都挂在脸上。他们开始有了更多的个人空间和秘密。于是，他们不愿意轻易地向他人敞开心扉，会很注重维护自己的面子，会有意识地掩盖自己的缺点和不足。

（三）自我控制的能力明显提高

大学生已经能够根据别人的评价和自己行动的结果进行反思，及时调整行为和目标；在掌握专业知识的同时，更加注重多元化能力的培养，以便能更好地适应社会。

趣味阅读

周哈里窗

心理学家鲁夫特与英格汉提出“周哈里窗”（Johari Window）模式，“窗”是指一个人的心就像一扇窗，普通的窗户分成四个部分，人的心理也是如此。因此，“周哈里窗”把人的内在分成四个部分：开放我、盲目我、隐藏我、未知我（如图 1-3 所示）。

	自己知道	自己不知道
别人知道	1.开放我（公众我） **自由活动领域**	2.盲目我（背脊我） **盲目领域**
别人不知道	3.隐藏我（逃避我） **逃避或隐藏领域**	4.未知我（潜在我） **未知领域**

图 1-3　周哈里窗

1. 开放我

左上角那一扇窗称为“开放我”，也称“公众我”，属于自由活动领域。这是自己清楚、别人也知道的部分。例如：我们的性别、外貌，以及某些可以公开的信息，包括婚否、职业、工作生活所在地、能力、爱好、特长、成就等。“开放我”的大小取决于自我心灵开放的程度、个性张扬的力度、人际交往的广度、他人的关注度、开放信息的利害关系等。“开放我”是自我最基本的信息，也是了解自我、评价自我的基本依据。

2. 盲目我

右上角那一扇窗称为“盲目我”，也称“背脊我”，属于盲目领域。这是自己不知道而别人知道的部分，所谓“当事者迷，旁观者清”。“盲目我”所包含的内容可以是一些很突出的心理特征，如有人轻易承诺却转眼间忘得干干净净；也可以是不经意的一些小动作或行为习惯，如一个得意的或不耐烦的神态和情绪流露，本人没有觉察，除非别人告诉。盲目点可以是一个人的优点或缺点。因为事先不知、不觉，所以当别人告诉自己时，或惊讶、或怀疑、或辩解，特别是当听到与自己的初衷或想法不相符合的情况时。“盲目我”的大小与自我观察、自我反省的能力有关，通常内省特质比较强的人，盲点比较少，“盲目我”比较小。而熟悉并指出“盲目我”的他者，往往也是关爱你的人，欣赏你的人，信任你的人（虽然也可能是最挑剔你的人）。所以，我们要学会用心聆听，重视他人的回馈，不固执，不过早下结论；学会感恩，是他们帮助自己拨开迷雾。

3. 隐藏我

左下角那一扇窗称为“隐藏我”，也称为“逃避我”，属于逃避或隐藏领域。这是自己知道而别人不知道的部分，与“盲目我”正好相反。就是我们常说的隐私、个人秘密，即不愿意或不能让别人知道的事实或心理。身份、缺点、往事、疾患、痛苦、窃喜、愧疚、尴尬、欲望、意念等，都可能成为“隐藏我”的内容。相比较而言，心理承受能力强的人、隐忍的人、自闭的人、自卑的人、胆怯的人、虚荣或虚伪的人，“隐藏我”会更多一些。适度的内敛和自我隐藏，给自我保留一个私密的心灵空间，避去外界的干扰，是正常的心理需要。没有任何隐私的人，就像住在透明房间里，缺乏自在感与安全感。但是“隐藏我”太多，“开放我”就太少，如同筑起一座封闭的心灵城堡，无法与外界进行真实有效的交流与融合，既压抑了自我，也令周围的人感到压抑，容易导致误解和曲解，造成他评和自评的巨大反差，成为人际交往的迷雾与障碍，甚至错失机会。勇于探索自我者，不能只停留在“开放我”的层面，还应敢于直面“隐藏我”的秘密和实质。

4. 未知我

右下角那一扇窗称为“未知我”，也称为“潜在我”。这是自己和别人都不知道的部分，有待挖掘和发现。通常是指一些潜在能力或特性，如一个人经过训练或学习后，可能获得的知识与技能，或者在特定的机会里展示出来的才干，也包含弗洛伊德提出的潜意识层面，仿佛隐藏在海水下的冰山，力量巨大却又容易被忽视。只有对“未知我”进行探索和开发，才能更全面而深入地认识自我、激励自我、发展自我、超越自我。学着尝试一些全新的领域，挖掘潜力，会收获惊喜。勇于自我探索，要善于开发“未知我”。

资料来源：https://baike.so.com/doc/3876682-4069560.html，有删减.

第二站 把握现在，做更好的自己

安然日记

最近我忙惨了！作为班委，我需要在“到梦空间”里发起各种活动、督促同学们打卡；每周一次的团课，我还要配合组织委员一起搜集、整理材料，制作团课用的PPT。上周三晚自习，我担任团课主持人。上台前明明都已经记住主持词了，可一站在台上我就紧张得要命，主持词说得也不顺，急得面红耳赤，只好看着PPT念了。自己感觉表现得一点也不好。

可老师和同学们都说，站在台上的我台风很稳，虽然主持词说得不流利，但是看得出来准备工作还是很充分的。这些话让我心里好受了很多。

成长困惑二

安然的心情随着他人的评价产生了“触底反弹”的波动，在生活中，你是否也很在意别人的看法或评价？你认为哪些人的建议是可以认真对待的？请在《成长手册》（成长驿站一→第二站→成长困惑二）里写一写，再对比老师课上的讲解，看看自己是不是“想多了”？

成长导航

积极的自我意识不是与生俱来的，它与长期的积极暗示密切相关。那么怎样才能获取积极的自我意识，又怎样才能驾驭自我意识呢？

一、正确认识自我

正确地认识自我就是对自己的性格、特长、兴趣、爱好以及家庭、社会对自己的影响做一个全面、客观、准确的自我评价。苏轼有言：“人之难知也，江海不足以喻其深，山谷不足以配其险，浮云不足以比其变。”其中道出的仅仅是知人难，不知道他可否知道：知人难，知己更难。

只有闯过了人生的重重迷宫，才能找到自己、认识自己。全面客观地认识自己是形成积极自我意识的基础。大学生自我认识的途径主要有：

（一）积极参加社会交往活动

“世界这么大，我想去看看。”可以通过各种社会交往活动的表现和成果来认识自我，充分展现自我，提升眼界和能力，丰富自己对自然、社会和他人的认识，通过认识外部世界来进一步认识自我。

（二）合理运用社会比较策略

每一个人在认识自我的过程中，免不了要与别人进行比较。例如：我的高数成绩是85分，如果不与他人比较，这85分是高还是低我并不清楚。进行社会比较是每个人全面客观地认识自我的重要方式，但绝不能无原则地攀比。不少大学生在社会比较的过程中，常常陷入这样一个误区：总是拿自己的缺点跟别人的优点比，总是看到自己的缺点而看不到自己的优点；同时，只看到别人的优点却看不到别人的缺点。这样的比较势必夸大自己的不足、抹杀自己的长处，久而久之就会形成消极的自我意识。例如：高职高专学生常常拿自己的学历与本科生的学历进行比较，就得出了结论——自己不如本科生。这种比较是不科学的，因为没有看到自己的专业优势和技能优势，而这方面的优势恰恰是当今很多本科生所羡慕的。

我们可以与自己比较、与同学朋友比较，或者与优秀毕业生或某些典型人物比较等。在比较的时候要注意的是，与自己比较重在“每天成长一点点”（如图1－4所示），与他人比较重在“取百家之长补己之短，融会贯通”。

图1－4　与自己比较

（三）观察他人对自己的态度和评价

唐太宗“以人为镜”的典故，从一个侧面强调了别人的态度、评价对自我意识形成的重要作用。不同的人对同一个体的评价往往不同，同一个人对同一个体的评价在不同的时期也会发生变化。每一种评价都不可能是对“自我”的全面、客观的评价，但只要我们把它们综合起来，就能得到比较全面、客观的自我意识。

俗话说：“旁观者清，当局者迷。”是不是所有人的评价都要重视？当然不是。要留意来自父母、老师、同学、朋友、异性等多方面的信息，这样就能够逐步形成对自我的全面、客观的认识。当然，在听取别人意见的过程中，既要虚心听，又不能偏听偏信。所谓“兼听则明，偏听则暗”，说的就是这个道理。

二、积极悦纳自我

一个人的心理健康与否，有一个重要的指标，那就是他能不能接受自我，这叫“悦纳自我”。总的来说，悦纳自我包括三方面：第一，接受自己的全部，无论优点还是缺点，无论成功还是失败；第二，无条件地接受自己，接受自己的程度不以自己是否做错事而有所改变；第三，喜欢自己，肯定自己的价值，有愉快感和满足感。只有真正做到这些，我们才能真正地悦纳、认识自我。

悦纳自我，并不是认为自己的一切都是好的。悦纳自我就是对自己感到满意，欣赏自己的优点，承认自己的不足，不苛求与别人雷同，做一个真实的、“独一无二”的自己。

改变的最好时机就是现在。青春期是认识自我、肯定自我、完善自我、提升自我的最佳时期，对于大学生而言，要做到悦纳自我，让自己成为一个“更好的自己”，可以从以下几个方面入手：

（一）接受自我

人无完人，任何人都是既有优点又有缺点的。无论是好的还是坏的，成功的还是失败的，有价值的还是无价值的，凡是自身现实的方面我们都应该接受。要平静而理智地对待自己的长短优劣、得失成败。要开朗乐观，以发展的眼光看待自己，既不以虚幻的自我来补偿内心的空虚，自欺欺人，也不消极回避自身的现状，更不能以哀怨、自责甚至是厌恶来否定自己。

图1-5 欣赏自我

（二）欣赏自我

一个对自己充满信心的人，会自感其美，并充分地展示（如图1-5所示）；一个对自己缺乏信心的人，则很难发现自己的美，更不用说去展示自己的美了。接受自己，喜欢自己，觉得自己是独一无二，能产生价值感、自豪感、愉快感和满足感。只有平静而又理智地看待自己的长处与短处，冷静地对待自己的得与失，才能做到悦纳自我。

（三）在“大我”中完善“小我”

这里的“小我”是指个人，“大我”是指与个人相对应的团体。这里的团体往小了说可以指三五成群的一个小组，一个温馨和睦的班集体；再大点可以指所在的学校，将来入职的企业；往更大了说还可以指我们的国家，人类命运共同体等。个人与团体是相互依存的，所以应在团体中建立自我，从团体中去了解自我、改变自我、发展自我。

我们正处在一个最好的时代，只要有意愿，就可以通过网络、公开课、书籍学到任何想学习的知识；我们有更多的机会接触更多人的世界观，有更多的机会变得不狭隘；更多的人已经解决了物质上的温饱，开始更多地追求精神上的满足、提高和愉悦……

培根铸魂

新时代青年

青年强，则国家强。当代中国青年生逢其时，施展才干的舞台无比广阔，实现梦想的前景无比光明。全党要把青年工作作为战略性工作来抓，用党的科学理论武装青年，用党的初心使命感召青年，做青年朋友的知心人、青年工作的热心人、青年群众的引路人。广大青年要坚定不移听党话、跟党走，怀抱梦想又脚踏实地，敢想敢为又善作善成，立志做有理想、敢担当、能吃苦、肯奋斗的新时代好青年，让青春在全面建设社会主义现代化国家的火热实践中绽放绚丽之花。

——习近平总书记在中国共产党第二十次全国代表大会上的报告（2022 年 10 月 16 日）

（四）培养良好的自我感觉

找出最近（一年之内）一次或几次自己做过的比较成功或满意的事情，写在信纸上，用心体会成功的愉快心情，庆祝自己的胜利；及时总结自己在工作学习中取得的进展和成绩，肯定自己的能力；记录别人对你的积极评价和态度，增强自信；仔细回忆自己从前的经历，找出各方面比较出色的表现，肯定自己已具备的良好素质。这样，就能把注意力集中在自己的优点和成功上，而不是集中在自己的缺点和失败上，即“积极关注，关注积极”。这有助于建立和巩固良好的自我感觉，悦纳自我，不断提升自己的生命价值。

三、有效地控制自我

自我控制是健全自我意识、完善自我的根本途径，是主动定向地改造自我的过程，也是个体对待自己的态度具体化的过程。

从“现实自我”向“理想自我”实现的过程中，大学生将会遇到各种干扰和障碍，需要及时进行自我调节和自我监督，从实际出发，合理定位，做出自我完善的决策和指示；努力培养自己坚强的意志品质，经得起打击且越挫越勇，从而做到自我的有效控制，最终实现理想自我。

四、不断地超越自我

认识自我、悦纳自我都是为了实现自我的超越。超越自我是每个大学生终身努力的方向。因此，无论对人对事，我们都要尽全力，使自己的能力得到最大限度的发挥。超越是一种境界，也是一个过程，一个“新我”的诞生需要付出艰辛的努力和沉重的代价。

成长训练营

一、我是谁（20 问）（配合使用《成长手册》成长驿站一→成长训练营→活动一）

（一）活动目的

通过“20 问”法描写自我、了解自我。

（二）活动时间

7 分钟。

（三）活动过程

请在横线上填写对自我的描述。

二、名片制作——独一无二的我（配合使用《成长手册》成长驿站一→成长训练营→活动二）

（一）活动目的

（1）帮助学生了解自我，了解每个人都是独一无二的。

（2）让学生接纳独特的自我和独特的他人。

（3）学生发挥自己的优势，努力做更好的自己。

（二）活动准备

（1） A4 纸若干张（参加活动者每人一张）。

（2）彩色画笔若干（自画像彩色绘图，学生自愿使用）。

（3）课程背景音乐推荐：《我们都是好孩子》《愿我能》。

（三）活动时间

45 分钟。

（四）活动过程

（1）指导教师课程导语（参考）：世界上找不到完全相同的两片叶子，也找不到完全相同的两个人。所以，每个人都是独一无二的。但是，你真的了解自己吗？现在，让我们开始本次课程关于自我的探索之旅（如图 1－6 所示）。

图 1－6　活动座位安排

（2）指导教师指导学生翻开《成长手册》，找到该活动页面，让学生制作属于个人的专属名片。

卡片的上半部分请学生为自己设计带自画像的名片。自画像框里可以用任何形式画出自己，抽象的、形象的、写实的、动物的、植物的……都可以。总之，把自己心中最能代表自己的东西画出来。名片要求新颖独特，发现自己的信息。

(3) 待学生完成自画像后，教师可用抽扑克牌或其他创意分组方式，让学生组成新的团队。

(4) 队友交换名片，书写完成“队友眼中的我”。

要求：在新的团队中，组员交换名片，在卡片的下半部分填写“队友眼中的我”。请认真书写，不评价成员的自画像。

(5) 当全体学生都填好名片后，指导教师发布指令，各小组在组长的带领下进行交流活动：

1) 每个成员对自己的特质做较为全面的评价性表述。

2) 评价之后，小组成员之间“戴高帽”，即把自己认为的该成员的优点大声地讲给他听。

3) 小组成员之间相互说出对他的希望（帮助他认清自己的不足）。

（建议以上五步活动时间控制在 25 分钟左右）

(6) 名片展示及感悟分享。由各组推荐或自荐一名同学上台，进行分享，亮出自己独一无二的名片。

(7) 教师总结。

三、“优点大轰炸”（配合使用《成长手册》成长驿站一→成长训练营→活动三）

（一）活动目的

(1) 通过活动，体验被赞美时的心理体会，增强自信心。

(2) 通过活动，引发对真诚赞美力量的思考，增进同学间的感情。

（二）活动时间

20 分钟。

（三）活动过程

(1) 轮流上台说出被抽中同学的优点。抽签决定一名学生，请他站到讲台上。班里的其他同学轮流上台，与选出的这名同学两两相对，目光接触，真诚地说出该名同学身上的善心善行或优点，要求能举出具体实例（如图 1－7 所示）。这名同学只需倾听，无须作答。（建议该活动环节时间控制在 10 分钟）

(2)“优点大轰炸”活动反思。

(3) 教师总结。

图 1－7　“优点大轰炸”

成长加油站

一、图书、影音作品推荐

成长驿站一

图书、影音作品推荐

二、心理自测

自尊的测量

指导语：这个量表是用来了解你是怎样看待自己的。请仔细阅读下面的句子，选择最符合你情况的选项。请注意，这里要回答的是你实际上认为自己怎样，而不是回答你认为自己应该怎样。答案无正确与错误或好与坏之分，请按照真实情况来描述自己。请保证每个问题都做出回答，且只选一个答案。

题目	非常符合	符合	不符合	非常不符合
1. 我感到我是一个有价值的人，至少与其他人在同一水平，不相上下	4	3	2	1
2. 我觉得我有许多好的品质	4	3	2	1
3. 归根结底，我倾向于觉得自己是一个失败者	4	3	2	1
4. 我能像大多数人一样把事情做好	4	3	2	1
5. 我感到自己值得自豪的地方不多	4	3	2	1
6. 我对自己持肯定态度	4	3	2	1
7. 总的来说，我对自己是满意的	4	3	2	1
8. 我希望能为自己赢得更多尊重	4	3	2	1
9. 我确实时常感到自己毫无用处	4	3	2	1
10. 我时常认为自己一无是处	4	3	2	1

[计分与解释]（仅供参考）：

自尊量表（SES）用以评定个体关于自我价值和自我接纳的总体感受。该量表已被广泛应用。它是对自己的积极和消极感受的直接评估。该量表由 10 个条目组成，设计中充分考虑了测定的方便性，受试者直接报告这些描述是否符合他们的实际情况即可。自尊量表（SES）分四级评分：1 表示非常符合，2 表示符合，3 表示不符合，4 表示非常不符合。总分范围是 10～40 分，分值越高，表明自尊程度越高。

三、实践作业

拍摄视频版《独一无二的我》。

（一）内容要求

结合《成长手册》完成调研后，拍摄一段视频，展现独一无二的自己。视频拍摄要求如下：

（1）视频可以另命名，能代表个人风采即可。

（2）画面清晰无抖动，人物对话要有字幕，有背景音乐更好。

（3）可合作拍摄视频，展现每个人物鲜明的特点。

（4）视频时长不少于 3 分钟。

（二）作业评分标准

（1）内容完整，含视频标题、个人展示部分、片尾等（30 分）。

（2）声像同步，画面清晰，有一定的视频处理技巧（30 分）。

（3）视频内容令人印象深刻，个人形象饱满（40 分）。

成长驿站二 快乐随行，体会幸福感和积极情绪

学习目标

素质目标

形成情绪管理的技能，持续追求情绪智力的提升，热爱积极情绪和福流体验。

知识目标

1. 列举情绪的类型及功能。
2. 复述积极情绪的种类、功能。
3. 撰写情绪智力提升方法。

能力目标

1. 灵活运用策略提升情绪管理水平，避免消极情绪产生。
2. 具备建构积极情绪的方法，提升积极情绪。

行为目标

在生活、学习中能够合理认知自己的情绪，有意识地训练情绪的表达和管理方法，多次体验福流。

课前导语

如何了解自己的情绪？如何识别他人的情绪？如何保持积极的情绪？大学生的情绪有哪些特点？积极情绪有哪些功能？积极情绪和消极情绪的比例是多少可以更好地促进我们成长？学完本成长驿站，你的积极情绪将会更好地引导你阳光生活。

第一站 我的情绪我知道——认识情绪

安然日记

最近，我觉得自己的心情差到了极点，所有倒霉的事情一起出现，就像商量好了一样。周末，宿舍的舍友们约好了一起去逛逛附近的园博园。谁知道在等公交车的时候人特别多，下车的时候一摸口袋，钱包不见了，里面还有银行卡、身份证、校园卡等，游玩不成，只得返回学校。我给家里打电话本来想得到一些安慰，谁知道爸爸反而责怪我粗心大意，弄得自己更加郁闷和委屈。这还不算完，今天早上起床的时候，我不小心碰到舍友的桌子，把舍友心爱的杯子碰到地上，惹得舍友很不高兴，与他争吵起来，我也不是故意的，何必这么认真，想到这里，我心里更加委屈。

成长困惑一

看完安然的日记，你是否有似曾相识的感觉？所有的坏事情仿佛商量好了一样全涌过来。如何在自己经历类似状况的时候，更好地缓解和化解呢？请将你的想法先记录在《成长手册》（成长驿站二→第一站→成长困惑一）里，待上完本堂课之后再回头看看，是否有了答案。

成长导航

在现实生活中，人们有时会感到高兴和喜悦，有时会感到悲伤和忧虑，有时会感到气愤和憎恶，有时会感到爱慕和钦佩，有时会感到孤独和恐惧，等等。这些都是人的情绪过程。情绪是极其复杂的心理现象，它有着独特的心理过程。

一、情绪的概念

情绪是人们对客观事物和对象所持态度的主观体验。情绪同认识活动一样，也是人脑对客观现实的反映。情绪反映的是一种主客体的关系，是作为主体的人的需要和客观事物之间的关系。例如：高考对于每个人来说都是人生大事，高考能考出高分显然符合人们的主观需要，人们会对之采取肯定的态度，产生满意、愉快等内心体验；而如果考试发挥失利、成绩不理想，也会在一定程度上改变人生的命运，考试成绩不好显然违背了人们的主观需要，人们对之持否定的态度，产生不满、愤怒甚至憎恶等内心体验。一般而言，情绪由主观体验、生理唤醒、外部行为三部分组成。

美国心理学家伊扎德认为，情绪包括认知层面上的主观体验、生理层面上的生理唤醒、表达层面上的外部行为。当情绪产生时，这三种层面共同活动，构成一个完整的情绪体验过程。情绪与有机体的需要联系紧密，它是以需要为中介的一种反映形式。客观世界的某些刺激并不全都能引发人的情绪，只有与人的需要有直接或间接联系的事物，才使人产生情绪。通常，那种能满足人的某种需要的对象，会引起肯定的情绪体验（如满意、愉快、喜悦等）；反之，那种妨碍与干扰需要得到满足的东西，就会引起否定的情绪体验（如不满意、痛苦、忧愁、恐惧、愤怒等）。

（一）主观体验

情绪的主观体验是人的一种自我觉察，即大脑的一种感受状态。人有许多主观感受，如喜、怒、哀、乐、爱、恶、惧等。人们对不同事物会产生不同的感受。人对自己、对他人、对事物都会产生一定的态度，如对朋友遭遇的同情、对敌人凶暴的仇恨、事业成功的欢乐、考试失败的悲伤等。这些主观体验只有个人内心才能真正感受到或意识到，例如："我知道'我很高兴'""我意识到'我很痛苦'""我感受到'我很内疚'"，等等。

（二）生理唤醒

人在产生情绪反应时，常常会伴随着一定的生理唤醒。例如：激动时血压升高，愤怒时浑身发抖，紧张时心跳加快，害羞时满脸通红，等等。脉搏加快、肌肉紧张、血压升高及血流加快等生理指数是一种内部的生理反应过程，常常是伴随着不同情绪产生的。

（三）外部行为

在情绪产生时，人们还会出现一些外部反应过程，这一过程也是情绪的表达过程。例如：人悲伤时会痛哭流涕，激动时会手舞足蹈，高兴时会开怀大笑，等等。情绪所伴随出现的这些相应的身体姿态和面部表情，就是情绪的外部行为。它经常成为人们判断和推测情绪的外部指标。由于人类心理的复杂性，因此有时人们的外部行为会出现与主观体验不一致的现象。例如：在一大群人面前演讲时，明明心里非常紧张，还要做出镇定自若的样子。

主观体验、生理唤醒和外部行为作为情绪的三个组成部分，只有三者同时活动、同时存在，才能构成一个完整的情绪体验过程。例如：当一个人佯装愤怒时，他只有愤怒的外在行为，却没有真正的内在主观体验和生理唤醒，因而也就称不上有真正的情绪过程。因此，情绪必须是上述三方面同时存在，并且有一一对应的关系；一旦出现不对应，便无法确定真正的情绪是什么。

二、情绪的类型

按照不同的划分标准，情绪可以划分为不同的类型。

（一）按照情绪的内心体验划分，可以分为积极情绪和消极情绪

1. 积极情绪

积极情绪指的是与某种需要得到满足相联系，通常伴随着愉悦的主观体验，并能提高人的积极性的正性情绪。例如：爱、感恩、温暖、好奇、振奋、坚毅、乐观、奉献等。积极情绪可以促进人的学习，养成良好的习惯，不断地健全人格。

2. 消极情绪

消极情绪指的是与某种需要得不到满足相联系，通常伴随着消极的主观体验，并能降低人的积极性的负性情绪。例如：憎恨、嫉妒、愤怒、抑郁、紧张、狂躁、怀疑、自卑、内疚等。消极情绪会使人意志消沉、兴趣低落，阻碍人们的健康成长，对人生起到消极作用。

趣味阅读

后悔是消极情绪还是积极情绪

大多数心理学文献都假定后悔莫及的心情是消极的，因而要避免。一个研究团队进行了探究，想知道后悔能否引导人们在未来采取带来理想结果的行为。

该研究团队的第一项研究探讨了个体是否看重后悔的体验，以及从这一体验中他们看到的价值是否与他们从其他消极情绪体验中看到的“希望之光”相一致。研究人员安排实验对象完成一个有关 9 项消极情绪与 4 项积极情绪的调查。消极情绪分别是后悔、恼怒、焦急、厌烦、失望、害怕、内疚、妒忌和悲伤，积极情绪分别是快乐、喜爱、自豪和安宁。毫不奇怪，4 项积极情绪普遍被人看作讨人喜欢的和有益的，但除此之外，他们发现即使是消极情绪，也具有普遍的积极意义。焦急、厌烦和妒忌是明显的例外，而且妒忌被明确认为是无益的，然而，后悔比恼怒、内疚或悲伤的好处更多，甚至超过了自豪，它可以被看作一种积极情绪。

该研究团队的第二项研究探讨了后悔的体验是否能够帮助个体理解形势，引导他们追求理想的结果或避免安于现状。研究人员还观察了消极情绪是否会推动个体进行自我反省或产生顿悟，以及消极情绪是否会使个体与他人更加亲近。最后，研究人员想知道：假定个体倾向于以一种积极的心理看待后悔，实验对象是否会认为他们比其他人体验到了更多的后悔情绪？为什么会有人愿意相信自己体验到了更多的后悔情绪？如果人们将后悔视作积极情绪，甚至是给人启迪的经历，那他们会对后悔情绪表现出自我偏爱吗？

研究人员给实验对象发放了一个由一系列陈述句组成的后悔情绪测试表，实验对象得到的指令是对每一个句子表示“同意”或“不同意”，首先是按自己的理解作答，其次是从朋友的角度作答。如下文所示，这些句子本身是有趣的，因此，你也可以测试一下自己对后悔情绪的态度。

1. 当我做选择时，我很好奇要是自己做了其他选择，结果会怎样。

2. 每当我做出选择时，我会想方设法获得其他替代性方案的结果。

3. 如果我做了一个决定，而且结果不错，我仍会感觉不满意，因为我发现另外一个选择的结果可能更好。

4. 当我思考自己的生活过得如何时，常常会评估自己已经放弃了的可能性。

5. 一旦做出决定，我就会义无反顾。

你可以看出它们之间的细微差别，从第一句“很好奇”到第五句“义无反顾”的跨度非常大。如果可以的话，请尝试通过这个清单认清自己的态度。

之后，研究人员要求实验对象重点关注 12 种消极情绪（后悔、恼怒、焦急、厌烦、失望、反感、害怕、沮丧、内疚、妒忌、悲伤和羞耻），每种情绪逐一对应 5 种作用来做出评定，表述为“有助于……”或“无助于……”，这 5 种作用是：对某种境遇的理解、避免犯同样的错误、激起自己在将来做某事的积极性、表达个人的深刻见解，以及改善与他人的关系或增进对他人的理解。

研究人员发现，人们认为后悔兼具这 5 种作用，这更加具体地证实了第一项研究的发现，即后悔是有积极效果的。在其他消极情绪中，内疚、羞耻和失望这 3 种情绪也被评定为对行为具有积极的影响。

该研究团队认为，后悔是积极情绪的心理，很可能只是一种应对机制，尽管如此，还是有必要关注反事实思维，它是后悔的基础。

资料来源：［美］佩格·斯特里普，艾伦·伯恩斯坦．放弃的艺术［M］．黄延峰，译．北京：中信出版社，2014．

（二）按照情绪的发展划分，可以分为基本情绪和社会情绪

1. 基本情绪

基本情绪指的是与生理需要相联系的内心情绪，如人类的恐惧、焦虑、满足、悲伤等情绪早在人的幼年时期就形成了，具有先天遗传的特征。我国古代的名著《礼记》认为，人们的基本情绪是喜、怒、哀、惧、爱、恶、欲七种。现代心理学家普遍认为，人类的四种基本情绪分别是快乐、愤怒、恐惧、悲哀。

2. 社会情绪

社会情绪指的是与社会相联系的情绪体验，表现为一种复杂且稳定的体验活动，如人的善恶感、理智感、荣誉感、幸福感、羞耻感等，是随着人的成长逐步发展起来的，既具有社会性特征，又会通过基本情绪表现出来。

（三）按照情绪状态划分，可以分为心境、激情与应激

情绪状态指的是在一定的生活事件影响下，一段事件内的各种情绪体验的一般特征表现。心理学家根据情绪发生的强度、持续性、紧张度，把情绪状态划分为心境、激情与应激三种形态。

1. 心境

心境是指比较微弱、持久地影响人整个精神活动的情绪状态，也就是大家常说的“心情”，具有弥散性的特点。例如：当一个人心情舒畅时，看什么都会觉得乐观积极；而当一个人郁郁寡欢时，则对许多事都会感到没有兴趣。“感时花溅泪，恨别鸟惊心”就是心境的表现。心境有消极和积极之分。

心境会影响我们的生活和学习。积极的心境会使人提高效率，帮助渡过难关，克服困难，保持健康；消极的心境则会使人意志消沉，悲观绝望，甚至带来亚健康和身心疾病。

培根铸魂

青春的心境

“青春不是年华，而是心境；青春不是桃面、丹唇、柔膝，而是深沉的意志，恢宏的想象，炙热的恋情；青春是生命的深泉在涌流。”这是著名诗人塞缪尔·厄尔曼《青春》中的诗句，这首励志的诗激励了很多人，也是许多青年最欣赏的座右铭。

古人说：“立志而圣则圣矣，立志而贤则贤矣。”只有把人生的小我真正融入国家发展、民族进步、人民幸福的大我之中，才能在实现价值、升华境界中擦亮青春的底色。

立鸿鹄志，就是要坚定理想信念，筑牢精神之基。“心有所信，方能行远。”1920年，浙江义乌分水塘的一间茅屋中，一位刚刚留日归来的青年全神贯注、字斟句酌，一

本外文小册子正在一字一句地变成方块汉字。手中的粽子蘸在墨汁中，他浑然不觉，还对母亲说："真甜！"这位青年叫陈望道，他正在翻译的就是《共产党宣言》——这，就是真理的味道，"真理的味道非常甜"。回望风雨百年，我们党始终保持与时俱进、开拓创新的品格，使党的指导思想一直走在时代前列，成为指引中国从站起来到富起来再到强起来的科学指南和根本遵循。从万里长征的洗礼，到抗日战场的烽火；从社会主义建设的奋斗，到改革开放的跋涉：无数青年人以科学思想为灯，照亮勇毅前行之路，用星光点点汇聚成闪耀神州大地的炫美星河。今日之中国青年，既要传承革命先辈的光荣传统和优良作风，又要真正掌握党的创新理论所蕴含的马克思主义立场观点方法、道理学理哲理，从而更加坚定对马克思主义的信仰、对共产主义和社会主义的信念、对党和人民的忠诚。

立鸿鹄志，就是要胸怀"两个大局"，心怀"国之大者"。"不先审天下之势而欲应天下之务，难矣。"时代洪流奔涌向前，唯有顺应历史者，才敢于在中流击水中，浪遏飞舟。革命时期，救亡图存、力挽狂澜就是顺应潮流；建设时期，艰苦创业、鞠躬尽瘁就是顺应潮流；改革时期，锐意进取、创新创造就是顺应潮流。今天的中国，前所未有地走近世界舞台中央，用举世瞩目的发展成就勾勒出立足"两个大局"的历史经纬。广大青年要把志向定位于国家发展、社会脉动的时代坐标之中，坚定"强国一代有我在"的思想自觉和行动自觉。不谋全局者，不足谋一域。所谓"大者"，是长远、是根本、是要害，心怀"国之大者"就是关注党中央在关心什么、强调什么，深刻领会什么是党和国家最重要的利益、什么是最需要坚定维护的立场，只有在立志时登高望远，才能廓清各种迷雾、理清千头万绪，由现象把握本质，从苗头倾向看清发展走向，做到"不畏浮云遮望眼"，永远与时代同向同行。

立鸿鹄志，就是要勇挑历史重担，牢记时代使命。从"砍头不要紧，只要主义真"的坚定执着，到"愿拼热血卫吾华"的英勇奋斗；从"干惊天动地事，做隐姓埋名人"的无怨无悔，到"哪里艰苦，我就应该到哪里去"的默默奉献……在建党的开天辟地、新中国成立的改天换地、改革开放的翻天覆地、党的十八大以来的惊天动地的一次次征程中，一批又一批优秀的中华儿女在牺牲中奉献、在奋斗中出彩，用无悔的青春和远大的志向树立起我们民族发展史上的一座座不朽丰碑。今天，全面建成小康社会、实现第一个百年奋斗目标之后，我们要乘势而上开启全面建设社会主义现代化国家新征程、向第二个百年奋斗目标进军。这是中华民族发展的最好时期，也是实现中华民族伟大复兴的关键时期。时代为我们造就了建功立业最为宝贵的人生际遇，更为我们提供了"天将降大任于斯人也"的使命担当。

青年人立大志、行大道，方能不辱使命、不负韶华，书写属于历史、属于时代、属于世界最绚丽的人生篇章。

资料来源：郑言．立鸿鹄之志 做奋斗青年［EB/OL］．［2021-06-25］. https://www.xuexi.cn/lgpage/detail/index.html?id=6683720124329322723&item_id=6683720124329322723.

2. 激情

激情是一种强烈的、短暂的、有爆发性的情绪状态，如狂喜、愤怒、绝望等都属于这种情绪状态。在激情状态下，人的理解力、自制力等都有可能降低。激情也有积极和消极之分。积极的激情能增强人的敢为性和魄力，激励人们克服艰险，攻克难关；消极的激情则会导致理智的暂时丧失、情绪和行为的失控。例如：当你遇到的事情和人都是顺着你的心意时，内心就会无比轻松，干什么事情都有动力，浑身感觉有用不完的力气，此时就是一种积极的激情；而当你气急败坏、乱扔东西时，就是一种消极的激情。

3. 应激

应激是在出乎意料的紧迫情况下所引起的高度紧张的情绪状态。人们在遇到突如其来的紧急事故时就会出现应激状态。例如：突如其来的地震、火灾等都会让人产生一种特殊的情绪体验，就是应激。

应激状态会使人的心律、血压、呼吸和肌肉紧张度等发生显著的变化，从而增加身体的应变能力。在应激状态下，人们往往能做出平时难以做到的事，使自己尽快地转危为安。但是人在紧急情境中的应激状态下，也会导致知觉狭窄，行动刻板，注意力被局限；过于强烈的应激情绪会导致人的临时性休克甚至死亡，还会导致心理创伤。现在，重大自然灾害之后，如地震、洪灾等，国家一般会派出心理援助小组进行灾后心理危机干预。一个人长期或频繁地处于应激状态中，会导致身心疾病和心理障碍。积极的应激表现为沉着冷静、急中生智；消极的应激表现为惊慌失措、一筹莫展。

三、情绪的功能

情绪与大学生的生活、学习、人际交往、个人发展密切相关，对大学生的身心健康、学业发展和个人成长都具有直接的影响。有这样一首小诗：

你若是心情愉快，健康就会常在；
你若是心境开朗，眼前就是一片明亮；
你若是经常知足，就会感到幸福；
你若是不计较名利，就会感到一切如意。

这首小诗告诉我们，如果我们能有一份好心情，提高适应能力，保持乐观的状态，就能使得自己进入洒脱、豁达的境界，那就掌握了生命的主动权。因此，了解情绪的功能，充分发挥情绪的功能对于大学生来说至关重要。

（一）激励提升

情绪能够以一种与生理性动机或社会性动机相同的方式激发和引导行为。有时我们会努力去做某件事，只因为这件事能够给我们带来愉快与喜悦。从情绪的动力性特征看，情绪分为积极增力的情绪和消极减力的情绪。快乐、热爱、自信等积极增力的情绪会提高人们的活动能力，而恐惧、痛苦、自卑等消极减力的情绪则会降低人们活动的能力。有些情绪同时兼具增力和减力两种动力性质，如悲痛可以使人消沉，也可以使人化悲痛为力量。

（二）通信交流

情绪的信号功能是指在人际交往中，人们除借助言语进行交流之外，还通过情绪的流露来传递自己的思想和意图。情绪的这种功能是通过表情来实现的。表情具有信号传递作用，属于一种非言语性交际。人们可以凭借一定的表情来传递情绪信息和思想愿望。在社会交往的许多场合，人们之间的思想、愿望、态度、观点仅靠言语无法充分表达，有时甚至不能言传，只能意会，这时表情就起到了信息交流的作用。

（三）动机调节

个体的情绪表现还常被视为动机的重要指标。由于情绪可能与动机引发的行为同时出现，情绪的表达能够直接反映个体内在动机的强度与方向，因此情绪也被视为动机潜力分析的指标，即对动机的认识可以通过对情绪的辨别与分析来实现。

动机潜力是在具有挑战性的环境下所表现出的行为变化能力。当个体面对一个危险的情境时，动机潜力会发生作用，促使个体做出应激的行为。当面临危险时，有些人头脑清晰，沉着冷静地离开；而有些人则惊慌失措，浑身发抖，不能有效地逃离现场。这些情绪指标可以反映出人们动机潜能的个体差异。

（四）维护健康

人对社会的适应是通过调节情绪来进行的，情绪调控的好坏会直接影响身心健康。作为心理因素的一个重要方面，情绪同身体健康的关系早已受到人们的关注。情绪对健康的影响作用是众所周知的。积极的情绪有助于身心健康，消极的情绪会引起人的各种疾病。我国古代医书《黄帝内经》中就有“怒伤肝，喜伤心，思伤脾，忧伤肺，恐伤肾”的记载。有许多心因性疾病与人的情绪失调有关，如溃疡、偏头痛、高血压、哮喘、月经失调等。

趣味阅读

情绪对健康会有怎样的影响?

很多人在生活中也遇到过这样的情况：当身体不适，患有躯体疾病时，往往同时伴有情绪上的变化，容易烦躁、焦虑，对周围的一切都感到不称心；而情绪不佳时，也会感到躯体的不适，如心情抑郁时肠胃不适、食量顿减，焦虑不安时头痛晕眩，情绪激动时心跳加速，等等。由此可见，情绪和疾病的确有着一定的关联。然而，情绪对人体健康究竟会产生多大的影响？如何让心情尽可能保持愉悦呢？

1. 情绪对健康有一定影响

心理对外界的应激表现为“心理炎症”，即情绪反应。炎症和情绪动员了机体和内心的储备能力，促成机体与内心的结构和功能改变。适度范围内的应激，是人类适应环境、提升自身过程中的必然反应。过度的应激无疑会导致生理和心理的病理状态。

中国工程院院士、清华大学教授程京在谈到情绪对健康的影响时说：“在诱发疾病发生的因素里面，我们往往对物质过于看重，对精神却严重忽略和忽视，而早在《黄帝内经》中就有提出对情志的了解，也就是我们的心情和情绪。治疗一些疾病时常常需要精神上有所寄托，它可以叫作‘玩物尚志’，当我们精神没有寄托的时候，什么毛病都有可能出现。让精神充分愉悦，一定程度上能起到防病、治病的效果。”

国内外有大量情志调养延长病患者寿命，甚至被医院“判死刑”的病患者不治而愈的案例。程京举了个例子：在中央1台播出的《寻宝》节目里有一位老人，肿瘤已经全身转移，医生告诉他只可以活一个月，回家做点自己想做的事，之后老人开始玩收藏。这个爱好之前一直得不到家人的支持，因而老人也就没有坚持去做。然而奇迹出现了，一个月、两个月、一年过去了，老人还活着，现在这位老人已经痊愈了。治愈的原因就在于他坚持了他的兴趣爱好——收藏。

2. 注意负面情绪对健康的影响

“人的身体是很奇妙的，那就是它具有可塑性。比如，如果每天去健身房，一周之后经常锻炼的肌肉就会膨胀发达，力量增长。同样的，人的心理也是具有可塑性的。如果每天重复想一件事，一周之后它就成了习惯。所以，如果每天都处于负面情绪之中，一周之后，这种负面情绪就会变成习惯。那么，与它相关的生理和心理过程也就变成了常态。如果把负面情绪的生理和心理过程叫作不健康，那么，持久的负面情绪就会产生这种效果。”罗非说。

在现代生活中，也有大量情绪对疾病影响的例子。如疲劳，人们普遍认为疲劳是由于超负荷的体力或脑力劳动引起的，但是心理学研究发现，辛勤的工作并不会导致经过休息之后仍不能解除的疲劳，疲劳与人的心理状态有关，不健康的心理状态，尤其是忧虑、紧张、烦恼等才是导致疲劳的真正原因。常见的如失眠、头痛、焦虑、猜疑等症状，也都可以找到情绪方面的原因。一旦出现了以上症状，又可成为加重情绪恶化的新原因，情绪恶化又必然进一步加重原有的症状。如此不断反复，就形成一种“恶性循环”，这就是一些疾病难以治愈的主要原因。

近年来医学研究发现，克制自己、压抑愤怒、有不安全感及不满情绪的人易患癌症。这是因为不良情绪对机体免疫机能有抑制作用，削弱了免疫系统识别和消灭癌细胞的“免疫监视”作用。

3. 发挥情绪在治疗中的作用

临床医学研究显示：患者的情绪对疾病的发生发展及其转归都有十分重要的影响，当患者情绪高涨或对治疗充满信心时，常可使病情好转或趋于稳定；当患者对治疗失去信心或受到外界不良刺激而出现情绪剧烈波动时，病情常极易恶化，伴随患者心理状态的改变和情绪波动，而出现病情突变。

资料来源：科技日报．情绪对健康会有怎样的影响？[EB/OL]．[2019-05-14]. https://www.xuexi.cn/lgpage/detail/index.html?id=4954485624155045200.

四、健康情绪的标准

健康的情绪是大学生健康成长的重要条件。一般而言，情绪的目的性恰当，符合社会规范的要求，就是健康的。

（1）心理学家瑞尼斯等人提出了情绪健康的六项指标：

1）发展出某些技巧以应付挫折情境。

2）能重新解释与接纳自己与情绪的关系，不会一直自我防卫，能避免挫折并安排替代的目标。

3）知觉某些情境会引起挫折，可以避开并找寻替代目标，以获得情绪满足。

4）能找出方法，缓解生活中的不愉快。

5）能认清各种防卫机制的功能，包括幻想、退化、反抗、投射、合理化、补偿，避免成为错误的习惯，以致防卫过度，造成情绪困扰。

6）能寻求专家的帮助。

（2）心理学家索尔指出了情绪健康的八个特点：

1）独立，不依赖父母。

2）增强责任感及工作能力，减少被外界接纳的渴望。

3）去除自卑情结、个人主义及竞争心理。

4）适度的社会化与教化，能与人合作，并符合个人良心。

5）成熟的性态度，能组织幸福家庭。

6）培养适应，避免敌意与攻击。

7）对现实有正确的了解。

8）具有弹性以及适应力。

（3）美国心理学家马斯洛提出了健康情绪的六个特征：

1）平和、稳定、愉悦和接纳自己。

2）有清醒的理智。

3）适度的欲望。

4）对人类有深刻、诚挚的感情。

5）富于哲理、善意的幽默感。

6）丰富、深刻的自我情感体验。

（4）清华大学的樊富珉教授提出了情绪健康的五条参考标准：

1）保持积极、乐观的心态。

2）能接纳自己的情绪变化。

3）善于及时调整自己的不良心态。

4）宽容别人，增加愉快体验。

5）掌握有效的情绪调节方法。

五、大学生情绪的主要特征

大学生处于青春期发展的中后期，具有青年人的情绪和特点，同时，独特的社会地位、心理成熟度和生理发育情况决定了大学生的情绪又具有自己的特征。

（一）情绪的丰富性与压抑性并存

大学阶段是学生情感最丰富、最强烈的时期，他们的重要心理变化使自我意识不断得到发展，各种高层次需求不断出现且强度逐渐增强，这一发展表现为情绪活动对象、内容增多，出现较多自我体验，自尊需要强烈，自卑、自负情绪活动明显。同时，大学阶段也是一个充满压力和冲突的时期，而这往往会导致大学生情绪的压抑。

（二）情绪的冲动性与理智性并存

大学生情绪体验比较强烈，富于激情，且大多“喜怒形于色”。他们对新事物比较敏感，加上精力旺盛，因而表现出热情奔放的冲动性特点。同时，由于大学生自我意识的发展与成熟，他们的理智性也逐渐加强，具有了一定的情绪控制能力，能对强烈的情绪反应进行适当的调试。考试成绩的好坏、人际关系的亲疏、恋爱的成败等，都会表现出这个特征。

（三）情绪的独立性与依赖性并存

随着大学生离开家庭以及自我意识的增强，他们的成人感迅速增加并获得了一种独立于父母的自主感，同时自信心和自尊心也有了很大的提高。因此，一方面，大学生在情绪上有着强烈的独立反应，渴望独立生活，希望社会承认并相信他们的独立生活能力；另一方面，由于受社会经验和认识习惯的局限，大学生还无法完全依靠自己的力量来处理学习和生活中遇到的一系列复杂问题，对家庭、学校和社会还有明显的情绪依赖性。

（四）情绪活动呈现出两极化和心境化特点

大学生情绪活动的两极化特点表现在其情绪容易从一个极端跳到另一个极端，情绪表现出跌宕起伏的状况。强烈的情绪活动在大学生身上容易时过境迁，激情不能始终一贯地保持下去，情绪活动往往会随其认知标准的改变而改变。

情绪活动的心境化表现在大学生的情绪活动一旦被刺激引发，即使刺激消失，紧张的情绪状态会有所缓和，但其持续影响时间较长，会转化为心境，对其后的活动产生持续的影响。

六、大学生常见的情绪困扰

大学生常见的情绪困扰又称为情绪适应不良，常常表现为以下几种负面情绪：

（一）焦虑

焦虑是一种复杂的心理，它始于对某种事物的热烈期盼，形成于担心失去这些期待、希望。焦虑情绪本身并非一种情绪困扰，适度焦虑有益于个人潜能的开发。如果一个人没有焦虑或是焦虑不足，就会导致注意力涣散，工作、学习效率下降。因此，无论是听课还是上自习，都需要保持一定的焦虑。这里所说的焦虑，是指自身的焦虑程度已经构成了对学习和生活的不良影响或干扰。过度焦虑往往会使人因过度紧张而产生注意力分散，以及工作、学习效率降低。大学生如果长期陷入焦虑情绪不能自拔，内心便常常被不安、恐惧、烦恼等负面体验所占据，行为上会出现退缩、冷漠等情况。

（二）抑郁

抑郁是一种愁闷的心境，表现为情绪反应强度的不足。抑郁在大学生群体中表现较为普遍。例如：有些学生因为无法面对学业中的竞争和学习的压力，或是对于所学的专业不满意，而陷入抑郁的情绪状态，表现为对生活、学习失去兴趣，无法体验到快乐，行为活动水平下降，回避与人交往。严重者还伴有心境恶劣、失眠，甚至有自杀倾向。

趣味阅读

大学生预防心理危机，可以试试这些办法

近年来，大学生心理健康问题引发社会高度关注。焦虑、失眠、抑郁已成为大学生常见的心理疾病。但是大多数人不愿意承认自己“有病”，不愿意接受心理咨询或治疗。那么，大学生心理健康的判断标准是什么？在日常生活中应该如何自我预防心理危机？

从疾病诊断的角度看，心理健康要遵循相应的诊断标准，如国际精神疾病的诊断标准、美国精神障碍诊断标准。临床诊断会遵循相应的诊断标准来评判一个人目前的心理健康状况是不是符合某一类精神障碍，如果是的话，具体诊断是什么；如果不是的话，这个人现在的情况又是怎么样，都有标准。

心理医生通常会首先通过聊天来了解患者，深入沟通后了解患者的症状表现，包括症状持续时间的长短，给个体造成不良影响的大小，出现问题的诱因，成长的环境，从小到大的经历，身体健康状况，精神健康状况，等等。然后做一个详细的精神科检查和心理方

面的测评，必要的时候进行身体检查，排除身体疾病。根据这些评估结果最终判断患者的精神障碍患病情况。

在日常学习生活中，大学生怎样做能疏解心理问题？医生建议：每天按时进餐、锻炼、休息。生活规律可以让自己避免心理危机，也避免出现其他心理问题。平常生活中远离酒精、毒品等成瘾性物质和容易让人兴奋的饮食。

如果遇到挫折，灰心失意，可以选择一些心态乐观的人作为榜样，提醒自己保持好心态，积极面对困难。如果发现自己真的克服不了，要学会向人求助。这些方法都可以让人远离心理危机，或者减少罹患各种精神障碍的概率。当别人遇到难题向你求助的时候，你也要去帮别人，在这种接受帮助和给予帮助的过程中，让自己提高一些人际交往的能力和解决问题的能力。

资料来源：王世瑶．大学生预防心理危机 可以试试这些办法［EB/OL］．［2019－09－17］．https://www.xuexi.cn/lgpage/detail/index.html?id=10528757413176361411.

（三）冷漠

冷漠同样是一种情绪反应强度不足的表现，表现为对人对事漠不关心的消极状态。处于冷漠情绪的大学生，在行为上常表现为对生活没有热情和兴趣；对学习漠然置之、无精打采；对周围的同学冷漠无情，甚至对他人的冷暖无动于衷；对集体活动漠不关心、麻木不仁。日本心理学家松原达哉教授形容此情绪状态的学生是无欲望、无关心、无气力的“三无”学生。

（四）愤怒

愤怒是人的基本情绪反应，从程度上可分为不满、气恼、愤怒、暴怒、狂怒等。大学生如果无法控制自己的情绪，动辄发怒，就会对别人和自己造成伤害。

七、情绪表达

大学生处在情绪敏感向稳定发展的关键时期，能否管理好自己的情绪，关系到大学生能否更好地适应社会、发挥自我潜能，更关系到大学生的身心健康。

（一）认知自己的情绪

表达情绪首先要认知情绪。情绪的认知包含两个方面：

1. 及时觉察自己的情绪

情绪总是伴随我们左右，我们应该及时觉察自己处于何种情绪状态，尤其是处于情绪低谷的时候，要学会控制自己的情绪，觉察自己的情绪。我们要多给自己一些关注，多一些呵护，时常用“第三只眼睛”来观察自己的情绪状态。只有认清楚了自己的情绪，才能控制好自己的情绪。

2. 正确认知他人的情绪

人的面部表情（如图2－1所示）能反映人的情绪状态，如人在高兴的时候嘴角上扬，悲哀的时候嘴角下垂。言语表情是在语调等方面的有所体现，身段表情也会表现不同的情绪。心理学家在对英语国家人们的交往状况进行研究后发现，在日常生活中，55%的信息是靠非言语表情传递的，38%的信息是靠言语表情传递的，只有7%的信息是靠言语传递的。表情比言语更具生动性、表现力、神秘性和敏感性。特别是在言语信息暧昧不清时，表情往往具有补充作用，人们可以通过表情准确而微妙地表达自己的思想感情，也可以通过表情辨认对方的态度和内心世界。

图 2-1　不同的面部表情

（二）接纳自己的情绪

情绪表达的一个重要步骤是接受情绪。情绪本身不受意识的控制，它更像伴随我们的一个无意识的现象，说来就来，说去就去。我们通常习惯于压抑自己的负性及消极情绪。当负性情绪出现的时候，我们会觉得痛苦，然后倾向于否定自己的情绪，这种做法使我们体会到很多压力。情绪乃至应激是人类基本本能。当出现危险的刺激时，我们就会产生害怕的生理反应及感受，促使我们产生能量警觉并逃走，达到保护自己的目的。当我们学会正确识别情绪后，还要进一步学会接纳自己的各种情绪。接纳自己的情绪，就是承认负性情绪存在的合理性。负性情绪产生的原因可能是不当的，某些负性情绪是不值得肯定或赞同的，但我们首先应该接受它。人的各种情绪就如同月亮的阴晴圆缺一样，“此事古难全”。我们每个人不可能完全只有积极情绪，唯有接受负性情绪，才能使得我们内心的情绪充分发泄出来，才能冲淡我们的消极情绪，减轻内心的焦虑和不安，最终有利于情绪重建和情感表达，形成积极的情绪。

（三）有效地表达情绪

在认知情绪的基础上，有效地表达情绪。情绪表达一要目标适宜；二要方式适当；三要反应适度；四不要伤害别人。表达情绪没有正确和错误之分，问题的关键在于如何选择表达的具体方式。我们要知道，不管情绪多么强烈，伤害他人或自己的过激行为都是不被允许的，有些行为在某种场合是不合时宜的。一个有坏情绪的人要寻找适合自己的疏通情绪的方式，如倾诉、弹琴等。很多父母让孩子用“写日记”的方式来整理情绪。事实证明这也是一种很好的表达情绪的方式。

1. 向自己表达

自我表达指的是把情绪提升到意识层面，使个体能够感知和意识到自己情绪变化的起因、性质、特点等。自我表达是情绪表达的关键和基础，只有当对自己的情绪有清晰地察觉的时候，才能把自己的情绪清晰地表达出来。向自己表达情绪，可以试着找一个安静的地方，找一把舒适安全的椅子，多做几次深呼吸，不去想其他事情，让情绪自然地从心目中流出，体会一下现在是什么情绪，是什么事情让自己产生这种情绪，慢慢地说出自己的情绪，不要阻止情绪的表达。

2. 向他人表达

向他人表达就是把情绪向周围的亲友、同事等表达出来，让他们体会你的情绪，例如：当你的同学送你喜欢的生日礼物的时候，可以用拥抱、跳跃等表达你的喜悦；当你受到伤害的时候，可以用抗议等表达你的不满；当你心情郁闷的时候，可以打电话给父母倾诉等。向他人表达也是一种重要的表达方式。倾诉需注意，要选择值得信赖的人；要选择可能对自己有帮助的人；切忌喋喋不休。倾诉对象主要包括：家人、朋友、自己、网络等。此外，写作也是一种有效的倾诉方式。

3. 向客观环境表达

在客观环境中进行表达，例如：做做自己喜欢的运动，在没人的地方哭泣，在高处呐喊，等等。运动形式主要包括：步行、慢跑、游泳、瑜伽、太极拳、街舞、球类运动和逛街购物等。运动方式与特定情绪相关：如缓解焦虑可选择羽毛球、乒乓球、排球、跳绳等；缓解抑郁可选择足球、篮球、排球、健美操和集体舞等；缓解恐惧可选择游泳、溜冰、拳击和体操中的跳马、单双杠等。女同学在不高兴的时候喜欢购物，这也是一种向客观环境表达的方式。

4. 升华表达

升华表达指的是将情绪表达的需要指向更高层次的一种需要，如用文学艺术来表达，将情绪指向某种理想、信念的升华，化悲痛为力量是典型的情绪升华的表达。

课堂练习

情绪表达练习

8 人一组，先自我介绍，然后每人尽可能多地表演各种情绪，每组选出一个表现最好的同学上台表演；表演种类最多、表现最到位的小组获胜。模仿完成后，可以用手机拍摄，投影到大屏幕，并请同学说出情绪的名称。

八、情绪智力

有句流行语："智商决定录用，情商决定提升。"情商之所以能决定一个人的命运，取决于它的作用：调节情绪，解决问题时影响认知效果，为人生提供能力、动力。情商是智商发挥作用的基础。情商在人生的成功中起着决定性作用，智商只有与情商联袂登台，才能淋漓尽致地发挥作用。在卓有成就的人中，有相当一部分人，在学校里被认为智商并不太高，但他们充分地发挥了自己的情商，最后获得了成功。

（一）什么是情商

情商就是指一个人在情绪方面的管理能力，是指个人对自己情绪的把握和控制，对他人情绪的揣摩和驾驭，以及对人生的乐观程度和面临挫折的承受能力等。情商并不是一个很科学的概念，而是人们与智商相比较而杜撰出的一个词语。情商的核心内容可以用四句话来描述：知道别人的情绪，尊重别人的情绪，知道自己的情绪，控制自己的情绪。

心理学家经过长期的研究后得出结论：人生的成就至多只有20%归功于智商，另80%则受情商因素的影响；婚姻、家庭、社会关系，尤其是职业生涯，凡此种种人生大事的成功与否，均取决于情商的高低。因此，要特别注意培养情商。

趣味阅读

高情商的16个表现

1. 善解人意，主动了解他人

关注他人的表情和肢体语言，以更全面的方式认识别人。善于观察，并乐于发现每个人的独特之处。

2. 懂得管理情绪

更愿意直面自己的情绪，用一些方式来调节和平复，而不是“掩饰”。让情绪在最恰当的场合以最合适的程度表达出来，从而不伤害对方。

3. 清楚自己的优势和劣势

了解自己的优势和劣势，根据自身情况承担工作，充分发挥自己最大的优势，来弥补自身不足。

4. 能够平静地面对过去

没有多余的时间后悔，敢于放下过去，着眼当前，只有这样才能进步。

5. 对未来充满信心

不会因为未来难以预料而心神不宁，而应充满信心去迎接，因为每一天都是崭新而美好的。

6. 活在当下

情商高的人不会简单地“度过”每一天。相反，他们会积极体验每一天、每一刻的细腻与微妙。

7. 成为一个成熟的聆听者

“听到”和“聆听”是两个截然不同的概念。情商高的人会用提问题的形式，重复别人说过的话，确保自己没有遗漏任何信息。

8. 知道自己为什么不高兴

不要让自己的消极情绪影响自己。情商高的人会主动寻找不开心的原因，并想办法让自己开心起来。

9. 简化生活

追求一种简朴的生活方式。简单化的生活不仅可以给身体一个放松的环境，还能解放出正能量。

10. 经常赞美别人

情商高的人懂得欣赏别人，对自己的表达更不会吝啬，因为每个人都是一个独特的存在，都有值得赞美的地方。

11. 能自如地和陌生人交流

情商高的人不太在乎陌生人的年龄、性别、地域等，而是带着真心诚意，勇于交流，学习他人的优点。

12. 严守道德标准

无论是在工作还是生活上，情商高的人都会遵循道德标准和原则，用高标准来要求自己。

13. 坚定地追求自己的目标

不论要花费多长的时间，情商高的人都会为成功不断努力。他们愿意面对问题，解决问题。

14. 在必要的时候敢于说“不”

即使是面对好东西，也要把握适度的原则。一个人不可能做到所有事情，要会优先处理最重要的事。

15. 忘掉结果，享受过程

个人的成长并不是源于成功的那一刻，而是源于奋斗的整个过程。不去想最后的结果究竟如何，而是享受整个过程。

16. 热心助人

助人是不需要什么理由的。哪怕是一个小小的举动，也会温暖人心。

资料来源：https://www.sohu.com/a/70059886_164879.

（二）如何提升情商

1. 做好情绪管理

情商就是指一个人在情绪方面的整体管理能力。所以，首先就是要学习情绪及情绪管理方面的知识，并有意识地去努力实践，这是提升情商最直接的方法。

2. 提升主观幸福感

要学会正面思考，将正面事物夸大，使自己拥有一颗感恩的心，肯定自己的价值所在，不断学习，提升自己的信心与希望。

3. 团队协作与竞争意识

让自己在团队当中发挥聪明才智。

4. 增强心理的稳定性与耐受力

增强自身的挫折商，培养积极情绪。正确认识自己，实现人生理想。

第二站　我的情绪我做主——积极情绪

安然日记

我上次和舍友吵架弄得很不愉快，后来想想全是没控制好自己的不满情绪导致的。通过看书和学习，我觉得自己应该学着控制下情绪，说不定会改善和舍友的人际关系。于是，当再一次和舍友闹得不愉快的时候，我主动说了句对不起，结果，舍友也不好意思再发脾气，两个人也没有再闹起来……

成长困惑二

看完安然的日记，你是否也回想到自己有过类似的经历？退一步海阔天空，宽容可以避免不必要的争吵。对于如何合理化解负面情绪，你是否还有其他的方法、技巧，或是疑惑？请记录在《成长手册》（成长驿站二→第二站→成长困惑二）里，待上完本堂课之后再回头看看，是否有了答案。

成长导航

一、积极情绪的功能

（一）积极情绪能够提高主观幸福感

积极情绪扩展了心理活动空间，扩展了个体的瞬间思维活动序列，而心理活动空间的扩展增加了个体对于后来有意义事件的接受度，进而增加了体验积极情绪的机会和可能性。积极情绪体验不仅促进了挑战的应对，缓解了消极情绪，而且积极情绪的反复体验，增加了个体的心理弹性，提高了社会关系的质量，能够增进个体的主观幸福感。大量的有关压力与应对的研究发现，积极情绪促进了以问题为中心的应对策略的运用，而以问题为中心的应对策略能够促进压力的有效缓解，进一步提高积极情绪的水平，促进主观幸福感。“情绪体验取样法”研究也表明，在日常生活中报告的积极情绪或心境高于消极情绪或心境的个体具有更高的心理弹性，更有活力，生活得更幸福。

（二）积极情绪的表达能够促进心理健康

研究认为，所有积极情绪共享一种表情符号，即杜兴式微笑——嘴角上翘并伴有眼周肌肉收缩。研究结果表明，杜兴式微笑减少了人的痛苦而且使人能够更好地调整自己。心理学家在对女性情绪研究中发现，20～21 岁时照片上多杜兴式微笑的女性在 30 年后感到更多的幸福。许多研究也表明，情绪表达对健康有显著的促进功能，特别是把积极情绪的内容写下来时，如运用积极情绪词汇记录比较温和的创伤和压力，有利于个体面对创伤和压力，使个体感受到更多的积极气氛和更少的抑郁心境。

（三）积极情绪能够扩展认知

大量的研究表明，无论是短暂的积极情绪状态还是比较稳定持久的积极情绪状态——心境，对于个体认知都具有一定的扩展作用，这支持了芭芭拉·弗雷德里克森在积极情绪的扩展和建构理论中提出的积极情绪对认知的扩展效应。研究发现，相对于中性状态与消极情绪状态，积极情绪能够促进思维的灵活性、提高解决问题的效率。相较于在中性状态下，个体在积极情绪下表现出更高的创造性，问题解决的效率更高，决策更全面。积极情绪之所以能够促进个体的创造性、成功的问题解决和决策的效率，主要是因为积极情绪对于认知活动有三方面的影响：积极情绪为认知加工提供了额外的可利用的信息，增加了更多的可用于联结的认知成分；积极情绪扩大了注意的范围，导致更综合的认知背景，增加了有关问题的认知要素的广度；积极情绪增加了认知灵活性，增加了认知联结的多样性。也就是说，在积极情绪状态下，个体的思维更开放、更灵活，能够想出更多的问题解决的策略，以提高个体的社会适应能力。

积极情绪不仅能够提高认知类问题解决的效率，同样能够促进人际问题的解决、协商与谈判问题的解决。积极情绪不仅能够为协商与谈判创造友好的氛围，同时由于积极情绪下认知灵活性的提高，能够使得谈判者想出更多的问题解决策略。

（四）积极情绪能够增进个人资源建设

心理学研究也支持了积极情绪对于个人资源具有建设效应，如积极情绪有益于友谊的发展、婚姻满意度，积极情绪还能促进身体健康，经常体验积极情绪的人更加长寿。积极情绪还能抵消消极情绪的心理效应，促进对挑战与挫折的适应性应对，提高和增进幸福感，增加与关系密切他人的一致感，增加对熟悉人的信任感等。

积极情绪能够促进帮助、友好行为，密切人际联系，扩充人际资源。积极情绪能够提高应对水平，促进社会适应。以积极情绪应对社会事件，为个体争取更加广泛的社会资源创造了条件，为密切社会联系创造了条件。从个体发展的角度来看，积极情绪对个体的健康成长也是非常重要的。

（五）积极情绪能够促进组织效能

积极情绪不仅对于个体的适应具有重要的作用，同时组织内成员的积极情绪对于一个组织来说也是非常重要的。组织内个体的积极情绪可以相互感染和传递，对于营造积极的组织氛围是极为关键的，能够激励组织中员工的工作绩效，提高组织的效能。与员工工作绩效相关的积极情绪不仅包括高唤醒的积极情绪（如快乐、激动等），也包括较低唤醒的积极情绪（如满意、平静等）。

（六）积极情绪能够促进生理健康

积极情绪对于身体健康的重要意义也受到大量研究的关注（如图 2－2 所示）。研究发现，积极情绪对于疾病的预防和治愈起着重大的作用。研究表明，乐观和希望对于健康非常重要，在心脏移植手术后，积极的期望预示着更佳的健康。外科手术和其他疾病之后也发现，乐观者比悲观者恢复得更快。在对失去配偶的人的研究中发现，能发现生活意义、有积极情绪的人更能战胜以后的困难，生活的时间更长。还有一些对幸存者的研究也表明，积极情绪在促进康复中的作用。例如：团体心理治疗项目就显示了社会和积极的情感支持对患有乳腺癌的女性有多种效果，包括降低焦虑和抑郁，延长存活时间和降低复发率。

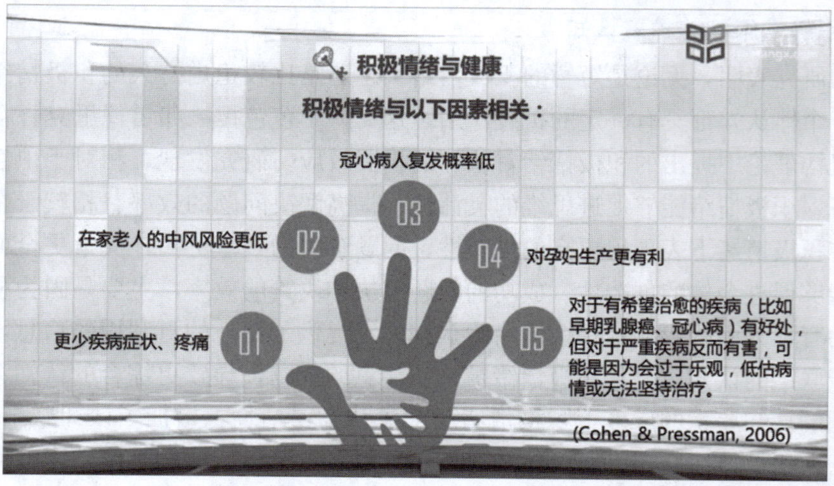

图 2－2　积极情绪与健康

图片来源：学堂在线，清华大学《积极心理学》课程．

二、积极情绪的种类

积极的情绪和心态可分为几大类，如热情、毅力、信心、快乐、奉献、爱心、感恩、好奇、弹性、活力等。

（一）热情

热情是我们做事情必须拥有的心态。热情的存在会让我们的生活变得多姿多彩，因为它具有伟大的力量，能将困难转化为机会，也能鼓动我们以更快的步伐迈向预定的目标，更能给我们巨大的动力来面对接踵而至的坎坷。因此，培养一个人的热情比培养其他的技能更重要。

（二）毅力

不管做什么事情，都不是一帆风顺的，如果没有毅力，就不可能有值得让人们怀念的事迹，也就根本没有成功可言。毅力是我们在面对困难、失败甚至是诱惑时的一种态度。

（三）信心

我们所需要的信心并不是一时的头脑发热，更不是一种无谓的冲动，而是一种不轻易动摇的信心，这才是我们每个人所向往的，因为我们都懂得，打败自己的人往往不是对手，而是我们自己。成功者也不是真的身怀绝技，而是善于发现自己的长处与优势，在适当的时候保持自信心。

（四）快乐

这种快乐不是表面的快乐，而是内心的快乐。它不仅要求在外表有所表现，更要在心理上保持这种快乐的心情。这种快乐不仅在脸上，更要在心里。能对人生充满希望，也能给周围的人带来同样的快乐。不管命运有多少坎坷，我们总能用最好的心态去面对，也就能一直保持微笑的面孔出现在每一天的生活中。

（五）奉献

如果我们想要得到周围人的肯定，那唯一能做的就是对周围人有所帮助，对这个社会有所贡献。即便是小小的举手之劳，只要能表示作为社会的一分子的奉献，也就足够了。人生的秘诀就在于奉献。

（六）爱心

爱是世界上最伟大的感情，任何邪恶的东西遇到爱，都会像冰雪遇到火焰一样很快消融。只要人人都献出一点爱，世界将变成美好的人间。

（七）感恩

感恩是一切情绪中最具威力的情绪之一。它往往以一种爱的形式来表现，一个拥有积极心态的人常常通过他的思想和行动，主动表达自己的感恩之情，并且在感恩的同时珍惜生命，善待他人。

（八）好奇

一个有着积极心态的人绝对缺少不了好奇心，因为健康的好奇心会帮助我们消除无知，更可以改变一个人的思维模式，达到“柳暗花明又一村”的效果。往往成功的契机就隐藏在这里。因此一个要想成功的人，好奇心是必不可少的。

（九）弹性

弹性是指我们为人做事不死板，要懂得为自己留有余地。因为要保证事情成功，保持弹性的做事方法是必要的。弹性的生活会让人感到快乐。

（十）活力

活力不仅仅表现为行动的敏捷、身体的健康，更重要的是一种心理的青春与朝气。有活力的人，不管年纪有多大，也能和年轻人一样，表现得很有青春活力。

三、积极情绪的构建

（一）善于控制负性情绪

负性情绪人人都会有，它们其实也没有想象中的可怕，当紧张、焦虑、烦恼等情绪来临之时，要想办法让自己平静下来，让自己有更多的精力考虑真正面临的问题，从而尽快解决问题。要学会对自己的负性情绪负责，脾气不好的同学不要给自己不能控制自己情绪的暗示，不要让这种错误的潜意识影响自己，任由负性情绪的野马撒缰而去；要认清楚引起负性情绪的原因，采取有效的办法应对，做一个快乐的人；在负性情绪发生的时候，如在表达愤怒的时候，要把范围控制在别人可接受的范围内；在忧虑的时候，要尽量将其保持在不影响自己的正常学习和生活范围内。

课堂练习

情绪控制练习

有一个男孩脾气很坏，于是他的父亲就给了他一袋钉子，并且告诉他，每当他发脾气的时候就钉一根钉子在后院的围篱上。

第一天，这个男孩钉下了37根钉子。慢慢地，他每天钉下的数量减少了。他发现控制自己的脾气要比钉下那些钉子来得容易些。

终于有一天，这个男孩再也不会乱发脾气，他告诉父亲这件事，父亲告诉他，现在开始，每当他能控制自己的脾气的时候，就拔出一根钉子。

日子一天天地过去了，最后男孩告诉他的父亲，他终于把所有钉子都拔出来了。

父亲握着他的手来到后院说："你做得很好，我的好孩子。但是看看那些围篱上的洞，这些围篱将永远不能恢复成从前。你生气的时候说的话将像这些钉子一样留下疤痕。如果你捅了别人一刀，不管你说了多少次对不起，那个伤口将永远存在。话语的伤痛就像真实的伤痛一样令人无法承受。"

思考：请问你是否有过类似的经历呢？

（二）认知改变情绪

1. 情绪ABC理论

理性情绪疗法（Rational-Emotive Therapy，RET），又称合理情绪疗法，20世纪50年代由阿尔伯特·艾利斯在美国创立，它是认知疗法的一种，因其采用了行为治疗的一些方法，故又被称为认知行为疗法。

它的基本理论主要是ABC理论，在ABC理论模式中，A（Activating events）是指诱发性事件；B（Beliefs）是指个体在遇到诱发事件之后持有的信念，即他对这一事件的看法、解释和评价；C（Consequences）是指特定情景下，个体的情绪及行为结果。通常认为，人的情绪的行为反应是直接由诱发性事件A引起的，即A引起了C。

ABC理论指出，诱发性事件A只是引起情绪及行为反应的间接原因，而人们对诱发性事件所持的看法、解释和评价B才是引起人的情绪及行为反应的更直接的原因。人们的情绪及行为反应与人们对事物的想法、看法有关。合理的信念会引起人们对事物的适当的、适度的情绪反应；而不合理的信念则相反，会导致不适当的情绪和行为反应。当人们坚持某些不合理的信念，长期处于不良的情绪状态之中时，最终将会导致情绪障碍的产生。

例如，两个同学一起上街，碰到他们的辅导员，但对方没有与他们打招呼，径直过去了。这两个同学中的一个认为："他可能正在想别的事情，没有注意到我们。即使是看到我们而没理睬，也可能有什么特殊的原因。"而另一个却可能有不同的想法："是不是上次顶撞了老师一句，他就故意不理我了？下一步可能就要故意找我的麻烦了。"两种不同的想法就会导致两种不同的情绪和行为反应。前者可能觉得无所谓，而后者可能忧心忡忡，以致无法平静下来做好自己的事情。

通过改变不合理信念，建立合理信念，可以产生积极的情绪反应。通过纠正引起不良情绪的非理性信念，可以达到建立积极情绪的目的。

2. 不合理信念与合理信念

一般而言，人的不合理信念主要有三个特征：

（1）绝对化要求。以自己的愿望为出发点，认为某一事物必定会发生或者不会发生，这种特征通常和必须、应该联系在一起，如"我必须获得成功""别人必须友好地对我"。

（2）过分概括。即一种以偏概全的不合理思维方式，就好像以一本书的封面来判断其价值一样。如觉得自己一无是处或者毫无价值就是一种以偏概全。

（3）糟糕至极。即认为事物可能的后果非常可怕、糟糕至极，甚至是一种灾难性的预期的非理性感念。

拓展阅读

不合理信念和与之相应的合理信念

RET认为，情绪困扰和行为不良，甚至神经障碍都来源于不合理的信念。那么在日常生活中都有哪些不合理信念？其不合理处在哪里？它们的共同特征又是什么？情绪ABC理论的创立者艾利斯通过临床观察，总结出日常生活中通常会导致情绪困扰甚至神经障碍的11种主要的不合理信念，这些不合理信念的特征是绝对化要求、过分概括化或糟糕至极。我们应该学会与不合理信念进行辩驳，并找出相应的合理信念。

（1）一个人应被周围的人喜欢和称赞，尤其是生活中重要的他人。

D（辩驳）——这是不可能实现的。人的一生中，不可能得到所有人的认同，即便是家人、亲密朋友等对自己很重要的人，也不可能永远对自己持一种绝对喜爱和赞许的态度。更何况人不是为了他人的喜欢和称赞而活，人活着是为了自己。持有这样不合理信念的人，就很可能委曲求全来取悦他人，以获得每个人的赞同和欣赏，但结果必定会使自己感到失望、沮丧和受挫，从而很难再建立自信。

E（合理信念）——一个人只要不被周围所有的人否定和排斥，就可以肯定自己是受欢迎的。

(2) 一个人必须能力十足，各方面都有成就，这样才有价值。

D（辩驳）——这是不切实际的目标。金无足赤，人无完人。世界上根本就不存在一个十全十美的、永远成功的人。一个人可能在某些事上较他人有优势，但在另外一些事上，却可能不如他人。虽然他以前有许多成功的经验，但他无法保证在每一件事上都能成功。持有这样信念的人，不得不为永远无法实现的目标而徒自悲伤。

E（合理信念）——人的精力是有限的，能在某些方面上有所成就，人生就是有价值的。

(3) 那些邪恶可憎的人及坏人，都应该受到责骂与惩罚。

D（辩驳）——人非圣贤，孰能无过？这个世界没有绝对的好人，也没有绝对的坏人，不该因他人一时之误就认定他是坏人，以致对他产生极端的排斥和憎恶。就像艾利斯所说："每个人都应该接受自己和他人是有可能犯错误的人类的一员。"

E（合理信念）——人人都有可能犯错误，对那些犯错误的人要宽容以待。

(4) 当事情不如意的时候，是很可怕，也是很悲惨的。

D（辩驳）——人生不如意事十之八九。一个人不可能永远成功，生活和事业上的挫折可以说是家常便饭，关键在于如何对待它。如果一遭受挫折就感到十分可怕，那么只会导致情绪困扰，使事情更加恶化。如果遭受挫折会仔细分析并寻求解决的办法，那么挫折将会是一笔无形的人生财富。

E（合理信念）——受挫是很正常的事情，没有什么可怕的。如果不喜欢某事，就可以试着去改变它；如果无能为力，那就试着接受它。

(5) 不幸福、不快乐是外在因素所造成的，个人无法控制。

D（辩驳）——外在因素对个人幸福是有一定的影响，但并非如想象的那样严重。情绪是人的主观体验，正是人对外在事件的知觉、感受和评价引起了人的情绪体验。不正确的、歪曲的评价会导致消极的情绪；正确的、合理的评价则会引起积极快乐的情绪。我们改变不了外在事件，但是我们可以改变对待事件的态度。

E（合理信念）——不是外在因素而是对外在事件的评价决定人的主观幸福感，通过改变悲观的评价态度，人是可以控制、调节自己的快乐和幸福的。

(6) 我们必须非常关心危险可怕的事情，而且必须时时刻刻忧虑，并注意它可能再次发生。

D（辩驳）——对危险和可怕的事物有一定的心理准备是正确的，但过分的忧虑则是非理性的。因为坚持这种信念只会夸大危险发生的可能性，使人不能对其进行客观的评价，从而正确地面对并有效地处理解决。杞人忧天只会使生活变得沉重而缺乏生气，导致整日忧心忡忡，焦虑不已。与其担忧不如置之不顾，将精力花在当前需要解决的事情上。

E（合理信念）——对危险可怕的事情要有一定的心理准备，但是不可过分忧虑。

(7) 面对困难和责任很不容易，倒不如逃避较省事。

D（辩驳）——逃避能够暂时摆脱不愉快的情绪，但问题终究悬而未决，反而延误了解决问题的时机，逃避只会使问题更加恶化或连锁性地引发其他问题和困难，从而使问题难上加难，最终导致更为严重的情绪困扰。

E（合理信念）——逃避只是暂时摆脱了情绪困扰，但不能真正解决问题。只要认真对待，困难和责任并非想象中的那么难。

(8) 一个人应该要依靠别人，且需要找一个比自己强的人来依靠。

D（辩驳）——虽然人在生活中的某些方面需要彼此相互依靠，但凡事依靠他人，会让被依靠的人产生极大甚至是难以承受的心理压力，反而使良好的人际关系破裂。而过分夸大依靠的必要性很可能让人放弃培养独立自主的能力，失去自主性而导致更大的依赖，产生不安全感。

E（合理信念）——每个人都是一个独立的个体，别人至多只能在某些方面帮助你，但不能代替你生活。安全感的获得还是得依靠自己的独立自主。

(9) 过去的经验决定了现在，而且是永远无法改变的。

D（辩驳）——过去的经历已成历史，这的确无法改变，但不能说过去的事就会决定一个人的现在和将来。因为事实虽不可改变，但对事件的看法和感悟可以改变，所以人们仍然可以控制、改变自己现在的乃至以后的生活。

E（合理信念）——过去已成历史，但并不决定现在和将来，人通过自身的努力是有能力改变现状的。

(10) 我们应该关心他人的问题，也要为他人的问题感到悲伤难过。

D（辩驳）——关心他人、有同情心，这是有爱心的表现。但如果过分投入他人的事情，就很可能会忽视自己的问题，使自己的情绪失去平衡，这样不但没有能力帮助他人解决问题，也使得自己更糟。

E（合理信念）——对于他人的问题，我们可以表示关心和同情，有能力时不妨伸出援手，但如果帮不上忙也不必过多牵涉或是自责。

(11) 人生中的每个问题，都有一个正确而完美的答案，一旦得不到答案就会很痛苦。

D（辩驳）——人生是个复杂多变的过程，人生的问题总是层出不穷，有些问题有明确的答案，有些不一定有答案，有些即使有也不一定有正确而完美的答案，对任何问题都寻求完美的解决办法是不可能的事。如果坚持要寻求某种完美的答案，只会使自己感到迷惑、失望和沮丧。

E（合理信念）——并不是所有的问题都会有正确而完美的答案，对于那些没有确定答案的问题不必穷究到底，更不必因为得不到完美答案而痛苦伤心。但求够好，不求最好。

课堂练习

建立合理信念

找出自己的不合理信念，尝试建立合理信念。

（三）积极的心理暗示

有位心理学家说过，我们把自己想象成什么样子，我们就会真的成为什么样子。美国成功学家拿破仑·希尔说过，思考能够拯救一个人的命运。在消极的时候，常常给自己积极的心理暗示，告诉自己“天生我材必有用”。积极的心理暗示是一种培养积极情绪的非常有用的手段。当产生负性情绪的时候，可以尝试用积极的自我暗示来达到摆脱负性情绪的目的。

1. 酸葡萄式积极的心理暗示

“酸葡萄”一词源自寓言《狐狸与葡萄》。狐狸因得不到自己想吃的葡萄，就说葡萄是酸的，根本没法吃。这个寓言比喻人们对于自己想要但又得不到的东西，就故意用阿Q精神自嘲一下，从而弱化其意义和价值，以起到平衡心态的作用。例如，在评定奖学金的时候没有评上，就对自己说：“不是我学习不够努力，而是这次高手太多，再说评上了也不代表实力一定强啊！”

2. 甜柠檬式积极的心理暗示

甜柠檬式的自我安慰是指人们对于自己的某种行为明知不妥，但又不愿意承认，只好找出各种理由来增加行为的合理性，以获得自我安慰，减轻心理压力。就好像花钱买了柠檬，吃到嘴里是酸的，但还得想办法证明自己的行为是正确的，所以只得说，加点糖就甜了。例如：两个同时在沙漠中行走的人都没有水了，一个人安慰自己说看到了满天的繁星和妻子、女儿等自己回家的景象，另外一个人说自己看到了死神在向自己一步步走来，最终前者走出了沙漠，后者却死在了沙漠。又如：摔碎了东西，人们会说“碎碎（岁岁）平安”；丢了东西，人们会说“破财免灾”或“旧的不去，新的不来”等。

拓展阅读

八种培养积极情绪的实用方法

1. 真诚地生活

要提高积极情绪，我们就需要让自己足够慢下来，带着一种真诚的态度用心去看、去听、去感受，而不仅仅是用眼睛、耳朵和思维。这种减慢的速度会解开我们由衷的积极情绪。为什么这么说呢？因为不能被感受到的积极情绪——没有在你的心中或你的身体内留下印记——是空洞的，它对你没有好处。这正是积极心理学和一般成功学的根本差别。

2. 寻找积极的意义

积极心理学的研究告诉我们，积极情绪的产生，不在于口号，而在于思维。你的思维反映了你是如何解释目前的情况的，你从它们当中找到怎样的意义。因此，提高积极情绪的一个关键途径就是，要在日常生活情境中更加频繁地找到积极的意义。当你将不愉快甚至悲惨的情况以积极的方式重新定义时，你就提高了积极情绪。

3. 品味生活

品味需要你放慢脚步并有意识地去关注，这就好像花时间去欣赏准备一顿美餐所包含的各个好的方面，从感受新鲜蔬菜和调料的香气到沉醉于调配佐料所带来的成就感。然后，当你完全沉浸在与朋友或家人一起分享你的杰作的过程中时，你就能品味更多。但是请记住，品味不是分析。提高积极情绪要求轻微的心理碰触，把经验作为一个整体来接受，欣赏它带给你的感觉。不要解剖它或是以其他方式把它扯开。

4. 表达感激，感受善意

当你用语言或行动表达感激时，就不仅提高了自己的积极情绪，也提高了对方的积极情绪。在这一过程中，你加强了他们的善意，也巩固了彼此之间的关系。当你感受对方的善意时，你常常会赞赏别人对你是如此友善，这引起了你的感激之情。善意和积极情绪相辅相成。只要认识到自己的善意举动，就能够启动这种良性循环。通过增加自己的善意举动，可以使你的积极情绪大幅提升。实验表明，有意识地增加你的善意可以提高你的积极情绪。

5. 梦想你的未来

更加频繁地梦想未来也是一种提高积极情绪的简单方法。为自己构想最好的未来，并非常详细地将之形象化。相对于进行自省的人，被随机分配来进行这项练习的人在积极情绪上表现得更稳定。虽然目前还不清楚形象化的运转机制是怎样的，但可以确定的是，它能够让你对于每天的目标和动机如何与你关于未来的梦想相匹配有一个深入的了解，帮助你在日常生活中发现更多的好处。需要注意的是，形象化已经被发现能激活与真正的活动一样的脑区，这就是为什么形象化一直是获奖运动员们的得力工具。形象化可能在你的长期项目中格外有效，如接受教育、写作一本书或是建立社区人际关系。

6. 利用你的优势

每天都有机会做自己最擅长的事情的人——凭借他们的优势行事——更容易获得成功。积极心理学最大的早期贡献之一是制定了一项基于24种个性优势将人们进行分类的调查——由马丁·塞利格曼本人带头，从好奇、正直，到善良、公正、谦逊和乐观等。无论你是如何了解到自己的优势的，通过一项调查或是通过其他人的视角，你都可以从中提取出很多关于你的优势的关键信息，然后以一种你能够更加频繁地应用你的优势的方法，来重塑你的工作或日常生活。

7. 与他人在一起

调查发现，每个获得成功的人都与其他人有温暖和可信赖的关系，无论是与爱人、亲密的朋友、家人或同事。与整日忧虑的人相比，获得成功的人每天花更多的时间与他们亲近的人待在一起，而很少独自待着。这可能部分反映了仅仅与他人在一起——无论你是否了解他们——是提高积极情绪的一个非常可靠的方法。有些科学家追踪了人们的日常活动和情绪；其他科学家通过随机地把人们分成独自一人和与其他人在一起的对照组。结果很明显：人们通过与他人在一起，获得了更多的积极情绪。

8. 享受自然的美好

自然环境可能同社会环境一样重要。因此，提高积极情绪也可以通过在春光灿烂的好天气里外出实现。实验证明，在好天气里，在户外花了20分钟以上的人，表现出预料中的积极情绪的提高。然而，对于几乎没有花时间在户外的人来说，天气和积极情绪基本无关。实验还证明，当天气好时在户外至少花了20分钟的人，具有更广阔和开放的思维，甚至连他们的工作记忆广度都更大，他们可以实实在在地在脑海中保持更多的想法。这个发现令人震惊，因为工作记忆广度长期以来一直被看作衡量智力的一个间接指标。如果是这样的话，仅凭外出就可以让人更聪明。

因为当沉浸在大自然中时，大自然的魅力不由自主地吸引你的注意，大自然的广阔让你的注意力不断扩展和丰富。这两点关于体验大自然的性质，很可能带来积极情绪和开放性，并让你在大自然中具有愈合和恢复能力。户外活动可以让你看得更远，并拓展你的思维，让你对更多的事物感觉良好。

资料来源：http://www.xinli001.com/info/100011607.

（四）体验福流，提升福流力

福流，也称心流，指的是个体将精力集中全部投入到某种活动当中，以致无视外物的存在，甚至忘我时的状态，它是人们体验到的一种高级的积极情感，这种情感能给人以充实感、兴奋感和幸福感，也称为最佳情绪体验。

在生活中经常体验福流，能够构建积极情绪体验。生活就是一面镜子，你对他笑，他也对你笑，你用积极的心态面对生活，生活也会用积极的回报给你幸福。海子有一首诗道出了简单的幸福："从明天起，做一个幸福的人，喂马、劈柴，周游世界；从明天起，关心粮食和蔬菜，我有一所房子，面朝大海，春暖花开；从明天起，和每一个亲人通信，告诉他们我的幸福，那幸福的闪电告诉我的，我将告诉每一个人，给每一条河每一座山取一个温暖的名字，陌生人，我也为你祝福，愿你有一个灿烂的前程，愿你有情人终成眷属，愿你在尘世获得幸福，我只愿面朝大海，春暖花开。"愿每一同学都能以积极的情绪面对一切，常怀感恩之心，感受一切幸福，幸福不是在未来，就是在此刻。

拓展阅读

何谓福流?

福流的状态有什么特点呢？在《福流：一种美妙的心理状态》一书中，米哈里·契克森米哈赖谈到了六种福流的心理体验特征：

第一，全神贯注，注意力高度集中，完全沉浸在自己所从事的工作之中，忽视了外在所有的影响。

第二，知行合一，行动和意识完美地结合，已经变成了一种自动化的、不需要意识控制的动作，有一种行云流水般的流畅感。

第三，物我两忘，自我的意识暂时消失，此身不知在何处。

第四，时间飞逝，有强烈的时间扭曲感，不知不觉中，百年犹如一瞬间。

第五，驾轻就熟，对自己的行动有一种完美的掌控，不担心失败，不担心结果，充分体验行动的过程，感受到自己每一个动作精确的反馈。

第六，陶醉其中，一种超越日常现实生活，发自内心的积极、快乐和主动，不需要外在奖励就能体验到行动的快乐，完成之后有一种酣畅淋漓的快感。

由此可见，这种福流的体验既包括身心体验的因素，如个体处于福流状态时的感觉，包括行动和知觉的融合，以及注意力集中和潜在的控制感；也包括结果因素的影响，即个体在处于福流状态时内心所体验到的一种结果，包括短暂的失去自我意识、时间意识和活动本身的目标意识。

资料来源：彭凯平．吾心可鉴：澎湃的福流［M］．北京：清华大学出版社，2016.

成长训练营

一、情绪的潘多拉[①]（配合使用《成长手册》成长驿站二→成长训练营→活动一）

（一）活动目的

通过改变认知来消除不良情绪。认识不良情绪对生活、学习的危害，懂得消极情绪是可以缓解和转变的；了解事情、看法与情绪感受这三者之间的关系，学会从更积极的角度去看问题，拥有更多的健康情绪。

（二）活动材料

一段川剧变脸视频，一张表情图片，心情晴雨表，一个“潘多拉魔盒”。

（三）活动时间

60 分钟。

（四）活动步骤

1. 导入——变脸（5 分钟）

（1）播放川剧变脸视频。向学生出示表情图片，请学生在座位上演示这个表情，并思考这个表情传递了什么情绪。

（2）请学生思考并回答最近什么事情让自己有了这样的情绪，对自己有哪些影响。

（3）请学生思考如何将这张愁眉不展的脸变成一张开心快乐的脸。

（4）变脸：教师将表情翻转成笑脸。

（5）请学生思考最近什么事情让自己有了这种情绪。

（6）请学生概括以上两种情绪的区别，教师写在黑板上。

2. 情绪传染圈（25 分钟）

（1）围圈而立。请大家把情绪表现出来，并逐步说出喜、怒、哀、乐等，请大家表达，作为游戏的热身。

（2）教师先说出一种情绪，自己先一边以动作、表情和声音配合表达，一边向其中一位同学走去，取代其位置，该同学须把这种情绪延续，即以自己的表达方式，一边以动作、表情和声音配合，一边向另一位同学走去并取代其位置。如此这般把情绪传染出去，每种情绪传播六七个人后，教师说出另一种情绪，须注意不同程度的情绪。

（3）教师事先拟订不同情境（如得到小奖品、见到喜欢的人、考试成绩一塌糊涂等），方法基本同上，但是被传染和取代位置的同学可以变化情绪，表达自己在该情境下会有的情绪。六七次后，教师换成另一种情境，须注意对同一情境表达不同的情绪。

（4）围圈而坐。大家讨论自己在不同情境下通常有的情绪、自己的情绪表演是否恰当，是否有错误的表情，自己的情绪受别人的影响和自己情绪对别人的影响，平时自己处理情绪的方法等。

---

① 阳志平，彭华军，等．积极心理学团体活动课操作指南[M]．2 版．北京：机械工业出版社，2016：130.

3. 心情晴雨表（15分钟）

请学生记录一周生活中的心情，填写心情晴雨表（如表2-1所示）中的前四栏。

表2-1 心情晴雨表

情绪	行为反应	结果评估	理由	其他反应方式

心情晴雨表记录了我们上一周生活中的心情，就像天气有阴晴风雨雪一样，我们的心情也会一直变化。

圈出心情晴雨表的消极情绪，看看一周生活当中，拥有的消极情绪有没有超过积极情绪。

回忆一下最近一段时间以来，哪件事情让你最烦恼，写在下面的空白纸条上。

我 我想 我感觉到	事情 想法 情绪感受

写完后投入“潘多拉魔盒”，转动，抽取几张，请同学从不同的角度来解读问题，并填入心情晴雨表最后一栏，学会换个角度考虑问题。

4. 快乐点击（15分钟）

想拥有一份好心情吗？那就选择保持一份好心情。请将下列情境与心情连线。

（1）当你面对他人的批评时，	（A）不要伤心，要懂得“矛盾无时不有”。
（2）当你和同学有矛盾时，	（B）不要难过，要理解父母苦心。
（3）当你和家人有误会时，	（C）不要委屈，要提醒自己闻过则喜。
（4）当有人对你不满时，	（D）不要愤怒，要得饶人处且饶人。
（5）当你对他人表现不满时，	（E）不要生气，要自勉走自己的路。
（6）当你做错事情时，	（F）不要焦虑，要相信人终能战胜环境。
（7）当你对新环境不适应时，	（G）不要内疚，要记得吃一堑，长一智。

二、快乐大魔盘[①]（配合使用《成长手册》成长驿站二→成长训练营→活动二）

（一）活动目的

学生对情绪有基本认识，提高学生对于负性情绪的处理，提高挫折应对能力，坦然面对挫折带来的各种负性情绪，帮助学生学会处理各种不良情绪，保持乐观、积极、向上的情绪状态。

① 阳志平，彭华军，等．积极心理学团体活动课操作指南[M].2版．北京：机械工业出版社，2016：122.

（二）活动材料

等同于学生数一半的签号，每个号做两个签；一只秒表；快乐大魔盘，击鼓传花用的鼓一个和花一朵。

（三）活动时间

60 分钟。

（四）活动步骤

课前请每位同学抽一个签号。

1. 情绪测测测（15 分钟）

积极的情绪有益于我们的学习和生活，消极的情绪有损于我们的学习和生活。你了解自己的情绪体验状态吗？请在符合自己的选项上打“√”。

（1）我感觉到很愉快。

A. 经常　　B. 有时　　C. 较少　　D. 根本没有

（2）我对一切都是乐观向前看。

A. 几乎是　　B. 较少　　C. 很少　　D. 几乎没有

（3）我对原来感兴趣的事现在仍然感兴趣。

A. 肯定　　B. 不像从前　　C. 有一点　　D. 几乎没有

（4）我能看到事物好的一面。

A. 经常　　B. 现在不这样了　　C. 现在很少　　D. 根本没有

（5）我对自己的穿着打扮完全失去兴趣。

A. 不是　　B. 不太是这样　　C. 几乎是这样　　D. 是这样

（6）我感觉情绪在渐渐变好。

A. 几乎是　　B. 有时　　C. 很少　　D. 不是这样

（7）我很少能投入地看一本书或一部电视剧。

A. 总是　　B. 经常　　C. 很少　　D. 几乎没有

题目做完了，怎么样才能知道自己的情绪状态呢？我们的情绪如何？具体的评分标准如下：选 A 得 0 分，选 B 得 1 分，选 C 得 2 分，选 D 得 3 分。记总分，若总分大于 9 分，则情绪不良，否则，就是情绪良好。

2. 一吐为快（20 分钟）

你最近有不顺心的事情或者不良情绪吗？是怎么引起的？请找到和你抽取相同签号的同学，向他倾诉你的烦恼，教师计时。具体规则如下：

（1）每组同学固定的时间为 10 分钟，每位同学有 5 分钟倾诉时间。

（2）在一位同学倾诉的时候，另一位同学只可以倾听，通过一定的语言、动作和表情表示自己对对方情绪状态的理解，不得插入关于自己情绪的话题。

（3）时间一到，立即交换倾诉方，不得拖延。

（4）教师请个别同学分享对方的情绪。

3. 快乐大魔盘（5 分钟）

生活需要快乐，而每个人都有一些让自己快乐的秘诀，和同学交流，分享快乐，让自己活得更加丰富多彩。请同学们思考自己在生活中遭遇到不良情绪时的调节方法是什么。分组讨论并将本组的调节方法按照不同的类型写在快乐大魔盘的不同分格里面。

4. 拥有快乐（10 分钟）

（1）做游戏。做击鼓传花游戏，音乐停时花落在谁处，则请他起来讲一则笑话或一个故事，或者以其他方式让同学们笑一笑，使大家亲身感受笑一笑对自己心情的积极作用。

（2）每位同学讲一句与快乐有关的话送给大家。

三、幸福在哪里（配合使用《成长手册》成长驿站三→成长训练营→活动三）

（一）活动目的

感受身边的点滴幸福，学会发现自己的优势和拥有的宝贵资源，学会感恩和珍惜生活，提高个人主观幸福感。

（二）活动材料

电影《冰雪奇缘》节选，PPT 课件。

（三）活动时间

45 分钟。

（四）活动步骤

1. 播放视频

学生讨论与分享感受 15 分钟。

2. 认识你自己

你认识你自己吗？也许有的同学会说：谁不认识自己？但是，恰恰相反，认识自己不是件容易的事情。你曾经思考过这些问题吗？我是谁？我来自哪里？我的将来会怎么样？我的梦想是什么？我要如何实现这些梦想？

（1）我是谁？（10 分钟）。

请同学们用 10 个陈述句描述"我是一个……的人"，全方位认识自己，评价自己。其他同学点评他的评价，看看该生的自我评价和他人评价是否相符。

（2）戴高帽，6～8 人为一组（25 分钟）。

一位同学先起立，介绍自己，如姓名、个性、爱好等。其他同学轮流说出自己所观察到的该同学的优点，需真实、诚恳、具体。

（3）教师总结。

能够客观地认识自己是件不容易的事情。每个人都有自己引以为傲的闪光点，也有自己需要改进的不足，每个人如果都能感受幸福，感受自信，积极体验幸福和积极情绪，接纳自己的形象，肯定自己，接纳自己，就能看到和达到更加精彩的人生。

成长加油站

一、图书、影音作品推荐

成长驿站二
图书、影音作品推荐

二、心理自测

你的情绪稳定吗？

1. 看到自己最近一次拍摄的照片，你有何想法？

A. 觉得不称心　　B. 觉得很好　　C. 觉得可以

2. 你是否想到若干年后会有什么使自己极为不安的事？

A. 经常想到　　B. 从来没有想过　　C. 偶尔想到过

3. 你是否被朋友、同事或同学起过绰号、挖苦过？

A. 这是常有的事　　B. 从来没有　　C. 偶尔有过

4. 你上床以后，是否经常再起来一次，看看门窗是否关好、炉子是否封好等？

A. 经常如此　　B. 从不如此　　C. 偶尔如此

5. 你对与你关系最密切的人是否满意？

A. 不满意　　B. 非常满意　　C. 基本满意

6. 半夜的时候，你是否经常觉得有什么害怕的事？

A. 经常　　B. 从来没有　　C. 极少有这种情况

7. 你是否经常因梦见什么可怕的事而惊醒？

A. 经常　　B. 没有　　C. 极少

8. 你是否曾经有多次做同一个梦的情况？

A. 有　　B. 没有　　C. 记不清

9. 有没有一种食物使你吃后呕吐？

A. 有　　B. 没有　　C. 记不清

10. 除去看见的世界外，你心里有没有另外的世界？

A. 有　　B. 没有　　C. 记不清

11. 你心里是否时常觉得你不是现在的父母所生？

A. 时常　　B. 没有　　C. 偶尔有

12. 你是否曾经觉得有一个人爱你或尊重你？

A. 是　　B. 否　　C. 说不清

13. 你是否常常觉得你的家庭对你不好，但是你又确知他们的确对你好？

A. 是　　B. 否　　C. 偶尔

14. 你是否觉得没有人十分了解你？

A. 是　　B. 否　　C. 说不清楚

15. 你在早晨起来的时候最经常的感觉是什么？

A. 忧郁　　B. 快乐　　C. 讲不清楚

16. 每到秋天，你经常的感觉是什么？

A. 秋雨霏霏枯叶遍地　　B. 秋高气爽艳阳高照　　C. 不清楚

17. 你在高处的时候，是否觉得站不稳？

A. 是　　B. 否　　C. 有时是这样

18. 你平时是否觉得自己很强健？

A. 否　　B. 是　　C. 不清楚

19. 你是否一回家就立刻把房门关上？

A. 是　　B. 否　　C. 不清楚

20. 你坐在小房间里把门关上后，是否觉得心里不安？

A. 是　　B. 否　　C. 偶尔是

21. 当一件事需要你做决定时，你是否觉得很难？

A. 是　　B. 否　　C. 偶尔是

22. 你是否常常用抛硬币、翻纸牌、抽签之类的游戏来测凶吉？

A. 是　　B. 否　　C. 偶尔

23. 你是否常常因为碰到东西而跌倒？

A. 是　　B. 否　　C. 偶尔

24. 你是否需要一个多小时才能入睡，或醒得比你希望的时间早一个小时？

A. 经常这样　　B. 从不这样　　C. 偶尔这样

25. 你是否曾看到、听到或感觉到别人觉察不到的东西？

A. 经常这样　　B. 从不这样　　C. 偶尔这样

26. 你是否觉得自己有超乎常人的能力？

A. 是　　B. 否　　C. 不清楚

27. 你是否曾经觉得因有人跟着你走而心里不安？

A. 是　　B. 否　　C. 不清楚

28. 你是否觉得有人在注意你的言行？

A. 是　　B. 否　　C. 不清楚

29. 当你一个人走夜路时，是否觉得前面暗藏着危险？

A. 是　　B. 否　　C. 偶尔

30. 你对别人自杀有什么想法？

A. 可以理解　　B. 不可思议　　C. 不清楚

[计分与解释]（仅供参考）：

以上各题的答案，选 A 得 2 分，选 B 得 0 分，选 C 得 1 分。请将你的得分统计一下，算出总分。

得分越少，说明你的情绪越佳，反之越差。总分 0～20 分，说明你情绪稳定、自信心强，具有较强的美感、道德感和理智感；你有一定的社会活动能力，能理解周围人们的心情，顾全大局；你一定是个性情爽朗、受人欢迎的人。总分 21～40 分，说明你情绪基本稳定，但较为深沉，对事情的考虑过于冷静，处事淡漠消极，不善于发挥自己的个性；你的自信心受到压抑，办事热情忽高忽低，易瞻前顾后、踌躇不前。总分在 41 分以上，说明你情绪极不稳定，日常烦恼太多，使自己的心情处于紧张和矛盾之中。

三、实践作业

制作积极自我放松训练视频。

成长驿站三

抗压耐挫，直面人生

学习目标

素质目标

科学认识压力，积极应对挫折，增强心理韧性和承压能力。

知识目标

1. 复述压力与挫折的定义及常见类型。
2. 重述挫折存在的意义与作用。

能力目标

1. 运用压力调节的常用方法，提高抗压能力。
2. 熟练运用挫折应对方式，提升挫折耐受力。

行为目标

勇于面对压力与挫折，及时调整心态与行为，积极适应压力，变挫折为动力。

课前导语

孟子有言：“天将降大任于是人也，必先苦其心志，劳其筋骨，饿其体肤……”要想取得一番成就，实现出彩人生，压力与挫折就必不可少。当我们承受着压力或遭受挫折时，换个角度看，压力与挫折又成了前进的动力。希望通过本成长驿站的学习，同学们可以勇敢面对压力与挫折，逐步感受挫折和压力在生活中的必要性，用洞察力发现新的机遇，保持乐观的心态，相信阳光总在风雨后。

第一站 人无压力轻飘飘，井无压力不喷油

安然日记

最近，我简直是“倒霉他妈给倒霉开门——倒霉到家了”：班级竞选班委，我因为一票之差未进入候选名单；实训课我去了趟厕所，刚好赶上老师点名，被记了旷课；去超市买东西，光顾着跟朋友聊天了，东西都没拿全就回宿舍了……唉！

回来跟舍友倒苦水，他的一番开解让我心里舒服了很多：一次竞选失败并不代表永远都没有机会，即便不是班委，也不会影响自己为同学、为班级多做贡献；以后离开实训场地一定要跟老师说一声，可以避免不必要的误会；至于遗忘的物品嘛，也算是给自己提了醒，外出要看管好自己的财物。

成长困惑一

同学们，最近你是否也觉得自己做什么都不顺心，承受着很大的压力，挫败感很强，好像这个世界都在与你作对，而你却无所适从？你是如何看待成长过程中的压力和挫折的呢？请将你的困惑填写在《成长手册》（成长驿站三→第一站→成长困惑一）里。

成长导航

人生不可能一帆风顺。它就像心电图，有高峰有低谷，起伏变化才证明你是活着的。在生活、学习、工作、家庭中的压力与变故，或遭遇到的不顺心的人和事，都是成长路上的自然现象。压力与挫折是把双刃剑，用得好可以披荆斩棘攀越高峰，用不好则会伤人伤己坠入谷底。

一、正确认识压力

（一）压力的定义

压力也称为“应激”，是由刺激引起的伴有躯体机能以及心理活动改变的一种身心紧张状态。压力无处不在，和我们的生活相伴相随。但并不是所有的压力都会被认为是压力事件，只有当人认为这件事充满压力时，这件事或这个环境才能称为压力事件。例如：2020年春节期间，由于受新冠肺炎疫情的影响，同学们在家中度过了一个漫长的假期。有的同学看着开学遥遥无期，在家里无所事事，空虚无聊导致压力山大；而有的同学则认为这是一次难得的成长机会，利用假期尝试了更多网上的学习资源，读了很多书，充满信心与期望。

心理学研究表明，心理压力水平与人们的学习效率之间成倒U形曲线关系（如图3-1所示），即压力过低或过高都不利于学习，只有适当的压力才有助于更好地提高学习效率。

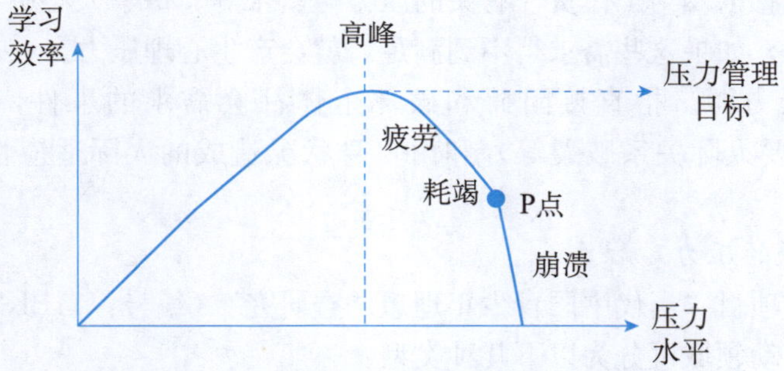

图 3-1　心理压力水平与学习效率的关系

所以，大学生在学习和生活中应该有点精神压力和紧迫感。正所谓："油无压力不出，人无压力不进。"

培根铸魂

王进喜用身体堵井喷

"人无压力轻飘飘，井无压力不喷油。"这是大庆油田工人王进喜（如图 3-2 所示）曾经说过的一句话。2009 年 9 月 10 日，在去世 39 年后，王进喜被评选为"100 位新中国成立以来感动中国人物"之一；2019 年 9 月 25 日，被评选为新中国"最美奋斗者"。

图 3-2　王进喜

（二）感知压力

1. 大学生常见压力源

心理压力产生的原因是多方面的，我们将这些具有威胁性或伤害性并因此带来压力感受的事件或环境称为压力源。

（1）躯体性压力源。指对躯体产生直接损害的刺激，如身体创伤和疾病、环境噪声、气温变化、睡眠剥夺等。

（2）心理性压力源。指来自人们头脑中的紧张性信息，如心理冲突与挫折、不切实际的期望、不祥的预感以及与工作责任有关的压力与紧张等。每个人心中都有满足基本需求与达成愿望的想法，如果这些需求得不到满足，就会产生心理压力。

（3）社会性压力源。指直接阻碍和破坏个体社会需求的事件，包括纯社会性的（如重大变革、重要人际关系破裂等）和由自身状况造成的人际适应性问题（如社会交往不良）。

2. 大学生常见的压力

国家社科基金项目“当代中国青少年理想调查研究”（编号：11BKS067）认为大学生压力源所涉及的活动领域可分为以下几种类型：

（1）学习压力。如学习内容难以理解，考试成绩不理想，忙于各种考证等。

（2）生活压力。如生活费太少，饮食、作息习惯发生较大改变等。

（3）发展压力。如没有努力的目标或方向，考级考证的种类太多不知道如何选择等。

（4）环境压力。如寝室状况太差，对学校食堂饭菜不满意，空气污染严重，学校管理过严等。

（5）社交压力。如与同学交往困难，不敢询问老师，没有好朋友，不敢和人沟通，与父母冲突增多等。

（6）婚恋压力。如恋爱失败，单相思等。

3. 压力与身心健康

人们在面临压力时会产生一系列生理和心理的反应，这些反应在一定程度上是机体主动适应环境变化的需要，能唤起和发挥机体的潜能，增强抵御和抗病能力。但是如果反应过于强烈或持久，就可能导致生理、心理功能紊乱。例如：过度的压力会使人肌肉高度紧张、头疼、口干、腹泻和呕吐等；过度的心理反应如焦虑、忧愁、悲观、愤怒等，则会使人自信心降低、注意力分散、记忆力下降。压力过大还会引起不良适应的行为反应，如讲话结巴、过度进食、攻击行为、失眠等。

二、如何应对压力

（一）借力发力，变压力为动力

既然压力是一把“双刃剑”，且不可避免，那么我们应如何用好这把“双刃剑”，为自己劈山开路呢？让我们先来看一头毛驴“绝地求生”的故事。

趣味阅读

井里的驴

人们正要填一口枯井的时候，一头驴掉到了井里。井很深，那头驴年纪又很大，人们想尽办法，也没能把它拉出来。尽管驴哀怜地求救叫喊，无奈之下，人们还是决定埋了它。当第一铲泥土落在枯井中时，驴叫得更响了，它显然明白了人们的意图。可是，当第二铲泥土落到它背上的时候，驴却出乎意料地安静了。人们发现，此后每一铲泥土落到它背上的时候，驴都在做一件惊人的事情：它努力抖落背上的泥土，把它们踩在脚下，让自己登高一点。

人们不断地把泥土往枯井里铲，驴也就不停地抖落并把它们踩在脚下。就这样，驴随着泥土的抖落不断登高，最后竟在人们惊奇的目光中，潇潇洒洒地走出了枯井（如图3-3所示）。

图 3－3　井里的驴

资料来源：http://www.360doc.com/content/15/0608/19/7735365_476623096.shtml.

生活中所遭遇的种种困难和挫折就如同倾倒在我们身上的“泥沙”，然而它们也会成为我们走向成功的一块块垫脚石。以乐观、沉着的态度面对困境，助力往往潜藏其中。只要我们锲而不舍地将“泥沙”抖落，并勇敢地站上去，即使是掉落在最深的枯井中，也能安然脱困。一头驴尚能自救，更何况我们受过高等教育的大学生了。很多时候，敢于面对压力就成功了一半，剩下的另一半就是用积极的行动化解由于压力而导致的危机和困境。

（二）自我调节，提升抗压等级

自我调节是指从自我出发调节自身的心理，使之得到平衡，就是我们常说的“解铃还须系铃人”。面对压力，要采用积极的、富有建设性的自我调节方法，下面介绍几种常见的减压方式：

1. 坚持适当和必要的体育锻炼

体育锻炼能缓解压力，让人保持良性的、平和的心态。这是因为人们通过参加体育锻炼，可以改善生理系统及其功能，对神经紧张、脑力疲乏、情绪紊乱有积极的调节。一方面，通过体育锻炼，参加者可以体会到团队合作或拼搏奋进过程中产生的美妙快感，从而消除忧虑，舒畅心境；另一方面，体育锻炼能使身体产生一种叫作“内啡肽”的激素，这种激素能愉悦神经，调节心理，让人感觉到高兴和满足，所以人们也把身体产生的内啡肽激素称为“快乐因子”。

2. 广泛阅读，吸取正能量

在面对压力感到不知所措时，你可以从榜样身上寻找正能量，如看看人物传记，读读自己喜欢的小说、漫画或者幽默故事等。阅读不仅能增长知识，还可以安定人的情绪。

3. 学会自我放松

面对压力时最常见的表现是心理和肌肉的紧张。因此，要学会自我放松，让自己的身体和心理由紧张转向松弛，从而逐渐消除紧张。可以听一些令人放松的乐曲，如《春江花月夜》《高山流水》等；可以根据个人喜好观看一部电影，要么放声痛哭发泄负面情绪，要么开怀大笑抛开烦恼；还可以适当地吃点零食。

4. 自我暗示法

当经过主观努力仍无法改变压力时，可以适当进行自我安慰，多给自己积极的心理暗示（如图3-4所示），让自己自信满满，以缓解心理压力，保持稳定的情绪。

图3-4 积极的心理暗示

第二站 挫折就像一跳板，弹跳高度任你选

安然日记

我来自农村，父母都是地地道道的农民，家中还有一个正在上小学的弟弟，家庭压力比较大。进入大学以后，我经常利用假期、周末做兼职。我先后做过饭店的传菜员、手机卖场的销售员、超市商品的促销员等，挣着一个小时不到10元的报酬，还要忍受顾客的呵斥、老板的苛责。很多同学没做多久就放弃了，美其名曰：“爷不伺候了！”也有人劝我放弃：“一周赚不到几百块钱，还受那些闲气白眼的，你图啥？”我总是笑而不答。

当面对顾客的故意责难时，我不是不生气，但我转念一想，这也是对我耐心的一种磨炼，同时更加深刻地体会到，什么叫“尊重”。

当面对老板的苛责时，我不是没有抱怨，但我把这当作对我责任心和做事周全的锻炼，同时更加深刻地体会到，什么叫“主动”。

去年放寒假了，我用自己兼职的钱为父亲买了一件冲锋衣，为母亲买了一台血压仪。看着父母欣喜的表情，眼中饱含的热泪，我明白了：这，就是我坚持的意义。

成长困惑二

当我们满怀憧憬与外面的世界“亲密接触”时，可很多时候换来的是“啪啪打脸”。你是选择迎难而上，还是退缩回安全港湾做一只“听不见看不见的鸵鸟”？你如何看待“挫折”，对“挫折”的理解又是怎样的？请将你的答案填写在《成长手册》（成长驿站三→第二站→成长困惑二）里。

成长导航

一、认识挫折

（一）挫折的含义

在日常生活用语中，“挫折”一词是指失败、阻碍、失意。心理学中的“挫折”则是指个体有目的的行为受到阻碍而产生的紧张、焦虑、困惑、愤怒等情绪体验。

挫折包括挫折情境、挫折认知和挫折反应三个方面的含义。

（1）挫折情境。即指人们在有目的的活动中，遇到的使需要不能获得满足的内外障碍或干扰的情境状态或条件。构成挫折情境的可能是人或物，也可能是各种自然、社会环境。

（2）挫折认知。即指个体对挫折情境的知觉、认识和评价。面对同一挫折情境，不同的人往往产生不同的挫折认知，进而产生不同的反应。如期末考试某一科考了60分，有人认为及格万岁，有人却认为考砸了。

（3）挫折反应。即指个体在挫折情境下所产生的情绪和行为反应，如愤怒、紧张、焦虑、躲避或攻击等负面心理感受，即挫折感。

一般而言，挫折情境越严重，挫折反应就会越强烈；反之，挫折反应就会较为轻微。但是，只有当挫折情境被主体所感知时，才会在个体心理上产生挫折反应。如果出现了挫折情境而个体没有意识到，或者虽然意识到了但并不认为很严重，那么也不会产生挫折反应，或者只产生轻微的挫折反应。因此，挫折反应的性质、程度主要取决于个体对挫折情境的认知。

（二）成长中常见的挫折

（1）学习性挫折。如学习成绩不稳或下降，达不到既定目标，不能考上理想学校，无机会展示自己的兴趣爱好，求知欲望得不到满足。

（2）交往性挫折。指由于个性特点造成在人际交往上的障碍，或是由于自身修养差，注重个人利益，自以为是，对自己存在的不足不能正确认识，致使其在群体中很不受欢迎。

（3）志趣性挫折。如个人的兴趣爱好不仅得不到家长和老师的支持，还受到过多的限制和责备等。

（4）自尊性挫折。如得不到老师和同学的信任，常受到轻视和忍受委屈；自我感觉多方面的表现都很好，却没能评上“优秀学生”，没有竞选上班干部或社团干部；父母和教师管得严、压得紧，没有自由等。

（5）情境性挫折。即特定的时空限制所造成的挫折，如孤身在外求学，因为条件的限制，不能经常回家与家人团聚所产生的孤寂感。

（三）大学生对挫折的反应

当个体遭遇挫折和失败时，都会有一种摆脱困境、减轻不安、稳定情绪、重新达到心理平衡的倾向，这种倾向称为心理自我防御机制。但由于大学生的世界观、心理承受能力、自我调适能力、生活态度及个性特征的不同，大学生的心理防御机制也有差异，主要有以下几种：

1. 攻击

攻击是一种破坏性行为反应，是指人在遭受挫折后，在情绪和行动上产生一种对有关人或物的攻击性抵触反应，以消除来自挫折的痛苦。攻击性行为的对象有可能是构成挫折的人或物，也有可能是其他替代物，还有可能是受挫者自身。攻击性行为的表现形式一般可分为直接攻击和转向攻击。直接攻击是指一个人受到挫折以后，把愤怒的情绪直接发泄到使之受挫的人或物上，通过动作、表情、言语、文字等形式表现出来。如大学里发生的打架斗殴、损害公物等现象。这主要发生在自控力较差、行为较鲁莽的大学生身上。转向攻击是指受到挫折以后，受挫者感到引起挫折的真正对象不能直接攻击或不便攻击，或者挫折的来源无法确定时，将愤怒的情绪发泄到其他人或物上的一种变相攻击方式。如有些学生在比赛时没有获得期望中的名次，便乱砸乱摔东西；当受到老师批评时，把怒气发泄到他人或物品上。

一般情况下，当人们遇到挫折时，最原始的反应便是攻击。当攻击不能解决问题，甚至可能带来更坏的结果或遭受到更大的挫折时，人们又常常以间接的攻击方式或者以冷漠、退化、幻想、逃避等方式来对待。

2. 逃避

逃避是指当一个人遭遇挫折后，不能面对现实、正视挫折，而是以一种“自欺欺人”的态度消极对待挫折、躲开挫折的一种反应方式。逃避是一种暂时性的安慰举措，可以降低因挫折产生的紧张感，但不会从根本上解决问题。“你在或不在，问题都在那里，不离不弃。”因此，遇到挫折就选择逃避，长期下去将会大大降低人们的适应能力和自信心。

趣味阅读

鸵鸟心态

图3-5 鸵鸟心态

遇到危险时，鸵鸟会把头埋入草堆里，以为自己眼睛看不见就是安全的（如图3-5所示）。心理学家将这种消极的心态称为“鸵鸟心态”。“鸵鸟心态”是一种逃避现实的心理，也是一种不敢面对问题的懦弱行为。心理学研究发现，现代人面对压力大多会采取回避态度，明知问题即将发生也不去想对策，结果只会使问题更趋复杂、更难处理。与“鸵鸟心态”类似的说法还有“掩耳盗铃”和“视而不见”。

资料来源：http://baike.so.com/doc/5391514-5628245.html.

3. 逆反

当个体遭遇挫折后，不仅一意孤行，而且根据自己的理解和情绪，对正确的方面盲目地持反抗、抵制与排斥的态度，这种行为便是逆反（如图3-6所示）。用通俗的语言来说，就是“你要我朝东，我偏朝西”。如某大学生因为上课睡觉而受到教师的批评，觉得面子上过不去，便采取逃课或不理睬教师的教学等方式来表达自己的不满。

图3-6 逆反

4. 幽默

幽默反映了一个人看待挫折的一种超然心态和智慧。这是一种非常积极的心理自卫机制。当我们遇到尴尬处境时，可以用幽默来化解心理困境，给别人以欢乐，给自己以心理平衡。

趣味阅读

白话文与文言文谁更省钱

20 世纪 20 年代，在教育家蔡元培的大力扶持下，北京大学先后聘请到陈独秀、李大钊、胡适、黄侃、辜鸿铭等一大批学术人才担任教员，这些人中不乏幽默人士。一次，胡适在北大大讲白话文，一位同学突然站起来抗议：“胡先生，难道说白话文就没有缺点吗？”胡适说：“没有。”那位同学道：“白话文不精练，打电报用字多、花钱多。”胡适柔声道：“不一定吧。前几天，行政院有位朋友给我发来电报，邀我去做行政院秘书，我不愿去。复电就是用白话文写的。请同学们根据我这一意愿，用文言文编写一则复电，看看究竟是白话文省，还是文言文省？”几分钟过去，那位同学写了一份用字少的文言文电稿，电文是这样写的：“才学疏浅，恐难胜任，不堪从命。”胡适说：“这 12 个字确实简练，但我的白话文电报只用了 5 个字——‘干不了，谢谢。’”

资料来源：https://www.qinxue365.com/kczx/246593.html，有删减.

5. 补偿

一个人在心理上、生理上和学习上总有不如意的时候，这些完全可以通过其他途径来补偿。这就是人们常说的“失之东隅，收之桑榆”。例如：虽然没当上班干部，但是可以参加各种社团培养自己的兴趣，展现自己的能力，提升综合素养。又如：恋爱失败了，转而积极参加文体活动，用活动来补偿失恋的痛苦。

趣味阅读

残奥会冠军何军权的励志故事

3 岁时，因不慎触碰高压变电器，何军权失去了双臂，成为一名残疾人。7 岁时，热爱游泳的何军权，被荆门市残联推荐参加湖北省残疾人运动会，首次参赛便斩获两枚金牌。

从那时起，何军权开启了自己的冠军之路。省级、全国、世界大赛，以及后来的奥运会，何军权一次次刷新自己的奖牌纪录，他在自己的职业生涯中共拿到 97 枚奖牌，其中金牌就占了 67 枚。而最高光的时刻，则来自 2004 年雅典残奥会，当年的雅典残奥会上，何军权在参赛的项目中拿到了 4 枚金牌，3 次打破世界纪录，被许多人称为“无臂飞鱼”(如图 3-7 所示)。

为了能够在残疾人运动项目中脱颖而出，何军权付出了常人无法想象的刻苦、耐心和执着。据了解，何军权的训练常态是每天 5 个多小时，1 万米距离，相当于正常人每天跑 30 千米。由于自己双臂尽失，因此很多时候，他都只能用头去触碰终点计时板，多次头上被碰出包、碰出血。也是这样的坚持，让他在雅典残奥会赛场上，一鼓作气拿下 4 枚金牌，将所有竞争对手甩在了身后。

多年后的今天，已退役多年的何军权在荆门市残联党组工作，也是湖北省残疾人游泳队的主教练。在 2019 年的第十届全国残疾人运动会上，何军权培养的湖北省残疾人游泳队的 14 名运动员，拿到了 1 金 3 银 4 铜的好成绩。在何军权的系统化训练和鼓舞指导下，运动员们变得更加自信从容，成绩也愈发出色。

从游泳赛场，到游泳赛场边的教练员，残奥会冠军何军权，也成功完成了自己人生的转型。

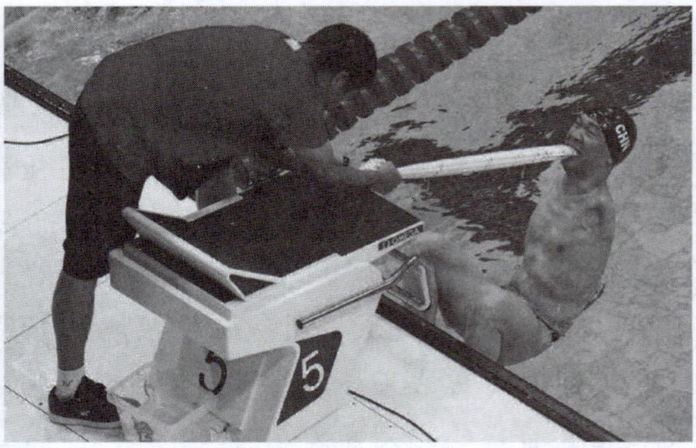

图 3-7　残奥会冠军何军权

资料来源：https://www.sohu.com/a/457900416_120002381，有删减修改.

6. 升华

升华是指将那些因受种种因素制约而无法实现的目标或不能为社会所接受的目标加以改变，用另一种比较崇高的、具有创造性和建设性的目标代替，借以弥补因受挫而丧失的自尊与自信，减轻痛苦。这是一种最为理想的心理防御机制。歌德失恋后创作了《少年维特之烦恼》、司马迁身陷囹圄而作《史记》、屈原被放逐而赋《离骚》，他们的精神一直为后人所称颂。

二、笑对挫折

挫折的发生不可避免，但并不意味着我们在面对挫折的时候无能为力。相反，如果能正确看待挫折，并有意识地培养、锻炼自己的挫折容忍力，将挫折变为跳板，就能成就今后的幸福人生，到达事业巅峰。

（一）挫折是普遍存在的

陈毅元帅的《示儿诗》中有这样一段文字："应知天地宽，何处无风云？应知山水远，到处有不平。"这告诉我们一个现实：不管你愿不愿意，挫折无处不在，无时不有。我们所处的世界，就是一个充满矛盾的世界，生活中遇到一些挫折、得到一些教训是难免的。

（二）挫折是可以克服和战胜的

挫折是不可预知的，但是，挫折并不是不可战胜的。古今中外，无数杰出的人先后以他们自身的人生经验诠释着人类意志的力量。

培根铸魂

"中国天眼"之父南仁东：踏平坎坷艰难路，埋进深山志高远

2016年9月25日，具有中国自主知识产权、世界最大单口径、最灵敏的射电望远镜FAST（如图3-8所示）在贵州省平塘县的喀斯特洼坑中落成启用，它的诞生代表着中国在探外领域又前进了一大步。

1994 年始，南仁东（如图 3－9 所示）首先提出利用喀斯特洼地天然的优势作为宇宙望远镜台址，建设巨型球面望远镜作为观测宇宙的理论。那年，他启动了贵州选址工作，为了给 500 米口径球面射电望远镜工程选址，他带着 300 多幅卫星遥感图，在 12 年间走遍我国西南的大山，先后对比了 1 000 多个洼地，最终确立选址。

FAST 项目从策划到实施，就花了 12 年，工程前后花了 22 年，其中面临的各种困难，完全超出常人想象。

除了选址的困难，经费问题是阻碍工程进度的重要原因。在南仁东提出我国独立建造一架世界最大单口径球面望远镜方案时，中科院在 1999 年支持启动预研究之后，FAST 遇到的困难逐渐复杂起来。

首先，美国方面评说 FAST 已过时，接着国内外都有呼应这一说法的声音。这期间，美国阿雷西博望远镜不再对外开放，而南仁东去美国的申请也多次被拒签。同时，有人说这个计划是个虚假的计划，还有人说是“钓鱼计划”。

南仁东面临着内外交困的局面。他开始到处游说，为了获得更多人的支持，无论在国内还是国外，无论大会还是小会，南仁东逢人就讲大射电项目。他满怀激情、不厌其烦地向不同的人解释 FAST 的每一个创新概念。

有人说，FAST 代表了中国科技的长征，它更是南仁东生命里的长征。

他自掏路费，从东北到东南再到西北，先后联络了全国二十多所高校和科研院所参与；

他一家单位一家单位去谈去合作，向人们展示 FAST 对人类探索宇宙的意义；

他在万山深处的选址工作得到了贵州省的支持与合作，汇聚了无数农民积极参与；

“中国天眼”是我国自主知识产权的作品，它是世界上最大、最灵敏的单口径射电望远镜，超高的灵敏度让它甚至能够捕捉外星生命信号。因为南仁东，中国天文事业的发展比国际整整提前了 20 年。

图 3－8　“中国天眼”——FAST

图 3－9　“中国天眼”之父——南仁东

资料来源：https://baijiahao.baidu.com/s?id=1667762995450280928.

（三）提升挫折耐受力

耐受力的形成和人成长的环境有很大的关系。现代物质生活的舒适安逸、家长的过度保护以及学校疏于这方面的教育，造成了大学生耐受力较差，经不起挫折，吃不了苦头，受不了委屈。

1. 改变不合理认知

心理学研究表明，引起个体强烈挫折感的与其说是挫折、冲突，不如说是受挫者对所受挫折的看法，以及所采取的态度。对于生活中的磨炼和挫折，有人认为是不幸，有人则把它看作发展的机会。

有这么一则小故事：从前有位老太太，大女儿嫁给了开染布店的，二女儿嫁给了开伞铺的，这本是好事，可她却整天愁眉不展。天气晴朗的时候，她担心二女儿家的伞卖不出去；天阴下雨时，她又担心大女儿家的布晒不干。邻居知道后就劝老太太，说："您老人家真有福气，晴天时可以晒布，是您大女儿发财的机会，下雨天可以卖伞，是您二女儿发财的机会。"经邻居这么一说，老太太又恢复了以往的快乐（如图 3-10 所示）。这就说明了一个道理：一个人看问题的视角不同、心境不同，对事物的认知结果就可能完全不一样。

图 3-10　不同的看问题视角改变人的心境

2. 积极参加社会实践，加深挫折体验

实践活动是磨炼和提升个人挫折耐受力的最好途径和方法。大学生要积极主动地投入社会实践活动中去，在社会实践活动中经受考验，从中体会生活的艰辛、人生的艰难，使自己变得更加成熟和坚强，逐渐提高挫折耐受力。

3. 调整抱负水平

抱负水平是指在一个人从事某种活动之前，对自己所要达到的目标的期望值。在实现目标的过程中，挫折时刻伴随。如果目标定得过高，屡战屡败，挫折过于频繁，自信心就会受到极大的打击，挫折耐受力也会下降。因此，大学生在制定自己的目标时，一定要把握客观、可行的原则，结合自身实际，一步一步将大目标分解成小目标（如图 3-11 所示），使挫折耐受力得到不断的提高。

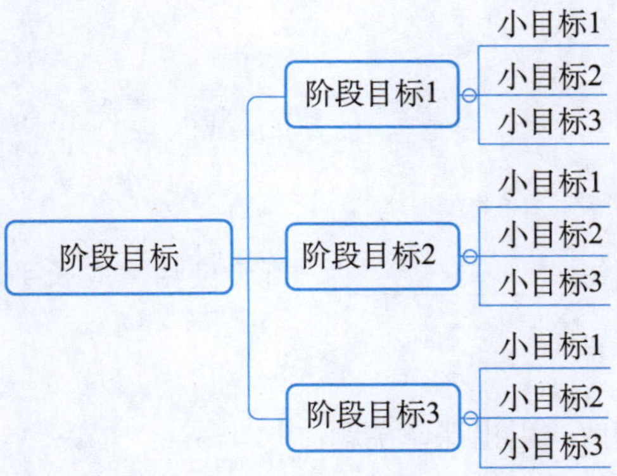

图 3-11　目标的分解

4. 及时寻求心理支持

遇到挫折时请求帮助，这在有些人来看，似乎是件很丢脸的事。实际上，大胆地请求帮助，或者求助心理专业人士的帮助，也是意志坚强的表现。与人分忧是助人为乐的一种形式，生活中绝大多数人都有一颗助人之心。因此，遇到挫折和难以自我解决的问题之时，要学会倾诉和寻求帮助，这并非是软弱无能的表现。俗话说："当局者迷，旁观者清。"亲人、同学、好友、师长对挫折原因的分析，往往更客观，更能够对症下药，带着当事者找到走出困境、迈向成功。正如人们常说的那样："一个痛苦两人分担，痛苦就减轻了一半。"当一个人感到有可以信赖的人在关心、爱护和尊重自己时，就会减轻挫折反应的强度，增强挫折的承受力。

成长训练营

一、句子接龙："成长是＿＿＿＿＿＿"（配合使用《成长手册》成长驿站三→成长训练营→活动一）

（一）活动目的

了解学生对成长的理解，引出课堂主题。

（二）活动时间

5～10分钟。

（三）活动过程

（1）大家围坐一团（或在班级里按一定顺序），轮流以"成长是＿＿＿"开头，用一句话表明对成长的理解。

（2）在学生分享过程中，教师不做评价，记录学生对于成长的理解，待全部学生回答完毕后，教师做总结发言，引出该堂课的主题。

二、成长的历程："蛋和鸡"（配合使用《成长手册》成长驿站三→成长训练营→活动二）

（一）活动目的

使学生在游戏过程中体验到挫折和成长，为即将面临的学习、生活做好适应准备。

（二）活动时间

20分钟。

（三）活动过程

（1）介绍游戏规则。用肢体语言代表小鸡成长的四个阶段，分别是"鸡蛋→刚出壳的小鸡→半成年鸡→鸡"（蹲着代表鸡蛋，半蹲并双手搭成塔尖状代表刚出壳的小鸡，单腿直立代表半成年鸡，双腿直立代表成年鸡。为了使大家产生更直观的认识，可以请出四名同学示范）。

（2）所有同学抱膝蹲下围成一圈，作"鸡蛋"状，通过"剪刀石头布"游戏两两对决，胜利的成长一级，失败的后退一级（如小鸡赢了就长成半成年鸡，输了就退回到鸡蛋；鸡蛋输了还是鸡蛋）。

长成成年鸡后退到边上观看别人的成长。在成长的过程中，每个人根据其他人肢体语言表现的成长状态，寻找和自己同一阶段的同学进行通过"剪刀石头布"游戏两两对决，胜利的成长，失败的后退。

（3）等场上长成成年鸡的同学达到一定比例之后喊停，请一直在鸡蛋状态和变成小鸡、半成年鸡以后又退回鸡蛋状态的，以及最终长成成年鸡的三类同学代表谈谈体会。

（4）合影。第一排蹲着（鸡蛋）；第二排半蹲，双手搭成塔尖状（小鸡）；第三排搭肩单腿直立（半成年鸡）；第四排站立（成年鸡）。

具体活动过程如图3-12所示。

（5）成长的历程："蛋和鸡"活动分享。

图 3-12　“蛋和鸡”成长小游戏

三、“齐眉棍”（配合使用《成长手册》成长驿站三→成长训练营→活动三）

（一）活动目的

（1）通过体验活动，培养学生不畏挫折、勇于面对困难的品质。

（2）通过体验活动，提高学生在各种困境中处理问题、协调团队关系的能力。

（二）活动准备

（1）每组发放 3 米左右 PPC 塑料管一根。

（2）每组配备助教一名。

（3）背景音乐推荐：《绿袖子》《金色的青春》《生命不言败》。

（三）活动场地

开阔的场地。

（四）活动时间

30 分钟。

（五）活动流程

（1）指导教师课程导语（参考）。

古语有云：“举案齐眉，相敬如宾。”讲的是夫妻间的相互尊重、相互敬重的和谐状态。在我们生活中，与同学相处也要注意相互尊重。“齐眉棍”这个活动要求同学们共同用手指将一根棍子放到地上，手离开棍子即失败，这是一个考察团队是否同心协力的体验。看似简单的一个动作，在实际操作中可能出现很多失误。大家认真体会在这场活动中各自的情绪变化，重新反思“尊重”的含义。

（2）体验活动规则。

1）参与者只能用右手食指接触棍子。

2）不得把手指弯曲勾住长棍，也不得将手指压在棍子的上方。

3）组员之间手指不得相碰，更不可相互勾结。

4）整个活动期间只能说“降”和“停”两个字。

5）在整个活动体验过程中，只有在助理宣布的“3 分钟协调时间”内小组可以交流和讨论，其余时间组员不得讲话。

若小组成员中任何人违反以上任何一条规则，则该组必须重新开始活动。

（3）活动要求。

1）每组成员分成两队，在长棍两侧面对面地站好。

2）在活动开始后，组员按照要求右手虎口向上食指前伸托住长棍，调整至小组中最矮队员的眉毛的高度，然后同时水平下降至地面。所有队员的手指在下降过程中不得离开棍子，最先完成的小组获得胜利。

（4）指导教师发布指令。

助教带领各自小组到达指定场地，开始活动（如图 3－13 所示）。30 分钟时间到，各小组成员席地而坐。

图 3－13 “齐眉棍”游戏

（5）活动反思及评价。

成长加油站

一、图书、影音作品推荐

成长驿站三
图书、影音作品推荐

二、心理自测

承受挫折力自测问卷

指导语：每个人在生活中都会不同程度地遭遇挫折，但人们在受挫后恢复的能力各不相同。有些人弹性十足，有些人受挫后一蹶不振，而大多数人则介于两者之间。下列问题可以测验出你应对困境的能力。在回答这些问题时，请你用“同意”或“不同意”作答。回答越坦白，越能检测出你的受挫弹性。同意打“√”，不同意打“×”。

1. 胜利就是一切。(　　)
2. 我基本上是个幸运儿。(　　)
3. 白天工作不顺利，会影响我整晚的心情。(　　)
4. 一个连续两年都名列最后的球队，应该退出比赛。(　　)
5. 我喜欢雨天，因为雨后常是阳光普照。(　　)
6. 如果某人擅自动用我的东西，我会气上一段时间。(　　)
7. 汽车经过时溅了我一身泥水，我生气一会儿便算了。(　　)
8. 只要我继续努力，便会得到应有的回报。(　　)
9. 如果有感冒流行，我常是第一个被感染的人。(　　)
10. 如果不是因为几次霉运，我一定比现在更有成就。(　　)
11. 失败并不可耻。(　　)
12. 我是有自信心的人。(　　)
13. 落在最后，常叫人提不起竞争心。(　　)
14. 我喜欢冒险。(　　)
15. 假期过后，我需要一天才能恢复常态。(　　)
16. 遭遇到的每一次否定都使我更进一步接近肯定。(　　)
17. 我想我一定受不了被解雇的羞辱。(　　)
18. 如果我向我所爱的人求婚被拒绝，我一定会精神崩溃。(　　)
19. 我总不能忘记过去的错误。(　　)
20. 我的生活中，常有些令人沮丧气馁的日子。(　　)

21. 负债累累的光景叫我寒心。（　　）
22. 我觉得要建立新的人际关系相当容易。（　　）
23. 如果周末不愉快，我星期一便很难集中精力学习和工作。（　　）
24. 在我的生命中，我已有过失败的教训。（　　）
25. 我对侮辱很在意。（　　）
26. 如果应聘失败，我会愿意再次尝试。（　　）
27. 遗失了钥匙会让我整个星期不安。（　　）
28. 我已达到能够不介意大多数事情的地步。（　　）
29. 想到可能无法完成某项重要事情，我不寒而栗。（　　）
30. 我很少为昨天发生的事情烦心。（　　）
31. 我不易心灰意懒。（　　）
32. 必须有50%以上的把握，我才敢冒险把时间投资在某件事上。（　　）
33. 命运对我不公平。（　　）
34. 我对他人的恨会维持很久。（　　）
35. 聪明的人知道什么时候该放弃。（　　）
36. 偶尔做个失败者，我也能坦然接受。（　　）
37. 新闻报道中的大灾难使我无法专心工作。（　　）
38. 任何一件事情遭到否决，我都会寻求报复的机会。（　　）

[计分与解释]（仅供参考）：

上述问题列入“不同意”者为：1、3、4、6、9、10、15、17、18、19、20、21、23、24、25、27、28、29、32、33、34、35、36、37，其余题为“同意”。依上列答案，相符者给1分，相反者为0分。

如果你只得到10分或者更少，那么你就是那种易被逆境、失望或挫折所左右的人，你易于把逆境看得太重，一旦跌倒，要很久才能站起来。

如果你的总分为11～25分，则说明当你遇到某些灾祸或逆境的时候，往往需要相当长的时间才能振作起来。不过你能找到很多的技巧和策略来获取个人的利益。

如果你的总分高于25分，则表明你应付逆境的弹性极佳。不理想的境遇对你虽然会造成伤害，但不会持久。你在情感上通常相对成熟，对生活也充满热爱，不承认有失败，纵或一时失败，仍坚信有东山再起的一天。

三、实践作业

寻找身边的榜样人物，感受奋进的积极力量。

（一）作业要求

身边的榜样人物可以是我们的国家英雄、革命先烈，可以是你的亲朋好友、同学师长，还可以是你所熟知的优质偶像……收集整理他们成长、成才、成功的案例，分析原因，从中感受挫折压力促人奋进的积极力量。将你的感悟写下来，不少于800字。

（二）作业评分标准

（1）字体工整，卷面干净，无错别字（20分）。

（2）调查、收集的资料翔实准确，不得编撰、杜撰案例（60分）。

（3）个人感悟情真意切，无抄袭、无雷同（20分）。

成长驿站四
积极互动，构建和谐人际关系

学习目标

素质目标

通过课堂实践活动，追求与他人的积极互动，形成和谐的人际关系。

知识目标

复述人际交往中的影响因素，总结人际交往的原则和方法。

能力目标

灵活运用积极语言和适宜的人际交往方式，树立乐观的人际交往意识。

行为目标

运用人际交往的技巧，培养人际交往能力，建立和谐的人际关系。

课前导语

《礼记·学记》有云："独学而无友，则孤陋而寡闻。"在求学途中，人人都希望有知心好友相伴而行。然而，怎样把我们喜欢的人发展成知心好友？怎样避免与他人的矛盾和冲突？怎样培养热情、友善的积极心理品质，进而创造愉悦、和谐的人际关系？本成长驿站将给大家带来一些启示和技巧。

第一站　成长路上，感谢有你：大学生人际关系概述

安然日记

人人都说大学是个“小社会”，我自认为适应得很不错。然而就在昨夜，我被现实打了记响亮的耳光。我觉得在宿舍就像在家一样，要让每个人都随心所欲，自由自在。谁知昨天晚上，舍长说要“严肃地和我谈谈”，他谈了很多，虽然用词很委婉，但是大意是我的所作所为使他们没法容忍了，要么改正，要么从宿舍里搬出去。舍长说完，掏出了舍友们事先准备好的纸条，上面写了他们对我的不满和控诉，什么睡觉太晚，打游戏声音太大，臭袜子乱扔……这些大老爷们，为了鸡毛蒜皮的小事儿，至于吗？

成长困惑一

你遇到过安然日记中的苦恼吗？你认为安然和舍友产生矛盾的主要原因是什么？安然“随心所欲、自由自在”的理念对吗？请记录在《成长手册》（成长驿站四→第一站→成长困惑一）里，待上完本堂课之后再回头看看，是否有了答案。

成长导航

一、人际关系概述

（一）人际关系的含义

请现在拿出手机统计一下，昨天你接了几个电话？微信回复过几个人的信息？和哪个人的交流给你留下了深刻的印象？如果昨天没有和任何人发生联系，你感觉有什么区别？

从本质上讲，人类是一种社会动物。人际关系，是指人与人在相互交往过程中所形成的心理关系，体现了个体间根据相互满足需要的程度而产生的心理上的远近亲疏，所反映的是人与人之间的心理关系与心理距离。这种关系是通过直接交往所产生的情感积淀，是人与人之间相对稳定的情感纽带，人际关系的好坏，将直接影响人际交往的数量和质量。

（二）大学生人际关系的重要性

根据美国心理学家爱利克·埃里克森的研究，大学生群体正处于“成年早期”，这个阶段的发展任务是获得亲密感以避免孤独感，体验着爱情的实现。青年大学生，思想活跃，感情丰富，精力充沛，正处于学习知识、了解社会、探索人生的重要发展阶段，对社会交往有着强烈的渴望和要求。据统计，大学生每天除了睡眠外，其余时间中有70%处于人际交往互动中。

刚刚进入大学新环境时，容易想家、思念亲人和故友，难免会产生孤独感和寂寞感，

所以渴望友谊，希望通过丰富的人际交往，拥有友善、温暖、和谐的人际关系。然而，经过几个月的集体生活，有的同学左右逢源，精神振奋，有的同学却受到冷落，孤独郁闷，影响学习和生活。由此可见，和谐的人际关系对于大学生个体而言，犹如阳光之于草木一样至关重要。

趣味阅读

社交剥夺实验

美国心理学家沙赫特·斯坦利曾经做过这样一个实验：他以每小时 15 美元的酬金聘人在一个小房间里居住，居住的时间越长，得到的报酬越多。这个小房间与外界完全隔绝，没有手机，没有书报，不准写信，每天只供应必要的水和食物，不让其他人进入，也没有任何声音（如图 4－1 所示）。先后有 5 个人应聘参加实验。实验结果是：1 个人在小房间里只待了不到 2 个小时就出来了，3 个人待了 2 天，还有 1 个人待了 8 天。这个待了 8 天的人出来以后说："如果让我在里面再多待 1 分钟，我就要发疯了。"这个实验充分说明了作为社会性的人，离不开与别人的交往，就像吃饭、睡觉一样，人际交往也是一种必需品。人们通过相互交往，诉说自己的喜怒哀乐，增进了彼此的情感共鸣，从而在心理上产生一种归属感。尤其是当人处于紧张、孤独、焦虑的情绪中时，更需要与人交往。剥夺人的正常交往，不仅影响人的正常心理发展，而且影响人的精神健康，良好的人际关系是人生存和发展的基础和条件。

图 4－1　社交剥夺实验

资料来源：http://www.koolearn.com/shiti/st－1－834419.html.

二、人际关系影响因素

人际吸引是指人与人之间相互喜欢、愿意亲近的程度，人际吸引决定了人际关系的质量和人际交往的成败。一般而言，影响人际吸引的因素主要有如下几个：

（一）时空邻近性

两个人能否成为朋友的最好预测因素，是他们相互之间的接近性。接近性有利于双方不断曝光，从而相互交往，这也促使双方去发掘两人的相似之处，感受彼此的喜爱。

1. 相互交往

求学期间，我们常常和舍友、上课座位的前后邻成为朋友；将来，我们可能与小区附近的商店、诊所的工作人员成为朋友；等有子女后，我们可能和同一班级的孩子家长成为朋友……由此可见，距离近的人容易成为朋友。

2. 曝光效应

曝光效应在社会心理学中又称熟悉定律，是一种心理现象，指的是我们会偏好自己熟悉的事物，只要经常出现就能增加喜欢程度的现象。

例如：吃饭时的礼貌招呼、电梯里的寒暄问候、会议上的相视一笑、某次活动中的出色表现……只要你不再低头走过，是不是人际关系就会好很多？又如：我们新认识的人中，有时会有相貌不佳的人，最初，我们可能会觉得这个人不好看，可是在多次见到此人之后，逐渐就觉得他顺眼了，有时甚至会觉得他在某些方面很有魅力。另外，如果你细心观察就可能发现，经常在领导身边出现的人往往比较受领导喜欢，这也是曝光效应的作用。

当然，曝光效应也不是万能的，有以下三点需要特别注意：

(1) 一开始就让人感到厌恶的事物，无法产生曝光效应。

(2) 如果两个人彼此之间已经有一些冲突，或是性格上本来就不合，越常见面反而越会扩大彼此的冲突。

(3) 过多的曝光会引起厌烦。

（二）魅力吸引力

1. 外貌吸引力

在不同的文化中，人们对于美的知觉是否相同呢？答案是肯定的。多位学者的跨文化研究发现：观察者认为一些面孔就是比另外一些面孔漂亮。外貌是一个重要的吸引因素，特别是在异性交往中显得尤为显著。

对约会陌生人进行的实验室研究和现场研究都表明，大学生更倾向于选择外表有吸引力的人。然而在日常生活中，人们实际上愿意选择那些大体上与自己的吸引力匹配的人结婚。对有吸引力的人的积极归因，形成了关于外貌吸引力的刻板印象——也就是“美即是好”的假设。

2. 才能和品质吸引力

在同等条件下，有才能的人更容易受到人们的喜欢，与有才能的人在一起，可以得到更多的指导，更有安全感和成就感。外貌的美是一时的，而心灵的美是持久、稳定、深刻的，最终最具魅力的是个人的品质。“路遥知马力，日久见人心”，一个正直、诚实、乐于助人的人，更容易被人们接纳和喜欢。

（三）三观相似性

“物以类聚，人以群分。”人际交往双方在世界观、人生观和价值观上的相似性，会极大地增进对另一方的喜欢。当某人的态度与自己的越相似时，我们就越喜欢他。态度的相似性主要包括兴趣、爱好的相似，地位、经历的相似，以及理念、观点的相似。

时空邻近性和魅力吸引力影响我们最初为谁所吸引，而三观相似性会影响长期的吸引。

（四）需求互补性

如果三观相似性是影响人际吸引的客观因素，那么需求互补性则可视为人际吸引的主观因素。如果两个性格很不同的人能够和谐相处，那么他们的交往大致是建立在需求和人格相似的基础上。需求互补的双方知道自己和对方的优缺点，可以互相取长补短，往往会产生强烈的吸引力。如果两个人三观相似，又具有互相吸引的互补性，那么这样的人更容易结为夫妻。

（五）互惠式好感

通过一个人喜欢他人的程度可以反过来预测对方喜欢他的程度。如果我们将别人的赞美归因于真诚的欣赏而不是讨好，那么我们更容易喜欢对方。我们喜欢那些我们认为喜欢我们的人，并很有可能和那些喜欢我们的人建立友谊关系。

例如：A 同学听英语课代表 B 同学说，英语老师觉得 A 同学口语发音特别标准。于是在下一次英语课上，当老师邀请同学们领读课文时，A 同学主动举起了手，领读后老师表扬了她，从此 A 同学学习英语的热情日益高涨，而且特别喜欢英语老师。

三、人际交往心理学效应

人生活在社会中，每天都需要与他人进行交流，在交流的同时，我们会对他人形成各种印象。印象有时会与真实情况有所差别。这是为什么呢？其实是一些效应在作怪。积极地了解一些交往心理学知识，了解印象形成的一些效应，可以帮助我们学会留给他人一个好印象，同时可以帮助我们克服这些效应的消极作用。

（一）首因效应

首因效应指交往双方形成的第一次印象对今后交往关系的影响，即“先入为主”带来的效果。虽然第一印象并非总是正确的，却是最鲜明、最牢固的，并且决定着以后双方交往的进程。如果一个人在初次见面时给人留下了良好的印象，那么人们就愿意和他接近，彼此也能较快地取得了解，并会影响人们对他以后一系列行为和表现的解释。

心理学研究发现，与一个人初次会面，45 秒钟内就能产生第一印象。在人际交往中，我们要充分利用首因效应，高度重视第一印象，精心准备第一次见面，给人留下美好的印象，这在今后的交往中能起到事半功倍的作用。与此同时，我们也要克服首因效应的消极影响，对他人进行评价时，要防止被表面所迷惑，要练就一番透过现象看本质的本事，在长期的相处中全面、正确地认识和了解他人。

（二）近因效应

近因效应是指在交往过程中，我们对他人最近、最新的认识占了主体地位，掩盖了以往形成的对他人的评价，因此，多年不见的朋友，在自己的脑海中印象最深的，其实就是临别时的情景；一个朋友总是让你生气，可是谈起生气的原因，大概只能说上最近发生的两三条，这也是一种近因效应的表现。

在交往过程中，可以用近因效应提升自身的形象。例如：双方感情不和，一旦要分手，主动向对方表示好感甚至歉意，会出乎意料地博得对方的好感，甚至将以往的恩怨化解。

（三）光环效应

光环效应是指我们在对别人作评价的时候，常喜欢从或好或坏的局部印象出发，扩散出全部好或全部坏的整体印象，就像光环或月晕一样，从一个中心点逐渐向外扩散成为一个越来越大的圆圈，所以有时也称为“晕轮效应”或“月晕效应”。

我们要善于利用光环效应的积极影响，增加自身的吸引力，与人交往时，可以采用先入为主的策略，让对方了解我们的优势，以获得积极的评价。同时，我们要克服光环效应的消极影响，不以“光环”来评价人。“窥一斑而知全貌”并不适合于一切人和事，个别和局部并不一定能反映全部和整体。恰当地、全面地认知他人，就要克服“说好全好、说坏全坏”的绝对化方法。

（四）刻板效应

刻板效应主要是指人们对某个事物或物体形成的一种概括的看法，并把这种看法推而广之，认为这个事物或者整体都具有该特征，而忽视个体差异。

例如：教授常常被认为是白发苍苍、文质彬彬的老人；江南一带的人往往被认为是温柔细腻、聪明伶俐的，北方人则被认为是性情豪爽、胆大正直的等。刻板效应的积极作用在于对具有许多共同之处的一类人在一定范围内进行判断，简化了认知过程，节省了大量时间、精力，使人们能够迅速地了解一个人的大概情况，有利于人们应对周围的复杂环境。但是，刻板效应也有一定的消极作用，图省事往往会造成一些认知偏差，这些说法虽与某些人的特征相吻合，但绝不是个个如此，还要“具体问题具体对待”。人如其面，各个不同，不能用概念来衡量人，把人简单化。

（五）投射效应

古代一位喜欢吃芹菜的人，总以为别人也像他一样喜欢吃芹菜，于是一到公众场合就向别人热情推荐芹菜，却被众人厌烦。生活中每个人都免不了犯类似的错误，“以己度人”在心理学上被称为投射效应，即在人际认知过程中，人们常常假设他人与自己具有相同的属性、爱好或倾向等，常常认为别人理所当然地知道自己心中的想法。

为了克服投射效应的消极作用，我们应该正确地认识自己和他人，做到严于律己，宽以待人，尽量避免以自己的标准去判断他人。对方并非如我们所想象的，只有交往了才会知道。

知人者智，自知者明。能否正确地把握人际关系，关系到人际交往能否顺利进行。显然，要形成理想、和谐的人际关系，应在人际交往中不断审视、认识自己和他人，不断领悟人生，这才是人际交往的内涵之所在。

第二站　构建和谐人际关系：积极有效的沟通方法

安然日记

和舍长谈话后，我心里十分难过，回想起入学以来和大家交往的日日夜夜，自己都是诚心诚意地把舍友当自己人，从未客气过。可是现在，大家对我的意见竟然这么大，问题究竟出在哪里呢？

我在宿舍走廊里默默地打开了舍友们的小纸条。

大军是这样写的：“安然，你把臭袜子塞在床底下，还不洗脚，臭得我不敢仰睡；早上蚊帐不挂好，让我在你挂下来的蚊帐里钻来钻去，抬不起头来；在我早上还没睡醒时，你还摇床，把我摇醒。所以我真的没法和你共住一张床。”

另一个舍友小刚写道：“安然，你给我取绰号，对人乱开玩笑，不尊重别人的自尊心。”

还有一位舍友大宝写道：“安然，宿舍的热水是公用的，大家轮流去打水，但是每次轮到你时你都不干，都是我们替你打的。你每天喝的用的都是别人的劳动成果，你太自私了。”

我看到这些纸条后，心想：“我从来没有想臭他，我只是忘记管好自己的袜子，因为在家里，我是从来不管自己的袜子的。我摇床是为了提醒他，我们是睡在一张床的上下铺，我以为他喜欢这样的提醒。至于外号，我还以为我们两个的成长环境有很多共同之处，所以我心里对他最亲近，我开玩笑，是为了和他成为亲密的朋友。不过，我的的确确经常忘记自己该打水的责任，唉……”

我这才意识到自己和舍友的所思所想是多么的不同，也许，自己真的只是一厢情愿了，宿舍和家里真的是不一样的，要学会和大家亲密相处，必须做出改变。

那天晚上，夜深人静，我脑海中头绪纷杂，难以入眠。怎样才能让大家知道自己的一片赤诚之心呢？怎样和大家交往才能更加舒心呢？

成长困惑二

你认为安然做得对吗？如果遇到这样的舍友，请你想想，要采取怎样的方式方法交流，才能和他达成一致的约定呢？请记录在《成长手册》（成长驿站四→第二站→成长困惑二）里，待上完本堂课之后再回头看看，是否有了答案。

成长导航

一、人际“破冰”的玄机：大学生人际交往的原则

人际交往是大学生日常生活中的重要组成部分。顺畅地进行人际交往，既是大学生心理健康不可或缺的条件，也是获得心理健康的重要途径。要想改善人际关系，就必须遵循人际交往的基本原则，具体有如下七条：

（一）尊重原则

尊重包括两个方面：自尊和尊重他人。自尊就是在各种场合都要尊重自己，维护自己的尊严，不要自暴自弃。尊重他人就是要尊重别人的生活习惯、兴趣爱好、人格和价值。只有尊重别人，才能得到别人的尊重。

（二）真诚原则

只有以诚待人、虚怀若谷，才能产生情感的共鸣，收获真正的友谊。没有人喜欢虚情假意，夸夸其谈都会败下阵来。

拓展阅读

三顾茅庐

官渡大战后，曹操打败了刘备，刘备只得投靠刘表。曹操为得到刘备的谋士徐庶，就谎称徐庶的母亲病了，让徐庶立刻去许都。徐庶临走时告诉刘备，南阳卧龙岗有个奇才叫诸葛亮，如果能得到他的帮助，就可以得到天下了。

第二天，刘备就和关羽、张飞带着礼物，去南阳拜访诸葛亮。谁知诸葛亮刚好出游去了，书童也说不准什么时候回来。刘备只好回去了。

过了几天，刘备和关羽、张飞冒着大雪又来到诸葛亮的家。刘备看见一个青年正在读书，急忙过去行礼。谁知那个青年是诸葛亮的弟弟，他告诉刘备，哥哥被朋友邀请走了。刘备非常失望，只好留下一封信，说渴望得到诸葛亮的帮助，平定天下。

转眼过了新年，刘备选了个好日子，又一次来到南阳卧龙岗。这次，诸葛亮正好在睡觉。刘备让关羽、张飞在门外等候，自己在台阶下静静地站着。过了很长时间，诸葛亮才醒来，刘备向他请教平定天下的办法。

诸葛亮给刘备分析了天下的形势，说："北让曹操占天时，南让孙权占地利，将军可占人和，拿下西川成大业，和曹、孙成三足鼎立之势。"刘备一听，非常佩服，请求他出山相助。诸葛亮起初再三推辞，但见刘备痛哭流涕，一心为汉，而且多次到访，这才被刘备的真诚所打动，决定出山，从此辅佐刘备。

（三）宽容原则

在人际交往中，难免会产生一些不愉快的事情，甚至产生一些矛盾冲突。这时候我们就要学会宽容别人，不斤斤计较，正所谓"退一步海阔天空"。俗话说："人不犯我，我不犯人；人先犯我，礼让三分。"不要因为一些小事而陷入人际纠纷，这样会让我们浪费很多时间，同时也变得自私自利。

（四）互利原则

互利是指双方在满足对方需要的同时，又能得到对方的报答。人际交往永远是双向选择，双向互动。你来我往，交往才能长久。在交往的过程中，双方应互相关心、互相爱护，既要考虑双方的共同利益，又要深化感情。

（五）理解原则

理解是成功的人际交往的必要前提。理解就是指我们能真正地了解对方的处境、心情、好恶、需要等，并能设身处地地关心对方。有道是"千金易得，知己难求"，人海茫茫，知音可贵。善解人意的人，永远受人欢迎。

（六）平等原则

与人交往应做到一视同仁，不要嫌贫爱富，不能因为家庭背景、地位职权等方面的原因而对人另眼相看。平等待人就不能盛气凌人，不能太嚣张。平等待人就是要学会将心比心，学会换位思考，只有平等待人，才能得到别人的平等对待。

（七）信用原则

言必信，行必果。"人，无信不立""言而无信非君子"。要取信于人，就要做到以下几点：第一，要守信，言行一致，说到做到；第二，要信任，不仅要信任别人，而且要争取赢得别人的信任；第三，不轻易许诺；第四，要诚实，答应别人的事要尽量做到，做不到的要讲清楚，以赢得对方的理解；第五，要自信，给别人以信赖感和安全感。

培根铸魂

马克思和恩格斯的伟大友谊

马克思与恩格斯两位革命导师的伟大友谊是由他们对于共产主义事业终生不渝的坚定信念支撑起来的。

从1852年2月27日马克思给恩格斯的信中，我们可以看到这位全世界著名理论家当时的困境。马克思写道："一个星期以来，我已达到非常痛苦的地步——因为外衣进了当铺，我不能再出门，因为不让赊账，我不能再吃肉。”不久，他又写信向恩格斯倾诉：“我的妻子病了，小燕妮病了，医生我过去不能请，现在也不能请，因为没有买药的钱。八至十天以来，家里吃的是面包和土豆，现在是否能够弄到这些，还成问题。”饥饿贫困和家务琐事，困扰着马克思，他心情愤怒烦躁，无法集中精力和智慧进行理论创作。对马克思的困境，恩格斯当作是自己的困难。从 1860 年起，恩格斯对马克思的支援增加到了每月 10 英镑，还常常“另外”给些资助。从 1851 年至 1869 年，马克思总共收到了恩格斯的汇款 3 121 英镑。对当时的恩格斯来说，这已是倾囊相助了。正是由于恩格斯的慷慨相助，马克思才勉强维持生存，得以长期地一心从事科学著述，为写作《资本论》进行广泛深入的经济学研究。

对与恩格斯之间的友谊，马克思作了高度的评价，1866 年 2 月 20 日在给恩格斯的信中，他说：“我们之间的这种友谊是何等的幸福，你要知道，我对任何关系都没有作过这么高的评价。”在攀登科学世界观的道路上，马克思、恩格斯志同道合，为了人类解放和无产阶级解放的共同目标不懈追求。他们共同起草《共产党宣言》，为“共产主义者”同盟的诞生和革命实践的开展做了大量的具体的理论指导工作；他们在理论研究上互相启发、密切合作，共同写作经典巨著《资本论》；他们互相帮助，患难与共，成就了共同的伟大事业。

马克思和恩格斯的崇高友谊，为人类树立了光辉的典范，这两位伟人的伟大友谊告诉世人：建立在共同信仰和追求基础之上的友谊，是万古长青、牢不可破的。马克思和恩格斯的伟大友谊是后人学习的光辉榜样。

资料来源：https://www.360kuai.com/pc/9ecad20b72bf29f5b?cota=3&kuai_so=1&sign=360_57c3bbd1&refer_scene=so_1；http://app.my0538.com/?action=show&app=article&contentid=421594&controller=article.

二、积极回应与共鸣的运用

美国著名的人际关系学专家戴尔·卡耐基说：“专业知识在一个人成功中的作用只占 15%，而其余的 85%则要靠人际关系和处世技巧。人际关系的成功与否主要看三点：第一是沟通，第二是沟通，第三还是沟通。”沟通是我们每个人每天都要做的事情，是我们生活中必不可少的部分。事实上，我们大多数人每天有 50%～75%的时间在以面对面或打电话等多种方式进行沟通。在沟通中，取得积极回应与和沟通对象共鸣是非常有必要的。可以试着做到以下两点：

（一）学会倾听

人际关系学者认为，“倾听”是维持人际关系的有效法宝。倾听本身就是褒奖对方谈话的一种方式。你能倾听对方的谈话，就等于告诉对方“你是一个值得我倾听的人”，这在无形之中就能提高对方的自尊心，加深彼此的情感联系；反之，如果不认真倾听对方的谈话，则会使对方的自尊心受挫，人际沟通也会受阻。事实也表明，越是善于倾听他人意见的人，人际关系就越融洽。

（二）拥有同理心

同理心是指站在对方立场设身处地地思考的一种方式，即在人际交往过程中，能够体会他人的情绪和想法、理解他人的立场和感受，并站在他人的角度思考和处理问题。同理心主要体现在情绪自控、换位思考能力以及表达尊重等与情商相关的方面。一个人要想真正了解别人，就要多考虑对方的需要，用亲切、友好的态度关心对方，学会站在别人的角度来看问题，也就是人们在日常生活中经常提到的“设身处地”“将心比心”。与他人交谈时，学会体验对方的感受，领悟对方想要表达的语句，并尝试在对方未言时说出，达成积极共鸣。

孔子曾说过：“己所不欲，勿施于人。”这就是同理心所说的要做到“推己及人”：一方面，自己不喜欢或不愿意接受的东西千万不要强加给别人；另一方面，应该根据自己的喜好推及他人喜好的东西或愿意接受的待遇，并尽量与他人分享这些事物和待遇。

拓展阅读

己所不欲，勿施于人

“己所不欲，勿施于人”出自《论语·卫灵公》（如图4－2所示），意思是自己不喜欢的，也不要强加给对方。这句话所揭晓的是处理人际关系的重要原则。孔子所言是指人应当以对待自身的行为为参照物来对待他人。人应该有宽广的胸怀，待人处世之时切勿心胸狭窄，而应宽宏大量，宽恕待人。倘若自己所不欲的，硬推给他人，不仅会破坏与他人的关系，也会将事情弄得僵持而不可收拾。人与人之间的交往确实应该坚持这种原则，这是尊重他人、平等待人的体现。人生在世除了关注自身的存在以外，还得关注他人的存在，人与人之间是平等的，切勿将己所不欲施于人。

图4－2　己所不欲，勿施于人

三、积极语言的运用

常言道：“良言一句三冬暖，恶语伤人六月寒。”一言可以兴邦，一言也可以丧邦；一言可以让人喜笑颜开，一言也可以让人怒从中来——这就是语言的力量。

“中小学生积极心理品质状况调查”课题组组长陈虹教授，在近二十年通过对学校心理健康教育反复的思考和实践中，在国际积极心理学大师的不断指导下，与课题组十省市专家、学者、老师们在研究什么可能是有效培养学生积极心理品质的对策时，提出了“积极语言HAPPY模式”。陈虹教授将积极语言定义为一种能够引发个体积极情绪，发现个体优点及潜能，关注使人生美好的有利条件，促进个体美德及积极品质形成，有利于建构积极人际关系的语言。这种激励人的、有趣的话，是一种关注生活中美好事物和使人生美好的有利条件的语言，它容易促进积极的人际关系，建设积极的家庭文化，让生活更幸福。我们称这种语言模式为“积极语言”，积极语言能够让沟通变得有趣、有效、可持续。

趣味阅读

真趣亭的故事

苏州狮子林里有个真趣亭，是乾隆皇帝亲笔题写的。乾隆特别喜欢狮子林的假山，一次他玩到兴头上，不假思索写下了“真有趣”三个字，写完后问别人怎么样，随从都知道这三个字太有失水准，若说好未免太假，但谁都不敢说不好。

这时旁边的一个状元计从中来，他直夸皇上字写得好，并且求圣上将“有”字赐给他。乾隆皇帝也不傻，觉出了意思，遂高高兴兴把中间的“有”字赏赐出去。这样一来，“真趣”两个字显得格外雅致。

这位状元确实情商高、会讲话，最终君臣皆大欢喜。因此，我们要学做报喜的“喜鹊”，这有益于人际关系的和谐、事业的发展。

积极语言是积极心理学领域的新进展，大量的实证研究证据已经证明，积极语言能够为自己，也能够为他人带来愉快体验和愉快情绪，能使人沉浸所在的环境和所做的工作之中，促进积极的人际关系。人要想生活得有意义，生活更加幸福，就要学会使用积极语言，主要包括以下两点：

（一）学会赞美

人们总是喜欢那些喜欢自己、真诚评价自己的人。人际交往是一个互动的过程，交往的双方在心理上总是以情感的相悦性作为交往的动力，而且赞美能够释放一个人身上的能量，调动人的积极性。

趣味阅读

今天打了两只野兔，明天呢？

有一天，甲、乙两个猎人各捕猎了两只兔子回家。

甲的妻子看见后冷漠地说：“你一天只打到两只小野兔吗？真没用！”甲猎人不太高兴，心里埋怨起来：“你以为很容易打到吗？”第二天他故意空手而回，让妻子知道打猎是一件不容易的事情。

乙猎人遇到的情况则恰恰相反，他的妻子看到他带回了两只兔子，欢天喜地地说：“亲爱的，你一天竟然打了两只野兔？真了不起！我们可以享用美味的大餐啦！”乙猎人听了后满心喜悦，心想两只算什么，结果第二天他打了四只野兔回来。

面对同样的两只野兔，一位妻子指责抱怨，另一位妻子赞美崇拜，产生了完全相反的结果。人的根本天性就是喜欢自己主动地做一些事情，而不是被逼迫着去做事，赞美就有这样神奇的效果。

资料来源：https://zhidao.baidu.com/question/348023220.html.

人总是喜欢被赞美的。赞美别人，不单单是甜言蜜语，更重要的是根据对方的文化修养、个性性格、心理需求、所处背景、角色关系、语言习惯乃至职业特点、性别年龄、个人经历等不同因素，恰如其分地赞美对方。那么要怎样赞美别人呢？

1. 要真诚

赞美别人最关键的是真诚，不要说一些敷衍搪塞的话，口是心非的阿谀奉承只能让别人反感。

2. 要善于发现别人的长处和优势

赞美别人不仅可以从大处着眼，也可以从小处发挥，从多个方面寻找对方的优点。

3. 要尽可能热情具体、深入细致

例如，要赞美一个人穿的衣服漂亮，可以说：“这件衣服穿在你身上特别合适，颜色适宜，款式大方，很适合你的气质。”

4. 要适度

对别人的赞美要把握一定的度和时机。恰当地运用赞美，将有助于在人际交往中收到意想不到的效果；而过分的赞美或不合时宜的赞美，反而会起到适得其反的效果。

（二）学会拒绝

想要与别人维持良好的人际关系，又能恰当地在不伤害别人的前提下表达自己的立场而拒绝别人，这是一种交往的能力和交往的智慧。

因不想破坏人际关系而顾虑重重，最终没能拒绝别人的请求，勉强答应……相信大家都有这样的经历。尽管体谅对方是十分重要的，但若只是一方一味忍让，这样的关系迟早会破裂。短时间内也许还好，想要长时间维持良好的关系，学会说“不”是十分必要的。

将难以说出口的事情坦然地传达给对方，并得到对方的理解，这是最好的状况。有一种简单的委婉拒绝的方法，就是可以提前记下几个用于拒绝的惯用句：

1. 遗憾型

使用能表达“有负您的期望，我很遗憾”这一感情的句式。例如：

“难得您开一次口，我却实在是不能答应您，真的很抱歉。”

“真是太遗憾了，周五我全天外出……”

“我其实非常想做您说的那项工作，可是月末各项工作异常繁忙……”

2. 过失型

传达“勉强接受反而会给您造成不便”这样的意思。例如：

“关于××那件事，我接受的话反而会给您添麻烦，所以……”

“我能力不足，反而会拖您的后腿，所以……”

“我会尽力协助您，可是最近工作繁忙，我勉强应承的话，品质方面会打折扣，我也会过意不去……”

3. 替代方案型

拒绝后给出替代方案。例如：

“这周是不行了，下周的话我可以帮忙。”

“志愿者活动我胜任不了，捐助可以吗?”

“很遗憾我无法出席，可以让××代替我去。”

总之，对于对方的希望和请求，要表示理解，也要表达自己的诚恳与歉意，同时在语气上要尽可能地委婉，容易让别人接受。

成长训练营

一、宿舍心灵花园创意海报秀（配合使用《成长手册》成长驿站四→成长训练营→活动一）

（一）活动目的

（1）通过体验，帮助学生深入了解宿舍每位成员的基本情况，让学生接纳他人，建立紧密的关系。

（2）通过体验，让宿舍的作息、卫生等情况达成共识，促进宿舍成员融洽、和睦共处。

（3）通过体验，帮助学生形成热情、团队精神等积极心理品质。

（二）活动准备

（1）参加活动的每个宿舍准备 1 张 A3 纸，1 盒水彩笔。

（2）以宿舍为单位围圈坐好。宿舍人数较少的可以几个宿舍成员临时组成一个团队，重在体验这个活动。

（3）背景音乐推荐：《朋友》（周华健），《睡在我上铺的兄弟》（老狼），《同桌的你》（老狼），《一个像夏天，一个像秋天》（范玮琪）。

（三）活动时间

60 分钟。

（四）活动过程

（1）指导教师课程导语（参考）。在住校以前，当我们结束了每天的忙碌与奔波，身体与心灵都会回到温暖的家中，享受家人的关爱、美味的饭菜、舒适的床铺，我们进行充分的放松与休息，第二天整装待发踏上新的征途。在大学校园里，回到宿舍，我们也渴望能享受舍友的关爱，就像回到家里一样。

现在请抬起头来，看看你的舍友，这是生命中莫大的缘分，你们要同住一室三年之久。也许你们已经相处融洽、形影不离，也许你们还不太了解、彼此客气，今天，希望咱们同宿舍的有缘人共同协作，绘制独一无二的“宿舍心灵花园创意海报”，相信你肯定会收获未知的惊喜和友谊。

（2）物品发放。指导教师发给每个宿舍一张 1 张 A3 纸，1 盒水彩笔。

（3）活动准备。活动前，请回忆一下，你了解同宿舍同学的基本情况吗？请填写在《成长手册》里。0 分为完全不了解，10 分为完全了解。

（4）宿舍讨论活动分工。具体活动包括：总策划（主讲）、整体造型绘画、生日榜填写、最美家乡填写、“高光时刻”填写、最讨厌行为填写、舍名拟定、舍歌拟定。人员不够 8 人的可一人多职。

（5）海报整体设计。可以是几室几厅的房子，可以是宿舍的布局图，可以是一棵大树上的几个鸟巢等，只要是喜欢的模式即可。每个人都在这个整体造型上有属于自己的小空间，画上自己的自画像（可以参照成长驿站一的名片制作）。另外还要有“生日榜”“最美家乡”“高光时刻”“最讨厌的行为”等专栏。

（6）专栏内容填写。请大家说出自己的生日，按照月份填写“生日榜”，然后从月份最小的人开始，依次介绍“最美家乡”“高光时刻”“最讨厌的行为”等。

（7）舍名、舍歌选定。请讨论能代表宿舍特色的舍名、舍歌，写在海报上。

（8）海报展示。各宿舍全体同学上台，由总策划进行海报分享，唱舍歌，每个人用一个词表达自己的感悟。

（9）教师总结。教师对整个活动过程和最终的展示海报进行点评、总结。

（10）反思和总结。通过参与宿舍心灵花园创意海报秀，你对宿舍成员的情况是否更加了解了呢？请课下继续完善你的表格。

二、人际交往户外体验：信任之旅（配合使用《成长手册》成长驿站四→成长训练营→活动二）

（一）活动目的

（1）通过体验，帮助学生体验积极心理品质中的热情和友善。

（2）通过体验，让学生明白帮助别人就是帮助自己，引导学生形成友善、感恩、协作的积极心理品质。

（二）活动准备

（1）学生两人一组，每组一副眼罩。

（2）保证安全的前提下，在教室外的空旷场地中，利用桌椅、板凳、上下楼台阶等，提前设计独木桥、路障等有一定难度的旅行路线。

（3）背景音乐推荐：《一路上有你》（张学友），《朋友别哭》（吕方），《送你一朵小红花》（赵英俊），《大王叫我来巡山》（贾乃亮）。

（三）活动时间

25 分钟。

（四）活动过程

（1）指导教师讲述课程导语。可根据活动内容自拟。

（2）介绍游戏规则。游戏过程中，两人一组，一人戴眼罩扮演盲人，另一人扮演拐杖，保证盲人旅行途中的安全。两人在旅行全过程中，不能用语言交流，只能用肢体动作协助，但是在出发前，可以商量好具体行动的暗号。第一轮旅行结束后，盲人依次发表感言。然后进行互换角色的第二轮旅行。

（3）选定搭档，确定第一轮角色，商量行动暗号。

（4）开始第一轮旅行。

（5）旅行结束后，第一轮每个盲人用一两句话分享感言。

（6）互换角色，开始第二轮旅行。

（7）旅行结束后，第二轮每个盲人用一两句话分享感言。

（8）教师总结。

三、人际交往户外体验：解开千千结（配合使用《成长手册》成长驿站四→成长训练营→活动三）

（一）活动目的

（1）通过体验，帮助学生养成积极心理品质中的团队精神。

（2）通过体验，让学生形成更加团结、友爱的宿舍氛围和班级氛围。

（二）活动准备

（1）在教室外的空旷场地中，每宿舍学生一组。

（2）背景音乐推荐：《找朋友》（儿歌）。

（三）活动时间

20分钟。

（四）活动过程

（1）指导教师讲述课程导语。可根据活动内容自拟。

（2）每个小组成员手拉手围成圆圈，准确记住自己左边是谁、右边是谁。

（3）小组成员齐唱《找朋友》两遍，离开自己位置，争取和小组内每个成员握两轮手，脚下位置变动越大越好。

（4）歌唱结束，站在结束位置不要动，用手去拉最初的左手同学和右手同学，可以转身，但不要换人、换手。

（5）此时大家的胳膊已纵横交错拧成了“结”，请同学们一起想办法转动、运动，但不能松手，解开这个“结”，恢复成为最初的大圆圈。

（6）请全班同学拉成一个大圆圈，准确记住自己左边是谁、右边是谁，然后齐唱《找朋友》两遍，与全班每位同学握手，重复刚才拧“结”和解“结”的过程，解开全班这个复杂的“千千结”，成为团结友爱的一家人。

（7）活动结束后，圆圈上的每人用一句话分享感言。

（8）教师总结。

四、沟通架起成功的桥梁（配合使用《成长手册》成长驿站四→成长训练营→活动四）

（一）活动目的

（1）通过体验，帮助学生体会人际交往中积极共鸣的作用。

（2）通过体验，帮助学生体会人际交往中积极语言的作用。

（二）活动准备

（1）根据场地准备活动需要的椅子，搭建“病床”。

（2）背景音乐推荐：《幸福拍手歌》。

（三）活动时间

50分钟。

（四）活动过程

（1）分组。用报数的形式，将全班同学分成五个小组，然后每个同学迅速寻找本组成员。

（2）热身。每个小组围成一个圈，跟随《幸福拍手歌》的节拍分别对自己左侧或右侧的同学做出拍手、握手、帮助对方捶肩、拥抱等动作，活跃气氛。

（3）积极的共鸣练习。每个小组围成一个圈，老师发出指令，同学们按照要求做以下练习：

1）无关注练习。同学A做主讲人，对小组成员讲一件他感到非常难过的事，其他同学在听的同时低头玩手指头，对A没有回应。小组成员依次做主讲人，体会自己讲话没有人关注的滋味。都讲完后，大家分享感受。

2）不同频率练习。同学B做主讲人，对小组成员讲一件他感到非常兴奋的事，其他同学在听的同时看着他，慢语速回应“哦，是吗”“真的啊”“真好玩儿啊”等。小组成员依次做主讲人，体会自己讲话和对方不同频率回应的滋味。都讲完后，大家分享感受。

3）关注、同频率练习。同学C做主讲人，对小组成员讲一件他感到非常纠结的事，其他同学在听的同时用眼睛看着他，并恰当地点头回应，也可以适当地简单回应“嗯嗯”“哦”等。小组成员依次做主讲人，体会自己讲话和对方同频率回应的滋味。都讲完后，大家分享感受。

(4) 语言的减力和增力练习。同学D做主角，扮演因肺炎住院的病人，同事四人来看望他：

1）语言减力练习。

同事1：××，看到你这样，我真难过！

同事2：××，你会不会更加严重啊，唉！

同事3：××，你真可怜啊！

同事4：××，你放心吧，你的事儿我们都替你做了！

2）语言增力练习。

同事1：××，相信你很快就会好起来的！

同事2：××，有什么我们可以帮你的吗？

同事3：××，你一定有办法能帮自己好起来，加油！

同事4：××，快回来吧，我们需要你！

小组成员轮流当主角，体会不同语言给当事人的减力和增力，体会在日常人际沟通中应该怎样运用语言。

(5) 积极语言练习。请思考以下场景并写出你的回答：

1）你寒假刚刚到家，父母准备了丰盛的饭菜欢迎你回来，这时候你会说什么，让父母感到高兴？

2）假期里，你想向父母要点钱，用于给好朋友买生日礼物，你要怎么说，父母才会痛快地答应给你钱？

3）你在宿舍专注于看电影，瓜子皮扔了一地，舍友回来要求你把瓜子皮打扫干净，你想看完再打扫，这时你怎么说，舍友才会高兴？

4）舍友专注于看电影，瓜子皮扔了一地，这时你回来了，你想让他/她一会儿把地扫干净，这时你怎么说，舍友才会接纳你的意见？

(6) 分享感受。每个小组派一名代表上台分享以上练习的感受。

(7) 教师总结。

成长加油站

一、图书、影音作品推荐

成长驿站四
图书、影音作品推荐

二、心理自测

处世能力测试

指导语：下面有 14 个问题，每个问题设计了一种具体的时间、地点、背景，并且列出了 4 个备选方案。请你设身处地地考虑一下，如果你面临这种情景，你的表现将与哪一种叙述更符合，请把它前面的字母代号圈出来。

1. 校友聚会上，碰巧你与多数同桌的人素不相识，你怎么办？
A. 显得紧张焦虑，左顾右盼
B. 一言不发地听别人谈论
C. 寻找相识的人高谈阔论
D. 神态自若地加入大家的谈论
2. 当你觉得与一起工作的同事在各个方面都合不来时，你怎么办？
A. 勉强应付，尽量凑合下去
B. 故意找碴儿，与他吵架，迫使领导注意并解决
C. 向领导打他的小报告，要求领导把他调走
D. 尽你所能谅解对方，实在不行，则向领导如实说明，等待时机解决
3. 在公共汽车上，你无意踩了别人一脚，别人对你骂个不停，你怎么办？
A. 只当没听见，随他去骂，骂够了也就完了
B. 与他对骂，看谁能骂过谁
C. 解释因为他拥挤自己才踩到他的，指出对方不该怪自己
D. 请他原谅，同时提醒他骂人是不文明的
4. 在影院看电影时，你邻座旁若无人地讲话，使你感到讨厌，你怎么办？
A. 盼望有人能出面向他们提意见或他们知趣停止
B. 直截了当地指责他们
C. 请工作人员来制止
D. 有礼貌地请他们小点声
5. 你辛苦地做完了工作，自以为做得很不错，不料领导很不满意，你怎么办？

A. 默默地听领导埋怨，但心中感到十分委屈

B. 愤愤地拂袖而去，因为觉得自己不应受委屈

C. 解释因客观条件限制，自己已尽了最大努力

D. 留意听取自己做得不够的地方，以后改正

6. 你买了一副崭新的球拍，自己还未用过，但有朋友向你借，你怎么办？

A. 勉强给他，但是满腹牢骚

B. 把脸色、语气变坏，使朋友不得不改口

C. 撒谎说已经借给别人了

D. 告诉他自己要试用一下，检查了球拍的质量后，再借给他

7. 当你正专注于一件工作，一位朋友上门来找你倾诉苦恼，你怎么办？

A. 放下手中的工作，全心倾听

B. 很不高兴，流露出不耐烦的神态

C. 表面应酬，似听非听，脑子里还在想自己的事情

D. 向他直言自己的情况，同他另约时间

8. 在你无意获知了别人的一些隐私之后，你怎么办？

A. 虽然很好奇，但尽量不传播给其他人听

B. 本想忍住，实际上却会很快告诉其他人

C. 不会主动谈，但当其他人谈起的时候，也会附和着一起谈

D. 根本没有想过要让其他人知道

9. 周末，你忙了一整天，把房间全部打扫干净，你的爱人下班回家后，却指责你没及时做晚饭，你怎么办？

A. 心里很气，但仍忍着去做饭

B. 勃然大怒，骂爱人自私，要爱人自己去做饭

C. 气得吃不下，睡不着

D. 向爱人解释，然后提议干脆一起去下馆子

10. 假如你搬家到一个新的小区，和周围的邻居都不认识，显得较生疏，你怎么办？

A. 尽量不与邻居交往

B. 故意显示出自己是很有来头的，让别人有种敬畏感

C. 观察邻居对自己的态度再决定

D. 马上与邻居打招呼，表现出友好的姿态

11. 有一个不太熟的人，经常要麻烦你做一些事，你却很忙，你怎么办？

A. 尽量躲避他

B. 直截了当地告诉他很忙，不要再来麻烦了

C. 表面上敷衍他，实际上心急如焚

D. 尽自己的能力帮助，实在忙不过来时再向他说明情况

12. 一位朋友向你借了几十元钱，但后来没还，好像不记得这件事了，你怎么办？

A. 发誓以后再也不借给他

B. 假装无意地提醒他曾借过钱

C. 向他借同等数额的钱，并且自己也很快忘记

D. 就当没这回事

13. 在餐馆买了一份本来很爱吃的菜，但发现味道太咸或太辣，你怎么办？

A. 向身边的人发牢骚

B. 破口大骂厨师无能

C. 虽一言不发地吃下去，但发誓再也不来了

D. 态度自然地问服务员能否换一份，如不能，则自己决定吃或不吃

14. 一位售货员为了使你买到满意的东西，向你充满热情地介绍了所有的东西，但你都不满意，你怎么办？

A. 买一件你并不急需的东西

B. 气愤地指责这些商品质量不好，永远卖不掉

C. 向她表达歉意，说是朋友托买的东西，一定要朋友满意才能买

D. 不为所动地说一声“谢谢”，若无其事地离去

[计分与解释]（仅供参考）：

如果选 A 的次数最多，说明你处世态度过于消极，表面上害怕与人相争，实际上心中并不一定服气。对任何有争议的事，你都不愿意表态，希望他人自觉承担责任。当人们起初了解你的时候，也许会同情你，但时间长了会对你产生反感。

如果选 B 的次数最多，说明你处世能力较差，不善于待人接物，往往属于好斗型，遇到不顺心的事容易暴跳如雷，甚至粗鲁地骂人。表面看来，你好像占了上风，其实得不到他人对你的尊重，结果往往使人们因厌恶和害怕而躲开你。

如果选 C 的次数最多，说明你比较理智清醒，有一定的处世所需要的克制能力，能把怨气或不满情绪隐藏起来，比前面两种人更善于处理人与人之间的关系，只是有时为人不够真诚坦率，结果是使人们对你有虚伪的印象而不能真正理解你。

如果选 D 的次数最多，说明你有积极的处世态度，遇事清醒，有较强的克制能力，尊重他人，对人诚恳坦率，不喜欢虚假和装模作样，结果是人们尊重你，愿意和你交往，能够建立和谐互助的双边关系。

三、实践作业

请以宿舍为小组，拍摄一段宿舍主题视频。

（一）作业要求

（1）拍摄人物要包括宿舍全体成员。

（2）主题自定，可以包含宿舍成员介绍、宿舍生活的一天，或者宿舍节日等，主要围绕宿舍成员间人际交往与人际关系，展示所在宿舍的特色，以此作为大学宿舍生活的一份纪念。

（3）通过拍摄和制作视频，能帮助宿舍成员间有更深层次的交往和协作，促进宿舍人际关系更加和谐融洽。

（4）画面清楚，音质清晰，有字幕、配乐更好。

（5）时长不少于 5 分钟。

（二）评分标准

（1）主题突出，内容能够反映出宿舍同学之间的交往与互动（40 分）。

（2）配合默契，宿舍内每位同学都参与，在视频中有镜头、有发言（30 分）。

（3）视频制作效果好（30 分）。

成长驿站五
谢谢你，让我遇到更美好的自己

学习目标

素质目标

树立积极的爱情观，具有正确的经营爱情的方法。

知识目标

1. 说出爱情的心理学内涵、理论。
2. 列举爱情的心理结构。
3. 辨认大学生恋爱心理的常见问题。
4. 解释爱的能力构成。

能力目标

1. 完成恋爱心理的调适。
2. 灵活运用情感危机处理方法。

行为目标

在生活、学习中能正确认识爱情，与异性建立正确的亲密关系，培养积极的爱情观，纠正自身存在的爱情认知偏差。

课前导语

每个人都渴望爱与被爱，无论单身与否。事实证明，爱是人类的一种复杂而微妙的情感，其包含丰富的内容：欲望、浪漫、激情、依恋、承诺和满足。是什么让相爱的人心灵相通、白头到老？要探究这些问题，就需要从心理学的角度解读爱情。

第一站　问世间情为何物：认识爱情

安然日记

又到了一个周末，我照例来到图书馆，在一排排书架上浏览自己喜欢的书籍。突然，一个漂亮的女孩从我旁边晃过，我一看，猛然想起，是我的高中班同学蔚蓝，高中时我们两人就是很好的朋友，没想到在这个地方能遇到，而且她现在也在这所学校就读，就在我隔壁班。

“原来她还是这么爱学习啊，她和别人可真不一样。”我脑海里总是浮现她的影子，学习的时候注意力也没那么集中了，我最近心里充满了困惑……

成长困惑一

爱情是人类永恒的话题，也是每个大学生最关心的话题之一，大学生的爱情如同夏日绽放的玫瑰，美丽却又有些小刺，令人想要去找寻，却又望而却步。随着大学生身心发育的成熟，他们对爱情的渴望和追求也越发强烈，那么，到底什么是爱情呢？请填写在《成长手册》（成长驿站五→第一站→成长困惑一）里，待上完本堂课之后再回头看看，是否有了答案。

成长导航

一、爱情的内涵

罗素说：“爱情就是生活。”究竟什么是爱情呢？学者们这么定义：所谓爱情，就是一对男女之间，基于一定的社会关系和共同的生活理想，在心目中形成的对对方真挚的倾慕，并渴望对方成为终身伴侣的最强烈的情感。爱情是两个心灵相互向往、吸引，并在精神上达到升华的过程，是一种高尚的精神生活。

趣味阅读

从心理学角度看爱情

“我一直相信，真正的爱情可以在对方身上唤起某种有生命力的东西，而双方都会因此而充满快乐。”“不成熟的、幼稚的爱是：‘我爱你，因为我需要你。’而成熟的爱是：‘我需要你，因为我爱你。’”

——埃里希·弗洛姆，著有《爱的艺术》

“人们爱上的是与他们相似的人，或是他们曾经是的那种人，或是他们想要成为的人。”

——西格蒙德·弗洛伊德，精神分析学派创始人

“要完全与另一个人发生关联，人必须先跟自己发生关联。如果我们不能拥抱我们自身的孤独，我们就只是利用他人作为对抗孤独的一面挡箭牌而已。只有当人可以活得像只老鹰，不需要任何观众，才能爱慕地转向另一个人。只有在那个时候，一个人才能够去关心另一个存在的生长。”

——欧文·亚隆，存在主义心理治疗大师

“爱你而不用抓住你，欣赏你而不需批判你，和你齐参与而不强求你，离开你亦无须言歉疚，帮助你而没有半点看低你，那么我俩的相处就是真诚的，并且能彼此滋养。”

——维吉尼亚·萨提亚，家庭治疗专家

“爱，是为了促进自我和他人的心智成熟，而具有的一种自我完善的意愿。”

——M. 斯科特·派克，著有《少有人走的路》

“只有具有牢固的自我同一性的青年人，才敢于冒与他人发生亲密关系的风险。因为与他人发生爱的关系，就是把自己的同一性与他人的同一性融合一体。这里有自我牺牲或损失，只有这样才能在恋爱中建立真正亲密无间的关系，从而获得亲密感，否则将产生孤独感。”

——爱利克·埃里克森，发展心理学家和精神分析学家

“爱情让人成瘾：爱若甜蜜，人们沉溺其中；爱若苦涩，人们深陷其中，难以自拔。爱情拥有成瘾的所有特征，你专注于TA，执念于TA，渴望得到TA，并扭曲现实，愿不顾一切以赢得TA的爱。”

——海伦·费希尔，人类学家和爱情专家

“我爱你，因为在你眼中，我真正找到了自己在这个世界上存在的感觉，我们之间存在一种共享的生命感。在爱你当中，我遇到了自己。”

——纳撒尼尔·布兰登，著有《罗曼蒂克心理学》

“爱的可贵经验就在于，从某一瞬间的偶然出发，去尝试一种永恒。”

——阿兰·巴迪欧，哲学家

“一段感情的成功与否，不是看是否还牵手，而是由感情品质而定。很多时候，牵手不代表成功，分手不代表失败。关键是看在这段感情中你是否完成了两件重要的恋爱心理任务：是否更了解自己的需求，是否已学会疼爱别人。”

——张怡筠，情商研究专家

资料来源：彭凯平．吾心可鉴：澎湃的福流［M］．北京：清华大学出版社，2016.

二、爱情的理论

（一）爱情的三因素理论

罗伯特·斯腾伯格从学术的角度，提出了爱情的三因素理论。他认为，人类的爱情虽然复杂多变，但其基本构成成分不外乎动机、情绪和认知三种。

1. 动机

动机是产生爱情行为的驱动力。人类爱情行为动机是极其复杂的，其中性动机（包括异性身体容貌特征的彼此吸引）是爱情行为的重要原因之一。

2. 情绪

情绪是爱情满足人的身心需要所产生的态度体验，如酸甜苦辣的爱情滋味、喜怒哀乐

的爱情情绪。

3. 认知

认知是爱情的理性认识，对情绪和动机有着控制作用。

有人形象地把爱情动机视为电流，把情绪视为火花，而把认知视为开关，它可以调节爱情之火的热烈程度。以爱情的三种成分为元素，罗伯特·斯腾伯格进一步把动机、情绪和认知各自在两性间发生的爱情关系，分为激情、亲密、承诺。即以动机为主的两性关系是充满激情的，以情绪为主的两性关系是亲密的，以认知为主的两性关系是承诺的。其中，激情是指爱情关系趋于浪漫、身体吸引和性爱完美的驱力或一种状态；亲密是指在恋爱关系中亲近、融合，结成亲密私人关系的感觉；承诺是指当事人对关系维持的一种认知，决定去爱一个人和对恋爱关系担负责任。这三种爱情成分的不同组合构成了不同的爱情类型。斯腾伯格用三角形来表示三种成分的相互关系（如图 5-1 所示）。

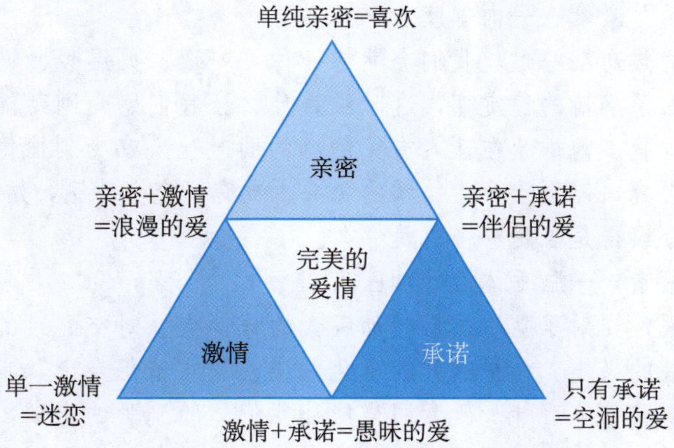

图 5-1　斯腾伯格的爱情三因素理论

亲密、激情、承诺单独作用的结果分别是喜欢、迷恋、空洞的爱；亲密和激情相结合而无承诺时，产生的是浪漫的爱；亲密和承诺相结合而无激情时，产生的是伴侣的爱；承诺和激情相结合而无亲密时，产生的是愚昧的爱。只有当三种成分相结合时，才形成完美的爱情。

知识拓展

让你感受恋爱幸福的爱情荷尔蒙

你是否经常听说“爱情升温”呢？想知道是什么让恋人之间产生这如梦如幻的爱的感觉吗？爱情激素学说可以告诉你答案。

1. “来电”激素——苯基乙胺（PEA）

你们是一见钟情还是日久生情呢？无论是哪一种，让你们对彼此产生爱慕感觉的“丘比特之箭”就是 PEA。苯基乙胺是脑内产生的具有抗抑郁作用的激素之一，使人感觉精力充沛、信心满满，同时会让人变得“一根筋”。这就是为什么恋爱中的男女根本不会听从别人的建议，坚持认为对方就是自己的终身伴侣。食物中含 PEA 较高的当属巧克力，情人节的一大盒巧克力能让人感到甜蜜至极。

2. “心跳”激素——去甲肾上腺素（NE或NA）

恋爱的时候有没有脸红、心跳？尤其是美好的初恋，连碰一碰手指都会觉得过电一般，这就是NE的功劳。NE在人体中是十分重要的肾上腺髓质激素，有很强大的收缩血管的作用，所以会有血压升高、心率加快的情况出现，这也就是我们所说的“怦然心动”的感觉。

3. “幸福”激素——多巴胺

多巴胺是中枢神经递质，它能够把幸福感、满足感、安全感“传递”到身体的每一个角落。从作用来看，多巴胺不仅有扩张血管、加强心肌收缩力的作用，还是去甲肾上腺素的前体，也就是说去甲肾上腺素的合成离不开多巴胺做原料。研究发现，热恋中的男女即便只是看到对方的照片，大脑中也会产生更多的多巴胺，让其幸福感一路飙升。

4. “持久快乐”激素——内啡肽

浓烈、热情的热恋期一过，我们会期待一种更安逸、更温暖、更平实长久的爱情体验，也就是进入了感情的稳定期，这时候是什么让我们感受到延绵持久的爱情温度的呢？它就是内啡肽。内啡肽在让人有镇静感的同时让人感受到愉悦感，这种温馨的感觉同样会让人上瘾，以至于产生结婚的念头。也有研究者猜测，婚姻能够幸福持久，主要是看内啡肽分泌得是否足够多、足够久。

5. “忠诚”激素——脑垂体后叶加压素

动物实验发现，注射了脑垂体后叶加压素的雄性大鼠对交配过的雌性的兴趣远高于对其他雌性大鼠的兴趣。如果这样的生化效应映照在情侣身上，我们对情侣的忠诚也就不难解释了。脑垂体后叶加压素同样能让我们体验到爱的感觉，甚至让另一半的某些特质成为吸引我们的绝对因素，这也是为什么说“情人眼里出西施”。

遗憾的是，任何一种激素都不能持续地的维持在很高的水平，也许有一天我们会感到烦腻，但如果善于经营爱情，让对彼此的依赖成为一种习惯，爱也就能更持久、更温馨。真正的爱永远是最朴实、最纯净的。请相信，只有真爱才能让我们感受到真正的幸福。

资料来源：http://wenku.baidu.com/view/8ae083087cd184254b3535fb.html? from=search＃＃＃.

（二）约翰·李的爱情彩虹

加拿大社会学家约翰·李将男女之间的爱情分成六种形态：情欲之爱（eros）、游戏之爱（ludus）、友谊之爱（storge）、依附之爱（mania）、现实之爱（pragama）及利他之爱（agape），如图5-2所示。

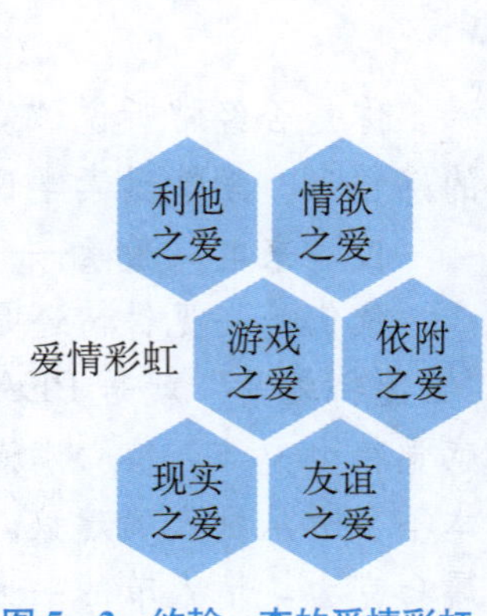

图5-2 约翰·李的爱情彩虹

（1）情欲之爱，也叫激情式爱情。建立在理想化的外在美基础上，是罗曼蒂克、激烈的爱情。其特点是一见钟情、以貌取人、缺少心灵沟通、热烈而专一，靠激情维持。

（2）游戏之爱，也叫游戏式爱情。视爱情为一场让异性青睐的游戏，并不会将真实的情感投入，常更换对象，且重视的是过程而非结果；不承担爱的责任，寻求刺激与新鲜感。

(3) 友谊之爱，也叫友谊式爱情。是指如青梅竹马般的感情，是一种细水长流的、稳定的爱。这种爱情以友谊为基础，在长久了解的基础上滋长，能够协调一致解决分歧，是宁静、融洽、温馨和共同成长的爱情。

(4) 依附之爱，也叫占有式爱情。对于情感的需求非常大，表现为依附、占有，妒忌、猜疑、狂热、在恋爱中情绪不稳定。这种爱控制对方情感的欲望强烈，将两人牢牢地捆在爱情这条绳索上。

(5) 现实之爱，也叫逻辑式爱情。会考虑对方的现实条件，以期让自己的酬赏增加且减少付出成本的爱情。这类爱情理性高于情感，持有受市场调节的现实主义态度。

(6) 利他之爱，也叫忘我式爱情。这类爱情带着一种牺牲、奉献的态度，追求爱情且不求对方回报。利他之爱是无怨无悔的，是纯洁高尚的。

(三) 爱情的依恋理论

爱情的依恋理论将爱情与童年依恋关系进行研究。婴儿时期与人建立的依恋关系，会使个体形成一个持久且稳定的人格特质，这项特质在个体与异性建立亲密关系时会自然流露出来。

1. 爱情依恋风格理论

该理论将人的爱情关系视为一种依恋的过程，分三种类型：

(1) 安全依恋。与伴侣的关系良好、稳定，能彼此信任、互相支持。绝大多数人的爱情属于安全依恋。

(2) 逃避依恋。害怕且逃避与伴侣的亲密。法国电影《天使爱美丽》中的主人公艾米丽就属于这类。

(3) 焦虑 / 矛盾依恋。时常具有情绪不稳、极端反应的现象，善于嫉妒且希望跟伴侣的关系是互惠的。电影《后来的我们》的男、女主人公就属于这类。

该理论研究发现，三种不同的爱情依恋风格在成人中所占比例分别为：安全依恋约占56%，逃避依恋约占25%，而焦虑 / 矛盾依恋约占19%，与婴儿依恋类型的调查比例相当接近。

2. 爱情依附风格理论

该理论以上述爱情依恋风格理论的概念为基础，以正向或负向的自我意象和正向或负向的他人意象两个不同的向度来分析，得到四种类型的爱情依附风格：

(1) 安全依附。由正向的自我意象和正向的他人意象造成。

(2) 焦虑依附。由负向的自我意象和正向的他人意象造成。

(3) 排除依附。由正向的自我意象和负向的他人意象造成。

(4) 逃避依附。由负向的自我意象和负向的他人意象造成。

知识拓展

影响爱情的心理学定律

1. 马赫带现象

马赫带现象是一种视觉现象，是指人们在明暗变化的边界，常常在亮区看到一条更亮的线条，而在暗区看到一条更暗的线条，这就是马赫带现象。马赫带现象不是刺激能量的分布结果，而是神经网络对视觉信息进行加工的结果。同样，当人们量化爱情的时候，也会不自觉地对爱情信息进行主观上的加工。在有对比的情况下，优点可能被无限放大，缺点也可能被无限放大；而在没有对比的情况下，优点可能被忽视，缺点也可能被忽视。对爱情、对一个人的考察因此而偏差很大。

马赫带现象对爱情的指导意义：于进攻方——找一个“对比点”，充分展示自己的优点，同时避免关于自己缺点的任何对比；于防守方——客观地评价一个人、一件事，不要盲目地进行对比。

2. 鸡尾酒会效应

鸡尾酒会效应，就是指大脑对外界刺激的一种筛选功能，跟自己有关的，会迅速反应，跟自己无关的，不会让其进入大脑。就好像是在鸡尾酒会上，在很嘈杂的环境中，别人谈什么自己都不会在意，但当别人喊自己的时候，自己会马上做出反应。

鸡尾酒会效应对爱情的指导意义：一旦跟自己有关，就马上就敏感起来，这对客观地分析爱情是不利的。在爱情中，应客观分析过程，对事关自己的东西不要过分敏感进而做出错误判断。

3. 梭哈定律

梭哈是纸牌游戏的一种，就是根据手中现有的牌和未知的牌来决定下注额，是加注，还是放弃，考验的不仅仅是一个人的判断力，更是一个人的心理素质，斗的是魄力，更是胆识。

梭哈定律对爱情的指导意义：其实恋爱就如玩牌，有已知的东西，也有未知的东西，在底牌未掀开之前，我们有权决定是加注，还是放弃。在一切未知的时候，不要因为胆怯而放弃，应该综合考虑，成败皆有可能。

4. 水桶定律

水桶定律是一条经济学定律。一只水桶能装多少水，完全取决于它最短的那块木板。这是任何一个组织可能面临的一个共同问题，即构成组织的各个部分往往是优劣不齐的，而劣势部分往往决定整个组织的水平。

水桶定律对爱情的指导意义：恋爱时，一个人的缺点往往是影响爱情成败的关键，劣势部分往往决定全局，因此要妥善隐藏自己的缺点，这是爱情中一个永远不可能变的技巧。当然，对于被追求的一方而言，要善于发现对方的缺点，不要只看表面现象。

5. 三角公理

在几何学中，三角形是最稳定的图形，那么在爱情中，三角关系是不是最稳定的关系呢？三角公理并不是说三角关系是最稳定的关系，而是说从一个长期稳定的三角关系中走出来的爱情是极不稳定的，是暗藏隐患的。

三角公理对爱情的指导意义：不要介入三角关系，更不要幻想从三角关系中走出来的爱情会完美。

6. 罗密欧与朱丽叶定律

罗密欧与朱丽叶定律是指当爱情面临外界的考验时，外界的阻挠反而会加深两人的感情。

罗密欧与朱丽叶定律对爱情的指导意义：如果两个人要加深感情，就要多经历一些磨难。如果父母要干预儿女的感情，不要逆势阻挠，而应当顺势引导，实施迂回策略。

7. 麦穗原理

提起麦穗原理，就要讲一个故事——有一天，一个人问老师："什么是爱情？"老师就让他先到到麦田里去，摘一根全麦田里最大、最金黄的麦穗来，只能摘一次，并且只可向前走，不能回头。于是他按照老师说的去做了，结果两手空空地走出了田地。老师问他为什么没有摘不到，他说："因为只能摘一次，又不能走回头路，即使见到最大、最金黄的，因为不知道前面是否有更好的，所以没有摘；走到前面时，又发觉总是不及之前见到的好，原来最大、最金黄的麦穗早已错过了，于是我什么也没摘。"老师说："这就是爱情。因为对爱情的要求过于完美，在行走的过程中，对未来不可预知，对过去不能回首，所以始终也难以完美。"这就是麦穗原理。

麦穗原理对爱情的指导意义：对爱情有完美的憧憬是很好的，但在生活当中，要客观地分析现实，把自己头脑中的想象具体到现实中来。也就是说，要清楚什么是自己想要的，没有达成目标时，不要苟且，不要降低条件。

资料来源：https://www.sohu.com/a/352712316_189508.

三、爱情的心理意义

（一）爱情可以促进成长

通过恋爱，大学生可以更好地认识自己。对一个人来讲，恋人是一个重要人物，重要人物对自己的看法无疑是了解自我的重要途径，并有着巨大的影响力。大学生在恋爱关系中，会不断发现自己的情感世界、个性特点，发现自己为人处世的方式，发现自己以往的经历对自我的影响。这种美好的情感使人乐于承担责任，可以在恋爱中不断促进个人的成长。文学家莫里哀曾说过一句话："恋爱是一所学校，教我们重新做人。"这种美好的情感使人乐于承担责任。爱可以改变人的趣味，升华人的人格，开发人的潜能，促进人的新生。

趣味阅读

告白气球

塞纳河畔　左岸的咖啡
我手一杯　品尝你的美
留下唇印的嘴
花店玫瑰　名字写错谁

告白气球　风吹到对街
微笑在天上飞
你说你有点难追
想让我知难而退
礼物不需挑最贵
只要香榭的落叶
喔　营造浪漫的约会
不害怕搞砸一切
拥有你就拥有全世界
亲爱的　爱上你
从那天起
甜蜜的很轻易
亲爱的　别任性
你的眼睛
在说我愿意
亲爱的　爱上你
恋爱日记
飘香水的回忆
一整瓶　的梦境
全都有你
搅拌在一起
亲爱的别任性
你的眼睛
在说我愿意

（二）爱情可以建立亲密关系

爱情是发生在两个人之间，一个人与另一个人建立起的一种亲密关系。这种亲密关系能否稳固、发展、走向成熟，其实是大学生自我成长的一个重要标志，也是良好心理素质的体现。学习建立、发展亲密关系，是在学习如何去爱另一个人；是在学习如何和一个人长期相处，学会包容、体贴、关心、尊重，接纳失望、痛苦、不满等；是在学习保持恰当的关系距离，不会因为怕失去爱而过度依赖，或过于疏远，享受安全感、亲密感；是在学习体会在关系中满足自身及相互的心理需要。

心理学家根据恋爱中对爱情的追求，进一步把爱情分为健康和不健康两大类。

1. 健康的爱情

健康的爱情表现为：

（1）不过分痴情，不咄咄逼人，不显示自己的爱情占有欲，能够充分尊重对方。

（2）将爱情给予对方比向对方索取爱情更使自己欢欣，并以对方的幸福为自己的满足。

（3）是彼此独立的个性的结合。

2. 不健康的爱情

不健康的爱情表现为：

（1）过高地评价对方，将对方的人格理想化。

（2）过于痴情，一味地要求对方表露爱的情怀，这种爱情常有病态的夸张。

（3）缺乏体贴、怜爱之心，只表现自己强烈的占有欲。

（4）偏重于外表的追求。

因此，健康的恋爱行为表现为：

（1）恋爱言谈文雅，讲究语言美。交谈中要诚恳、坦率、自然，不能出言不逊，污言秽语，举止粗鲁，使对方的自尊心受损。

（2）恋爱行为大方。要注意行为举止的检点，不要过早地做出过分亲昵的动作，使对方反感，影响感情的正常发展。

（3）亲昵动作高雅，避免粗俗化。高雅的亲昵动作可以引起爱情的愉悦感和积极心理效应，而粗俗的亲昵动作往往会引起情感分离的消极心理效应，有损于爱情的纯洁与尊严，有损于大学生的形象，对他人也是一种不良的心理刺激。

（4）恋爱过程中平等相待，相敬如宾。不要拿自身的优点与对方的缺点进行比较，以此炫耀、抬高自己，戏弄、贬低对方。

（5）善于控制感情，理智行事。恋爱中引起的性冲动，一方面要注意克制和调节，另一方面要注意转移和升华，参加各种文娱活动，多谈谈学习，把恋爱行为限制在社会规范内，不致越轨，要使爱情沿着健康的道路发展。

培根铸魂

爱情的原色——张富清的英雄人生

64年前，张富清回乡探亲，和孙玉兰第一次见面。他俩同村，算知根知底。孙玉兰问他的问题是："你在当兵，有没有加入组织?""我入了党。"他回答。她挺满意："这个人，一点不炫耀，问到才说。"

其实，孙玉兰是妇女干部，还去张富清家慰问过军属呢，那些出生入死的事他却提也不提。

通了半年信，他写道："你来武汉吧。""好啊，那我就去玩几天。"她想。

空着两手就上了长途车，临走前，孙玉兰去乡里开介绍信，书记说："傻女儿，你去了哪得回来！一年能回一次就不错了！""这话叫他讲到了！真的，多少年都回不去了！"讲这话时，她呵呵笑着，已是一头白发了。果然，到了武汉，他们领了结婚证，接着就奔恩施。

路真远啊！走了半个多月，先坐船，再坐车，又步行。她在车上吐得昏天黑地，脚和脸都肿了。好不容易到了，张富清又问："恩施哪里最艰苦？"

就又到了来凤。

她没带行李，他行李也不多：一只皮箱，一卷铺盖，一个搪瓷缸子。来凤的条件跟富庶的汉中没法比。"我们那都是平坝坝，哪有这么多山？"

租来的屋，借来的铺板，就成了一个家。做饭要到门外头，养了头小猪，白天放出去，夜里拴门口。"它原快死了的，我买回来养，又肯吃又肯长。"她很得意。工作也不错，他是副区长，她在供销社当营业员。日子这么过着，挺好了。可是有一天，他回来说："你别去上班了，下来吧。"她不理解："我又没有差款，又没有违规，你哪个让我下来？""你下来我好搞事。"他说。

换别的小夫妻，要大吵一架了吧？

"这不是吵架的事情。"她说，"是他先头没说清楚：国家有政策，要精简人员。他说了，只有我先下来，他才好去劝别人下来。"

她就这么回了家。先是给招待所洗被子，后来去缝纫社做衣服，领了布料回来，白天黑夜地做，做一件挣几分钱。几个孩子帮着打扣绊，还要出去捡煤渣，挖野菜，到河边背石头。一家六口只仗他一人的工资过活。孩子们长到十几岁，都不知道啥叫过节。

他去驻村，又选的最偏远的生产队。她一人拉扯四个孩子，经常累得晕倒。住院时，几个孩子围着她哭，她搂着轻声安慰。身体好点了，又马上缝补了干净衣服，买了辣椒酱，用药瓶分装好了，让孩子带到山里给他吃。"哪个干部家里过成你这样？"有人替她不值。"你怨他干啥，他是去工作，又不在跟前。"她叹口气。那时，他的心里，一定也沉沉的吧！

离休回家，他从"甩手掌柜"立刻变成了家里的主要劳动力，买菜洗衣收拾家，到处擦得锃光瓦亮，叠得整整齐齐，角角落落都一尘不染。连做饭也是他。"你炒的不如我炒的好吃。"他总这样说，把她手里的锅铲抢过来。离休生活三十多年，都是这样。

上个月，她突发心梗，他拖着一条腿扑到她担架前，带着哭腔："你怎么样了？他们说给你送到医院，你挺不挺得住？还是到医院去吧，你不用为我担心呵……"旁边几个年轻人都看哭了。

这次采访，记者里好多小姑娘，七嘴八舌地围着问："孙奶奶，跟着张爷爷，背井离乡，吃苦受累，后悔吗？""有么子（什么）后悔呢？党叫他往哪里走，他就往哪里走。反正跟随他了，他往哪里走，我就往哪里走。"孙玉兰说。"您当年看上爷爷哪点？是不是一见钟情，特崇拜他？"她一下子笑了。

资料来源：https://www.dtdjzx.gov.cn/staticPage/zhuanti/xjdx/20190923/2606598.html.

（三）爱情可以激发生命潜能

成功的爱情，可以明确人生的价值和意义，可以使得个人有更大的创造力和生命潜能。一个处于爱情中的人，往往会变得更有活力，更加处于积极的情感体验和状态当中，每天都充满激情，从而更能激发个体的生命潜能，促进个人最大价值的体现。

课堂练习

你有恋爱的资格吗？

恋爱本来无所谓资格的问题，可是如果一个尚未成熟的人开始恋爱，就可能对其一生的发展产生不利的影响。那么，人要成熟到什么程度，才能美满、幸福地恋爱呢？想想下面几个问题：

（1）你在心理上能够完全离开父母而独立吗？

（2）你有真正意义上的朋友吗？

（3）对你的恋人，你能给 TA 什么？

（4）如果恋爱受到挫折，你能做到不无理地憎恨对方、伤害自己吗？

四、男女恋爱心理的差异

恋爱中需要两个拥有不同爱好、精力、兴趣等的人亲自接触，相互了解、相互适应。《男人来自火星，女人来自金星》这本书充分揭示了恋爱中男女思维方式的差异，恋爱中的矛盾主要源于恋爱中男女不同的思维方式，例如：

在对待感情的需求方面，男生一般希望被信任、接纳、欣赏、羡慕、认可、鼓励，女生则希望被关心、照顾、尊重、肯定，希望男生专一，对爱情有所承诺。

在对待恋爱关系方面，男生希望能力能够被女生肯定，而不是收到不请自来的忠告，女生则希望感到被重视，被珍视，被重点关怀，而不是仅仅受到生活的照顾、物质的满足。

在情绪低落时，男生希望能有一个独处的空间，而不是勉强自己说出或者随意倾诉，女生则希望有一个认真聆听自己感受和倾诉的人。

在增进爱情时，男生需要被女生欣赏和感激，女生则需要被男生重视和了解。

第二站　拨弄爱的琴弦：培养积极的爱情观

安然日记

我最近在图书馆借到一本名叫《亲密关系》的书，其中部分内容写道：

在一段亲密关系中，我们常常会对伴侣有着不同的期望——期望伴侣对自己好，期望伴侣能记住自己说过的东西，期望伴侣会为自己而努力改变……然而，随着时间推移，我们发现那些期望并没有实现，亲密关系也因为一次次失望变淡变远，甚至开始抱怨。

当不满的情绪产生时，一段关系也就很可能离结束不远了。很多时候，亲密关系中的不满，不是因为关系不够好、感情不够深，而是因为“不合理的期待”。

亲密关系中哪些期待是不合理的呢？有心理学家总结了4种亲密关系中常见的不合理期待——

（1）期待伴侣总是“懂”你，知道你的感受，知道你在想什么。

（2）期待伴侣总是将你放在第一位，在你这里花最多时间。

（3）期待伴侣可以安排一切，把你“宠成个孩子”。

（4）期待伴侣弥合你在其他关系中受过的伤。

这些不合理的期待其实有一些共同的特征：它们通常是绝对化的，会用“总是”“一直”“只有”描述关系。这些期待的潜台词是：关系应该毫无瑕疵，否则就需要推翻重来，而且得以一方为中心，将另一方功能化。他们看似把生命中很重要的位置留给伴侣，但其实可能只是希望有个人来满足自己的期待。

成长困惑二

这些不合理的期待对亲密关系尤其是爱情会有怎么样的影响呢？请填写在《成长手册》（成长驿站五→第二站→成长困惑二）里，待上完本堂课之后再回头看看，是否有了答案。

一、什么是爱与被爱

如图5-3所示，按交往双方人际间彼此吸引的过程，可以分为A、B、C、D、E五个阶段，从互不相识，到建立友谊，到最后发展到第五阶段的亲密关系。在人际交往中，每个人和其他人的关系会停留在不同的阶段，异性间的交往也同样如此。在第四阶段就是一般的异性间的友谊，但是如果到了第五阶段，彼此间的自我暴露会越来越多，分享的情感也会越来越深，如果是同性，就成为知己也就是知心朋友，如果是异性，在感情上又增加性的需求、奉献与满足的心理，就成为爱情。

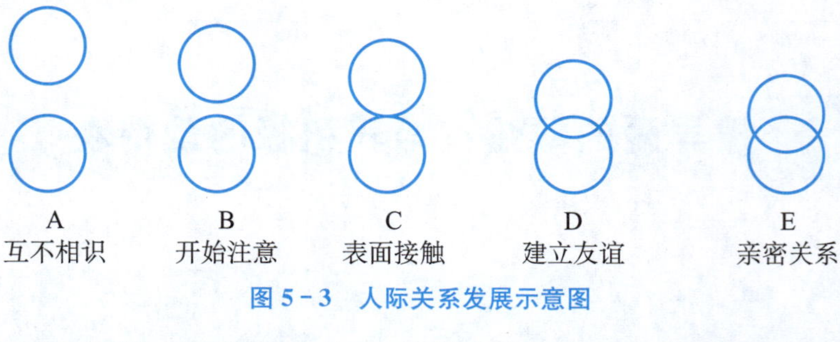

图5-3 人际关系发展示意图

从上面的人际关系发展图我们看到，友谊是爱情的基础，爱情常常从友谊而来。而友谊和爱情之间又没有明确的界限，所以有时很难辨别异性间是友谊还是爱情。

一般而言，爱情的产生也有一个发展的阶段，先是好感，然后是喜欢，最后到达爱情。好感和喜欢多停留在友谊的阶段，而爱情就是到了亲密关系的层次。

现实生活中确实有不少大学生把一般的友谊误解为爱情，常有同学讲：“那个男同学为什么总是帮我送报纸、送信?”或“为什么在一些活动中那个女生总是对我特别地关心?”在大学生异性相处中，一个眼神、一个动作，常都会被赋予很特别的意义。友谊和爱情的确有时很难严格划分。日本青年心理学家曾对异性间的友谊和爱情的异同做过区分，并总结出五个方面的不同：

(1) 支柱不同。友谊的支柱是理解，爱情的支柱是感情。

(2) 地位不同。友谊的地位是平等，爱情的地位是一体化。

(3) 体系不同。友谊的系统是开放的，爱情的系统是关闭的。

(4) 基础不同。友谊的基础是信赖，爱情则纠缠着不安和期待。

(5) 心境不同。友谊充满“充足感”，爱情则充满“欠缺感”。

大学生处于的年龄阶段正好是成人早期，在新精神分析学派的代表人物埃里克森看来，这一阶段的主要任务是获得亲密感而避免孤独感。亲密感，是人与人之间的亲密关系，包括友谊和爱情，爱情对于处于成年早期的大学生来说，是不可逃避的一个重要命题。要拨弄爱的琴弦，培养爱与被爱的能力至关重要。

爱的能力是指和他人建立亲密关系的能力，它对人的一生发展有着重要的意义。一个人只有具备爱的能力，才会真正地爱他人，才会真正地爱自己，才会真正体验到爱给人带来的快乐和幸福。恋爱的过程也是培养爱与被爱的能力的过程。

在心理学家弗洛姆看来，爱是人的一种主动的能力，一个突破把人和其他同伴分离之围墙的能力，一种使人和他人相联合的能力；爱使人克服了孤独和分离的感觉，但允许他（她）成为他（她）自己，允许他（她）保持他（她）的完整性。

爱与被爱的能力实际上是一种综合的素质，表现为在爱的过程中许多方面的能力。

（一）学会表达爱

1. 学会爱自己和他人

梅斯特·艾克哈特有一段话：“如果你爱自己，你就会像爱自己那样爱其他的每个人。只要你对其他人的爱不及对自己的爱，你就不会真正地爱你自己，但是如果你同样地爱所有的人，包括爱你自己，你就会爱他们像爱一个人，这样的人就是一个爱自己，同样也爱其他所有人的伟大而正义的人。”爱是一种责任，表达爱的前提是学会爱自己，对自己有正确的自我认知，学会珍惜感情并对自己的行为负责。在爱自己的同时，也要学会爱他人，尊重所爱之人，帮助对方积极发展自我，相互激励，共同创造美好的未来。

2. 学会鉴别爱

大学生由于社会经历和生活经验的不足，加上青春期的躁动，对友情、爱情等往往不能加以清晰的辨别，容易受到心境和冲动影响，导致误判。学会辨识爱，是迎接爱的第一步。首先，好感不是爱情。好感是一种知觉性的感情，因而是比较浅表的。尽管爱情有时也是知觉性的，如一见钟情，但它如闪电般直击心灵。好感可能发展为爱情，但也不一定会发展成爱情。其次，感情冲动不是爱情。感情冲动常常是暂时的、脆弱的，往往使人头脑发昏、忘乎所以，甚至做出不久便后悔的愚蠢举动。

3. 学会迎接爱

当面对来自对方的爱时，要能及时、准确地判定。你如果也想得到这份真挚的爱情，就要做出回应，迎接这份爱，假如你缺乏这种能力，也许你将错过人生当中最绚烂花朵的盛开。在爱情的发展过程中，双方要有意识地培养自己的人格魅力，要不断地丰富自己，增强相互的吸引力，用独立的自我来勇敢地迎接爱的到来。

4. 学会表达爱

当你爱上一个人时，能否用恰当的方式和语言向对方表达出来呢？表达爱需要勇气，需要信心。表达爱是在表明爱一个人也是幸福，即使可能得不到回报。你让对方知道被一个人爱着，这是一种很崇高的境界。一个人心中有了爱，并在理智分析之后，敢于表达，善于表达，是一种爱的能力。表达爱需要勇气，需要信心，需要选用恰当的方式和语言。

在恋爱过程中，男女双方的相互施爱是爱情发展的推动力。爱情的表达方式多种多样，既有忠贞不渝的海誓山盟，也有花前月下的浪漫情怀，还有讷于言而敏于行的默默关心……无论采用何种方式，都要遵循以下原则：一是要真诚善良，是发自内心的真实情感，而不是做给谁看。二是要了解并满足对方需求。不同个性、不同成长经历的人，对爱的需求也不同，表达爱的前提是深入细致地了解对方，站在对方的角度，以对方能接受的方式去表达，而不能自以为是。三是言谈举止文明大方，得体有度。

（二）学会拒绝

有爱的能力的人不是对爱来者不拒，或者将认为不是自己的爱都简单地拒之千里之外。当然也有不少大学生在别人向自己示爱时有些优柔寡断，既怕伤害对方，又怕对方误会。拒绝时要注意以下几点：

1. 尊重他人

拒绝爱，首先表现为对他人的尊重，要感谢对方对自己的欣赏和感情。

2. 要态度明确，表达清楚

要态度明确地向对方说清楚和对方只能是什么样的关系，如同学或者一般朋友。

3. 行动与语言要一致

可能有些同学怕对方受伤害，虽然语言上拒绝了对方，但是行动上还是与对方有较亲密的接触，如单独去看电影、吃饭等，使对方容易产生误解，认为还有机会，还纠缠在与自己的情感中。

课堂练习

学会拒绝爱

请模拟一个情景，学会拒绝爱。

（三）坦然面对失恋

失恋可以说是人生中一个很大的挫折，考验的是人对挫折的耐受力。失恋使人产生痛苦的感觉是很自然的事，每个人都会有，只是程度可能有差别。失去爱会使人感到一种重要关系的丧失，一种身份的丧失，需要一定的时间去面对和适应。但同时，失恋也可以使人进行自我反思，促进成长。

1. 失恋只是一种选择的结果

一个人没被选择不等于自我就全面失败、一无是处。每个人在爱的关系中，心理需要不同，看重的关键点也不同。每个人都有可爱的一面，只是每个人欣赏的角度不同。

2. 在失恋中学习成长

把失恋作为一种人生的财富。也许失恋给人带来的强烈的内心冲击是其他事件所不能代替的，这个过程中所体会到的情感、挣扎与痛苦，实为一笔人生财富，使人有了更多的人生体验，人会在失恋中变得更加成熟。

古往今来，许多伟人在爱情遭受挫折以后，并没有被失恋的痛苦所压倒，而是化痛苦为动力，终于在事业上取得了非凡的成就。歌德失恋后没有陷入深深的痛苦之中，而是把自己破灭的爱情作为创作的素材，写成了《少年维特之烦恼》一书，以此成为他事业成功的起点。年轻的居里夫人因失恋而有过向尘世告别的念头，但她很快就从失恋的痛苦中崛起，投身于科学事业之中，她在四年的大学生活里，把全部的精力都用在学习上，最后以优异的成绩获得两个学位——物理学硕士和数学硕士。罗曼·罗兰也曾饱尝被心上人抛弃的痛苦，情场受挫后，他置一切于度外，集中精力奋发创作，经过十年构思，十年写作，完成了轰动世界文坛的名著——《约翰·克利斯朵夫》。

3. 失恋给人再恋爱的机会

一次失恋不等于整个爱情生命的结束，人还会再恋爱，再体验美好的爱情，只要用心去体验、去建设、去学习、去感受。爱情不是人生的全部，失恋不等于失去一切，为失恋轻生，没有价值，是对家庭、父母、亲友和社会不负责任的愚蠢行为。失恋也不是永远失去爱情。莫愁前路无知己，人生道上有知音。失恋不等于失去人生的价值和意义，不能因此而意志消沉，要自我调节，化痛苦为动力。

课堂练习

失恋后的十大好处

失恋也有积极的意义，请列举失恋后的十大好处，如以“因为我失恋了，所以我获得了……”的句式写出10句话。

趣味阅读

哲学家与失恋者的对话

哲（哲学家）：孩子，你为什么悲伤？

失（失恋者）：我失恋了。

哲：哦，这很正常。如果失恋了没有悲伤，恋爱大概就没有什么味道。可是，年轻人，我怎么发现你对失恋的投入甚至比对恋爱的投入还要多呢？

失：到手的葡萄给丢了，这份遗憾，这份失落，您非个中人，怎知其中的酸楚啊！

哲：丢了就是丢了，何不继续向前走去？鲜美的葡萄还有很多。

失：我要等待，等到海枯石烂，直到她回心转意向我走来。

哲：但这一天也许永远不会到来。你最后会眼睁睁地看着她和另一个人走了去的。

失：那我就用自杀来表示我的诚心。

哲：但如果这样，你不但失去了你的恋人，同时还失去了你自己，你会蒙受双倍的损失。

失：踩上她一脚如何？我得不到的，别人也别想得到。

哲：可这只能使你离她更远，而你本来是想与她更接近的。

失：您说我该怎么办？我真的很爱她。

哲：真的很爱？

失：是的。

哲：那你希望你所爱的人幸福吗？

失：那是自然。

哲：如果她认为离开你是一种幸福呢？

失：不会的！那怎么可能？她曾经跟我说，只有跟我在一起的时候她才感到幸福！

哲：那是曾经，是过去，可她现在并不这么认为。

失：这就是说，她一直在骗我？

哲：不，她一直对你很忠诚。当她爱你的时候，她和你在一起，现在她不爱你，她就离去了，世界上再没有比这更大的忠诚。如果她不再爱你，却还装得对你很有情谊，甚至跟你结婚、生子，那才是真正的欺骗呢。

失：可我为她所投入的感情不是白白浪费了吗？谁来补偿我？

哲：不，你的感情从来没有浪费，根本不存在补偿的问题，因为在你付出感情的同时，她也对你付出了感情，在你给她快乐的时候，她也给了你快乐。

失：可是，她现在不爱我了，我却还苦苦地爱着她，这多不公平啊！

哲：的确不公平，我是说你对所爱的那个人不公平。本来，爱她是你的权利，但爱不爱你则是她的权利，而你却想在自己行使权利的时候剥夺别人行使权利的自由。这是何等的不公平！

失：可是您看得明明白白，现在痛苦的是我而不是她，是我在为她痛苦。

哲：为她而痛苦？她的日子可能过得很好，不如说是你为自己而痛苦吧。明明是为自己，却还打着别人的旗号。年轻人，德行可不能丢哟。

失：依您的说法，这一切倒成了我的错？

哲：是的，从一开始你就犯了错。如果你能给她带来幸福，她是不会从你的生活中离开的，要知道，没有人会逃避幸福。

失：可她连机会都不给我，您说可恶不可恶？

哲：当然可恶。好在你现在已经摆脱了这个可恶的人，你应该感到高兴，孩子。

失：高兴？怎么可能呢，不管怎么说，我是被人抛弃了，这总是叫人感到自卑的。

哲：不，年轻人的身上只能有自豪，不可自卑。要记住，被抛弃的并不代表就是不好的。

失：此话怎讲？

哲：有一次，我看中一套高贵的服装，可谓爱不释手，营业员问我要不要，你猜我怎么说，我说："质地太差，不要！"其实，我口袋里没有钱。年轻人，也许你就是那套被遗弃的服装。

失：您真会安慰人，可惜您还是不能把我从失恋的痛苦中引出来。

哲：是的，我很遗憾自己没有这个能力。但是我可以向你推荐一位有能力的朋友。

失：谁？

哲：时间，时间是人最伟大的导师。我见过无数被失恋折磨得死去活来的人，是时间帮助他们抚平了心灵的创伤，并重新为他们选择了梦中情人，最后他们都享受到了本该属于自己的那份人间之乐。

失：但愿我也有这一天，可我的第一步该从哪里做起呢？

哲：去感谢那个抛弃你的人，为她祝福。

失：为什么？

哲：因为她给了你一份忠诚，给了你寻找幸福的新的机会。

资料来源：https://www.sohu.com/a/156516451_594869.

二、如何把握人生的小确幸

要保持爱情长久，需要多种能力的综合。爱需要两个人真正地关心对方，走进对方的内心世界，以对方的快乐为自己的快乐。要保持爱情的常新，需要智慧、耐力、持之以恒的付出，同时有自己的个性，有自己的追求与发展。学习新的东西，善于交流，欣赏对方，是爱的重要源泉。

有爱的能力的人，是独立的人，有自己独立的价值观，有自己的生活空间。有爱的能力的人也不排斥对方，又是尊重他人、关心他人的人，会尊重对方的选择，尊重对方的个人隐私，尊重对方的发展。

要保持爱情长久，同时要学习处理恋爱与学业、与其他人际交往的关系等，将爱情作为发展的动力。爱需要学习和培养，每个人都有爱的能力。

（一）爱需要宽容

爱是对对方最深刻的理解和宽容，爱的本质是给予，是相互的给予，而不是把对方改造成完人。在恋爱的过程中，不要试图改变对方，要学着接纳对方，可能你爱的正是他/她与众不同的一点，若他/她改变了，变成另外一个你，对你也就失去了吸引力和爱的魅力。在爱情的发展过程中，双方要保持自己独特的个性，不能让自己消融在对方的影子里，但同时要保持与对方相处和谐，两心相悦，要学会接纳对方，学会接纳自己爱的人，要相信互补为美。

（二）爱需要博大

在恋爱过程中，可能每一个人都希望成为恋人心中的唯一，成为恋人的主宰。殊不知，人的感情世界除了爱情，还要有亲情和友情，因此，不要问类似“我和你妈妈同时掉到水里，你先救谁”的问题，这是不能放在一起比的感情。如果你的恋人为了你而忽视自己的父母，这种爱也不会长久，只有当爱情、友情、亲情交互相融，成为大爱，这种爱情才会持久。

（三）爱需要磨合

恋爱的过程是一个不断磨合的过程，双方由于价值观、个性等差异不可避免地会出现不协调和不一致，因此，要学会积极地沟通，用建设性的方法来沟通。常见的沟通方法有温和式沟通和吵架式沟通。一旦发生吵架，要掌握几个原则和艺术：一是不要留积怨；二是不要算旧账；三是不要让双方的家人、朋友卷入其中；四是不要动手。要积极地化吵架为一种沟通的有效方式，不要伤害彼此的感情，影响恋爱关系。

趣味阅读

刘墉写给儿子的“恋爱须知”

儿子：

现在就把这个文件下达给你是否早了，我很犹豫，可是又怕迟了，因为你已经18

岁了。

也许我是多事，可是不干涉你一下终究不甘心。尤其你的恋爱素质不够好：你脑子不笨，人颇讨喜，善交际，会说话，不固执。你又正好赶上了这个男女交往障碍不多的年代，我真担心你少年轻狂早早地就败了胃口。不是我危言耸听，这一“恋爱须知”的宗旨，就是给你设障碍。这对用情至深的人来说是多余的，对于你，我却要试当一次愚蠢的教育家，希望能对你有所规范。

(1) 每一个令你真正动心的女孩，必有一点其他女孩不再会使你感觉到的极美之处，这一极美之处会在一个阶段里不由分说地主宰你，令你全身心地感动。所以它应该是你终身的神祇，即便分手也不可以亵渎它，否则就是亵渎了你自己的感情。如果你仅仅是对某个女孩感兴趣，却没有那种原子裂变似的反应，你不可去招惹人家。你可以等待，等待时间和机遇为你揭示这种兴趣的源头，爱与发现是紧紧相连的。

(2) 恋爱中无经验可言，无技巧可言。通向不同的对象的路径一定不同，你须潜心体验，小心分辨，才能找到那条特殊的路径。经验与技巧则会使你变得粗糙，只有小心分辨才能找到那条特殊的路，它们只会越来越快地带你走至那世俗过程的尽头，而你的所求是那极美之处，是更为精致与奢侈的爱的享受。

(3) 经验和技巧还会使你有游戏感。游戏偶一为之，只要不自欺欺人，并确认双方都懂得游戏规则当然不是不可以。但是你须当心，感情游戏的花样是很有限的，一旦重复，自己无趣，且成为他人的笑柄，那真是偷鸡不成蚀把米了。更何况感情失贞的次数多了，喜怒哀乐不能保鲜，终究也都会走了味。

(4) 不要以为男人能追上女人、女人能迷住男人是什么了不起的事，这是这个世界上最容易成就的业绩，因为男女之间相互被吸引是人的本能。恋爱的成功只对自己有意义，对他人没有意义。把女孩当资本来炫耀，或当作趋附时尚的填充，都是一种商业行为。

(5) 敬重有年轮的感情，敬重有了沧桑、有了倦意、看似松弛而平淡的亲情。你慢慢会懂得它们的好处，并且慢慢会明白它们的厉害。如果你的爱伤及女孩与她周围亲人的关系，你不可接受，更不可要求她的牺牲。新鲜感情所取得的胜利从来都是暂时的——因为新的里面本来就没有多少“时”。

(6) 有能力爱的人也不需要抢夺他人已经占领的地盘，人若争夺的也无非是你所爱之人身上那些世俗性的好处，你让掉就是。

(7) 语言在真情的压迫下是没有表现能力的。甜言蜜语说得越顺嘴，越有才气，就越不可信任，但是人们往往迷恋语言带来的快感。你要慎用语言，有“涩”的感觉才是最高境界。

资料来源：https://www.sohu.com/a/146106932_671213.

对于大学生而言，为了使自己的爱情之花长盛不衰，就必须学会经营爱情，及时更新爱情，塑造完美爱情。当我们播下爱情的种子，并精心培育这颗种子的时候，只有学会建立正确的恋爱观，给爱情以充分的空间，一点点地维护它长大，才能收获爱情甜蜜的果实，找到属于自己的真挚爱情。

成长训练营

一、爱情 AI 模拟题（配合使用《成长手册》成长驿站五→成长训练营→活动一）

（一）活动目的

树立正确的爱情观。

（二）活动材料

纸、笔。

（三）活动时间

20 分钟。

（四）活动步骤

1. 情境介绍

《你是我的荣耀》大结局了，航天设计师于途和女明星乔晶晶的爱情甜倒了一众网友。两人不仅甜，还都热爱工作，于途科研忙碌，加班是常态，回家还要写论文。乔晶晶的敬业人设也屹立不倒，坚持用作品说话。有人评论道："这才是美好爱情呀，小时候我喜欢的那些爱情剧都是啥奇葩?"

回想一下今年热播的情感剧，主角似乎都是爱情事业两手抓，彼此专一又甜蜜。《你是我的城池营垒》讲的是特警队长和神经外科医生的故事，两人因为工作相识，还曾联手对付劫匪；《御赐小仵作》讲的是王爷和女仵作的故事，两人相知相爱是因为一起办案，全程双双"智商在线"。

以前的电视剧总喜欢演"恋爱脑"：富家公子为了出身贫寒的女主，和家人决裂，放弃学业和事业，只想和她在一起……这些剧，曾让无数女孩希望自己能成为女主。生活中也有"恋爱脑"的人，无时无刻不想缠着伴侣，一分开就打电话，发微信要求伴侣秒回，即便分手了，也会继续追赶和纠缠……

旁人看了不禁好奇：这些过度"恋爱脑"的人是怎么想的？心理学家说，他们可能是痴迷型依恋的人。

在亲密关系中，人们的表现各不相同，有人回避亲密，想多获得一些独立的空间；有人担忧被抛弃，想多听伴侣表达爱意。根据回避亲密、担忧被弃这两个维度上的不同表现，成年人的依恋类型大致可以分为以下四种（如图 5－4 所示）：

（1）安全型依恋。无论是和伴侣亲近还是独处，都能很舒适。

（2）疏离型依恋。非常回避亲密，觉得自己不怎么需要亲密关系。

（3）恐惧型依恋。既回避亲密，又担心自己不被喜欢，十分纠结。

（4）痴迷型依恋。过度依赖，也就是"恋爱脑"。

究其根本，痴迷型依恋的人，内心对自己的看法是消极的，伴侣在他们心中的形象是非常积极的，所以他们才像丢了魂一样，希望这个好伴侣不要抛弃"差劲"的自己。

因为在痴迷型依恋的人心中，自己和伴侣的形象有着天壤之别，所以两人心理上并不平等，相处起来也总是充满了"拯救"和"被拯救"的戏码。需要说明的是，这种不

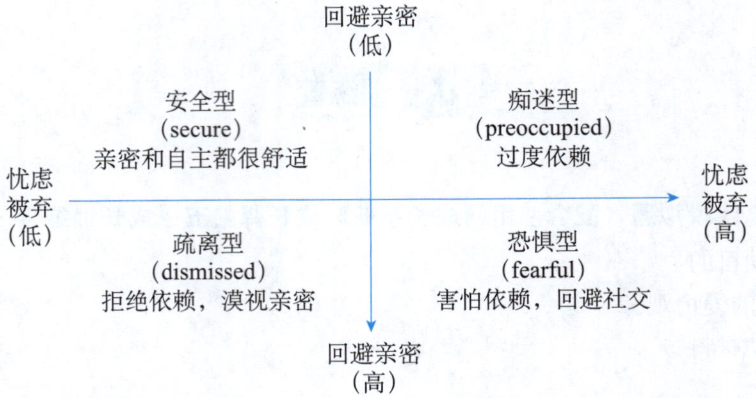

图5-4　成年人的依恋类型

平等与现实中金钱、社会地位的不平等并不完全一致，痴迷型依恋的“王子”可能需要“灰姑娘”的救赎，痴迷型依恋的女性也可能把跟自己差不多的男友视为现实世界里唯一的光。

但这些情节，年轻人已经看厌了。

我们越来越多地更喜欢在心理上势均力敌的“CP”，这样才更符合现实，做出的事情也更“智商在线”，让人们感受到明确的真实感。

进入21世纪后，关于婚姻中夫妻决策权的心理学研究发现，相比20世纪，伴侣两人更多地共同进行决策，更平等了。同时，越是平等相处的伴侣就越幸福，平时越少争吵，这种样貌也越来越多地成为现在年轻人心中美好爱情的模样。

在《你是我的荣耀》中，乔晶晶对于途从来不摆明星架子，于途被同学嘲讽时，乔晶晶巧妙地借酒给他解围，并且话术巧妙，不让于途觉得为难。于途也从来不觉得乔晶晶笨，在前女友面前维护乔晶晶。虽然有时候调侃她“需要多吃淀粉”，但从来不糊弄她。最重要的是，两个人尊重彼此的意愿，喜欢对方真实的模样。于途的前女友曾因为他追逐航天梦想而提分手，但乔晶晶一直都支持他做科研；乔晶晶的前男友曾让她放弃事业，相夫教子，但于途会陪她读剧本，让她不必考虑自己的感受而避开亲密戏。

“嗑CP”（指对自己支持的屏幕情侣表示喜欢的意思），表面看起来“嗑”的是人，其实是我们真实生活中情感的投射。我们羡慕强者，也欣赏平等、甜蜜的爱情，所以在书籍、影视剧中“嗑”又甜又强的“CP”，就成了我们寄托美好期望的方式。

其实，当痴迷型依恋的人陷入“恋爱脑”时，他们想要黏着的对象，并不一定是当下的伴侣，而可能是小时候没能满足自己、回应自己的那个照顾者。痴迷型依恋的人，小时候可能有一个对自己不稳定的照顾者，有时候能亲亲抱抱举高高，但有时候又非常冷漠，所以他们喜欢黏人，希望得到更多的亲密，以免不知道什么时候对方又会变成冷漠的样子。

因此，当发现自己“恋爱脑”、特别需要不顾一切黏着伴侣时，先不要着急，暂停一下，通过几次深而长的呼吸，或者通过默念身边有什么东西，来打断“自动化”的焦虑，回到现实、回到当下，看到现在这位伴侣是稳定的，而不是想象中时而有回应、时而不搭理的模样。

2. 爱情 AI 模拟

请模拟戴上 AI 眼镜，进入爱情情境：即便我们对恋爱有诸多见解，但当甜甜的恋爱来到自己身边时，也会有点手足无措——该怎么做才能事业和爱情两不误呢？

请根据提示进行训练。

更根本的方法，是从心里相信自己的价值，提升自己在心中的地位。可以写一段关于自己积极方面的文字：我有哪些优点，擅长做什么，有哪些重要的品质和能力，有哪些事情可以证明我还不错，也可以让伴侣来夸夸自己……这样既能感受到他的回应，让他在自己心中的形象更稳定，又能提升自己的价值感，对自己的认知更积极，一举两得。

祝你也遇到真正欣赏你的人，拥有势均力敌的亲密关系。

二、爱要如何说出口（配合使用《成长手册》成长驿站五→成长训练营→活动二）

（一）活动目的

了解爱的表达方式。

（二）活动准备

了解常用的爱的表达方式。

（三）活动时间

30 分钟。

（四）活动步骤

1. 一枚图章的爱情故事

施存统，浙江金华人，中国共产党最早的党员之一，中国社会主义青年团首任中央书记，新中国成立后，曾任劳动部副部长、全国政协常委、民建中央副主席等职。钟复光，早年加入中国共产党，是中国早期妇女运动领导者，新中国成立后，曾任全国妇联执委。

1923 年秋，施存统来到上海大学社会学系任教，并亲自编写讲义，用马克思主义唯物史观阐述社会历史问题。与此同时，钟复光也因反对包办婚姻而离家出走，进入上海大学社会学系学习。当时的上海大学，革命氛围十分浓厚，社会学系更是马克思主义的讲坛，瞿秋白、邓中夏、蔡和森都曾在该系授课。钟复光很快被施存统主讲的社会学课程所吸引，施存统也成了她最为敬重的老师之一，并逐渐走进了她的感情世界。

1925 年，五卅运动爆发，施存统用“光亮”的笔名，集中发表了多篇斗争文章。钟复光则冒险深入工厂，组织工人罢工游行。后来，运动遭到镇压，钟复光也生病住院，施存统时常前去探望，在谈理想、话人生中，他们的心越来越近。施存统为回答钟复光提出的“如何创造自己，如何有益社会”的问题，特地刻了这枚“复光复亮”图章（如图 5－5 所示），委婉地进行了回应。他还将自己的名字改为施复亮，并作打油诗一首：“复光复亮，宗旨一样，携手并肩，还怕哪桩。”

图 5－5 施存统雕刻的图章

这枚印章和这首小诗凝结了两人高尚纯洁的爱情，彰显了他们大无畏的革命斗争精神，一时被传为佳话。1926 年春天，施复亮和钟复光这对师生加同志，正式结为夫妻，相伴终身，“人民音乐家”施光南就是他们爱情的结晶。

资料来源：学习强国．一枚图章，见证一段革命爱情佳话．[EB/OL]．[2021－06－02]．https://zjnews.zjol.com.cn/ztjj/gjdar2021/bnbd/202106/t20210601_22614639.shtml.

2. 角色扮演

读完这个故事，男女两两一组，分别扮演 A、B 角色，两人的关系为 A 喜欢 B，A 想一想该如何向 B 表达自己的爱，B 想一想希望对方如何表达，两人相互交流并说出，看表达方式是否一致，想一想哪种情况更恰当，更容易取得成功。

请把你能想到的爱情的表达方式写出来。

三、爱情的“利息”：故事结局设想（配合使用《成长手册》成长驿站五→成长训练营→活动三）

（一）活动理念

帮助学生了解恋爱中的影响因素，具体包括个人因素，如个性、爱好、异性交往能力等；外在因素，如学习成绩、经济条件、家庭背景、学历等。正确认识这些因素将有助于学生更好地处理好恋爱中的问题。

（二）活动时间

30 分钟。

（三）活动步骤

1. 暖身与分组

将学生分为 5～10 个小组。

2. 教师引入

每个人对恋爱和生活都有自己的看法，教师讲述下面的故事作为引子，然后学生可以根据自己的想法来对故事的发展和结局进行设想。

故事引子：我爱观察老人的爱情。资历足够深厚的中国夫妻，践行“包子馅不在褶儿上”的哲学久了，将爱情融入生命的全程，也体现在日常的所有细节中。

早上，赖床的是老太太，老先生 6 点起床，到外面溜达，听鸟叫。一个小时后，他回到家，餐桌前落座，热乎乎的麦片粥端上来，咖啡的温度、烤面包的成色，都有一定之规。吃完，二人各自读报。如果看到有趣的、新奇的、有争论必要的标题，二人会交谈，否则，起床以后，不必发一语。然后，老太太出门买菜。如果是周末，她会在上超市前去社区的康乐中心跳舞，定期学习瑜伽。午后，老先生在沙发上小坐，困了便躺下，一个小时后醒来，身上总盖着一条柔软的毛毯。

他们都知道，拌嘴比年轻时多，老了火气反而大起来，不知道原因何在。好在都明白没什么大不了的，孩子都已成家、搬走，后辈什么事都不劳烦他们。吵架的理由都是极小的，如电视机的声音太大、手机不知放在哪里、阳台上的兰花忘记浇水。较为严重的分歧在接待朋友方面，老先生要在家涮火锅，老太太不愿意，因为要洗太多碗碟。老先生说我来洗好了，她不愿意，理由是他把厨房搅得满地水渍，害她费三倍时间清理。

吵架，互不理睬，晚上在双人床，背对背。第二天起来就忘记了。老了，光阴消逝越来越快，转眼间，孙子孙女上小学了，还记得满月那天被祖父母抱着照相，老人家差点坐不稳，因为太高兴。这一幕，仿佛发生在昨天。他们都没有提及爱，认为一天到晚说“我爱你”是外国人的过火行为。他们连“爱”这个概念也淡泊得很，习惯已够他们安心。

原来，他们不过是在使用青年时热烈的恋爱、中年时同甘共苦存下的“本金”所产生的“利息”。如果不出现以下的状况：一方移情别恋被发现，面临婚姻存亡的抉择；一方遭遇意外或身患绝症，生命出现危机。他们就这样维持下去，直到命运摊牌的一天。

人生至此，不必牵手的配偶，以不可见的根连接着。他们的姻缘，好就好在极度平凡，因平凡而无人干扰、掺和、搅局，直到生命的终点才醒悟，爱情的“本金”和“利息”都花在整个美好的人生里。

3. 编写故事

给每位学生发放纸和笔，让学生将想到的故事写下来。

4. 小组分享

写完之后，在小组内分享自己的故事结局，并说明为什么会有这样的结局。将小组内想到的结局进行分类，看有没有相同的结局。

5. 大组统整

讨论：为了以后我们能获取更多的爱情利息，我们现在应该如何做呢？每个组选一个人来分享小组讨论的结果。

注意事项：在学生讨论中，教师要保持中立，鼓励学生发表真实的想法。

成长加油站

一、图书、影音作品推荐

成长驿站五
图书、影音作品推荐

二、心理自测

（一）鲁宾爱情量表

请针对自己的实际情况对下列陈述做出判断，符合计 1 分，不符合计 0 分。

1. 他（她）情绪低落的时候，我觉得很重要的职责就是使他（她）快乐起来。
2. 在所有的事件上我都可以信赖他（她）。
3. 我觉得要忽略他（她）的过失是一件很容易的事。
4. 我愿意为他（她）做所有的事情。
5. 对他（她），有一点占有欲。
6. 若不能跟他（她）在一起，我觉得非常不幸。
7. 假使我很孤寂，首先想到的就是要去找他（她）。
8. 他（她）幸福与否是我很关心的事。
9. 不管他（她）做什么，我都愿意宽恕。
10. 我觉得他（她）得到幸福是我的责任。
11. 当和他（她）在一起时，我发现我什么事都不做，只是用眼睛看着他（她）。
12. 若能让他（她）百分之百信赖，我觉得十分快乐。
13. 没有他（她），我觉得难以生活下去。
14. 当和他（她）在一起时，我发觉好像两人都有相同的心情。
15. 我认为他（她）非常好。
16. 我愿意推荐他（她）去做被人尊敬的事。
17. 在我看来，他（她）特别成熟。
18. 我对他（她）有高度的信心。
19. 我觉得大部分人和他（她）相处，都有很好的印象。
20. 我觉得他（她）跟我很相似。
21. 我愿意在班级或团体中评选时投他（她）一票。
22. 我觉得他（她）是许多人中，容易让别人尊敬的一个。
23. 我认为他（她）非常聪明。
24. 我觉得他（她）在我所有认识的人中，是非常讨人喜欢的。

25. 他（她）是我很想学习的那种人。

26. 我觉得他（她）非常容易赢得别人的好感。

[计分与解释]（仅供参考）：

比较前 13 项与后 13 项的分数，如果你的“是”的选项集中在前 13 项，那么爱情的成分居多；如果你的“是”的选项集中在后 13 项，那么喜欢的成分居多。

（二）爱情态度量表

这个量表主要是想了解你对爱情所持的态度。题目中的“他/她”是指目前与你密切交往的男/女朋友（请以您目前的恋人为回答依据；若目前没有恋人，请就以上任对象作答；若没有谈过恋爱，也请您想象一下再作答）。请针对每一题项所叙述的情形，选出您认为最能反映您实际状况的数字。

条目内容	完全不符合	不符合	没意见	符合	完全符合
1. 我和他/她属于一见钟情。	1	2	3	4	5
2. 我很难明确地说我和他/她是何时从友情变成爱情的。	1	2	3	4	5
3. 对他/她做承诺之前，我会考虑他/她将来可能变成的样子。	1	2	3	4	5
4. 我总是试着帮他/她渡过难关。	1	2	3	4	5
5. 和他/她的关系不太对劲时，我的身体就会不舒服。	1	2	3	4	5
6. 我试着不给他/她明确的承诺。	1	2	3	4	5
7. 在选择他/她之前，我会先试着仔细规划我的人生。	1	2	3	4	5
8. 我宁愿自己痛苦，也不愿意让他/她受苦。	1	2	3	4	5
9. 失恋时，我会十分沮丧，甚至会有自杀的念头。	1	2	3	4	5
10. 我相信他/她不知道我的一些事，也不会受到伤害。	1	2	3	4	5
11. 我和他/她很来电。	1	2	3	4	5
12. 我需要先经过一阵子的关心和照顾，才有可能产生爱情。	1	2	3	4	5
13. 我和他/她最好有相似的背景。	1	2	3	4	5
14. 有时候，我得防范他/她发现我还有其他情人。	1	2	3	4	5
15. 我和他/她的亲密行为很热情且很令我满意。	1	2	3	4	5
16. 我有时会因为想到自己正在谈恋爱而兴奋得睡不着觉。	1	2	3	4	5
17. 我可以很容易很快地忘掉过往的恋情。	1	2	3	4	5
18. 他/她如何看待我的家人是我选择他/她的主要考量。	1	2	3	4	5
19. 我希望和曾经相爱的他/她是永远的朋友。	1	2	3	4	5
20. 当他/她不注意我时，我会全身不舒服。	1	2	3	4	5
21. 我和他/她的爱情关系是最理想的，因为是由长久的友谊发展而成的。	1	2	3	4	5
22. 我觉得我和他/她是天生一对。	1	2	3	4	5
23. 自从和他/她谈恋爱后，我很难专心在其他任何事情上。	1	2	3	4	5

续前表

条目内容	完全不符合	不符合	没意见	符合	完全符合
24. 他/她将来会不会是一个好父亲/母亲是我选择他/她的一个重要因素。	1	2	3	4	5
25. 除非我先让他/她快乐，否则我不会感到快乐。	1	2	3	4	5
26. 如果他/她知道我和其他人做了某些事，他/她会不高兴。	1	2	3	4	5
27. 我和他/她的感情、亲密行为进展得很快。	1	2	3	4	5
28. 我和他/她的友情随着时间推移逐渐转变为爱情。	1	2	3	4	5
29. 当他/她太依赖我时，我会想和他/她疏远一些。	1	2	3	4	5
30. 我通常愿意牺牲自己的愿望，达成他/她的愿望。	1	2	3	4	5
31. 我和他/她的爱情是一种深刻的友情，而不是一种很神秘的情感。	1	2	3	4	5
32. 他/她可以任意使用我的东西。	1	2	3	4	5
33. 我和他/她非常了解彼此。	1	2	3	4	5
34. 当我怀疑他/她和其他人在一起时，我就无法放松。	1	2	3	4	5
35. 他/她如何看待我的职业会是我选择他/她的一个考量。	1	2	3	4	5
36. 他/她的外貌符合我的理想标准。	1	2	3	4	5
37. 我享受和他/她及一些不同的情人玩爱情游戏。	1	2	3	4	5
38. 当他/她对我发脾气时，我仍然全心全意、无条件地爱他/她。	1	2	3	4	5
39. 在和他/她深入交往之前，我会试着了解他/她是否有良好的遗传基因。	1	2	3	4	5
40. 为了他/她，我愿意忍受任何事情。	1	2	3	4	5
41. 如果他/她忽略我一阵子，我会做出一些傻事来吸引他/她的注意力。	1	2	3	4	5
42. 我和他/她的爱情关系是最令人满意的，因为是由良好的友情发展而成的。	1	2	3	4	5

[计分与解释]（仅供参考）：

爱情类型	题目	说明
浪漫型	1、7、13、19、25、31、37	最注重的是对方的外表和身体的接触；只要是好看的，就容易跟对方坠入情网
游戏型	2、8、14、20、26、32、38	视爱情为游戏，爱情的关系短暂，经常更换对象，承诺在这种类型的人身上几乎看不到
同伴型	3、9、15、21、27、33、39	感情发展细水长流，平静而祥和，通常刚开始时都只是好朋友的关系，后来才慢慢从相知、友谊发展成爱情
现实型	4、10、16、22、28、34、40	这种类型的人选择对象以理性条件的考虑为主，如教育背景、经济能力、社会地位、共同兴趣等

续前表

爱情类型	题目	说明
占有型	5、11、17、23、29、35、41	这种人的占有欲和嫉妒心强烈，关系也犹如风暴，起伏不定，对方一点爱意的表示就会让他/她狂喜，一点点的降温或关系出现点小问题就会让他/她痛苦不已
奉献型	6、12、18、24、30、36、42	与占有型相反，这种类型的人为爱人完全付出自己，关心对方而不求回报。这种人极有耐心，不要求对方，甚至不嫉妒

量表来源：http://wenku.baidu.com/view/7ea6e6a5dd3383c4bb4cd2d5.html.

三、实践作业

爱是一个人的必修课，正确和积极的爱情可以使人成长，可以使得一个人为了自己所爱的人让自己变得更优秀，这样才能够担当起爱情的责任。在漫漫人生之路上，拥有健康的爱情观对于我们的成长至关重要。请以“我的理想恋人”为主题，给未来的恋人写一封情书。

成长驿站六
开放创新，点燃智慧的力量

学习目标

素养目标

1. 积极参与课堂实践活动，提高自身学习能力。
2. 交流分享积极的心流体验，追求学习的自我效能感。
3. 树立民族自豪感，形成奉献国家、奉献社会的精神。

知识目标

1. 阐明学生学习的基本特点和学习方法。
2. 概述心流及心流体验的内涵。

能力目标

1. 灵活运用有效的学习策略来提高学习效率。
2. 运用学习中的心流体验来激发学习动机。

行为目标

1. 养成良好的学习习惯，运用有效的学习策略。
2. 改变学习动机低下的状态，产生积极的学习动力。

课前导语

《论语·雍也》有云：“知之者不如好之者，好之者不如乐之者。”《礼记·学记》有云：“学然后知不足，教然后知困。知不足，然后能自反也；知困，然后能自强也。”大学，是信息的海洋，是知识的殿堂。当我们带着新奇和喜悦，带着父母的期望，带着亲友的祝福，进入自己理想的大学时，应该明白：学习应该是大学生活的主题；应该思考：我在大学学什么，离开大学我会什么。

第一站 打开智慧之门，认识学习

安然日记

转眼间，我的大学生活已经过去一个多学期了。在上个学期，我拼命学习，从不旷课，好不容易才获得了“三好学生”的荣誉，当时的我觉得特别自豪。随着学习难度的加大，我却渐渐发现，我学得越来越吃力了，上课时总是有些内容听不明白，付出和收获不成正比。再加上周围的同学们大多奉行“及格万岁”，每当下晚自习后我在宿舍学习时，舍友都在玩手机、聊天；周末我去图书馆自习时，舍友都出去逛街、看电影，我好像跟他们格格不入。舍友小张昨天还跟我说：“这都大学了，还像高中一样学习你不累啊？大学就是来享受的，只要不挂科就行了，何必每天都这么努力地学习呢？真是搞不懂你！”我心里很难受，在宿舍里独自坐了好一会儿，学习真的太累了，我怎么才能学得轻松快乐呢？我努力学习会不会让身边的同学疏远我呢？

成长困惑一

你遇到过安然日记中的苦恼吗？你是怎么看待大学学习的？请记录在《成长手册》（成长驿站六→第一站→成长困惑一）里。

成长导航

一、人类社会永恒的话题——学习是什么

学习，是人类认识自然和社会，不断完善和发展自己的必由之路，贯穿每一个人的一生。无论是牙牙学语、蹒跚学步，还是掌握各门学科知识，学会一项技能，人的每一个进步与成长都是学习的结晶。尤其在当今社会，要想使自己的人生过得更有意义，最关键的解决之道就是学习。

我国古代就有对学习的各种阐述。例如，子曰：“学而时习之，不亦说乎？”陆游认为：“纸上得来终觉浅，绝知此事要躬行。”（如图6-1所示）《礼记·中庸》则把学习分成五个步骤：学、问、思、辨、行。

从心理学的范畴来说，“学习”有广义和狭义之分。我国著名心理学家潘菽对学习下的定义是：“人的学习是在社会生活实践中，以语言为中介，自觉地、积极主动地掌握社会和个体的经验的过程。”由此看来，人的言语、知识、技能、习惯、兴趣、态度和道德品质等都是学习的结果。

狭义的学习特指学生的学习，指在各类学校的特定环境中，按照教育目标的要求，在教师的指导下，有目的、有计划、有组织地进行的一种特殊的认知活动。

图 6-1　我国古代对学习的各种阐述

因此，在学校教育情景中，同学们掌握知识、技能、能力，学会学习、学会思考和形成一定的思想情感、道德品质以及个性变化等的过程都是学习。

二、从中学到大学——变化有多少

中小学时期的学习更多依赖师长的监管、学校的严格安排，学生往往是被动地学习。而到了大学，时间更为宽裕，大学生的自主权更大，考试的压力小了很多，学生有更多的时间和自由选择学习自己感兴趣的知识。

总的来说，大学生的学习主要有以下 5 个特点：

（一）自主性

在大学阶段，大学生可以在完成学校安排的课程之外，根据意愿选择自己感兴趣的领域，自由地安排自己的学习时间、地点、学科和工具书，制订适合自己的学习计划，如什么时候学、学什么、怎么学等。老师大多数时候则是“退居幕后”，在合理的前提下将“舞台”更多地留给大学生去表现自己，更大程度地尊重大学生的自主性。

（二）主动性

大学阶段的学习需要学生更多的主动性和积极性。大学生应培养主动学习的习惯，及时更新、吸收新知识，为今后步入社会做充分的准备。这也意味着大学生在学习过程中要化被动为主动，更好地发挥自己的主观能动性，展开补充课堂学习内容的自学活动、相互学习的活动，以及各种独立的创造性活动，在学习的过程保持更高的积极性，从而提高学习能力。①

（三）专业性

大学教育具有明显的定向性，在报考大学之时，大学生基本上已经想好了今后的职业发展方向。大学阶段的学习，往往围绕大学生的专业领域展开，以帮助大学生进行更加专业的、深入的、高层次的学习，让大学生能够掌握自己专业领域内的知识和技能。

（四）多元性

在大学校园里，虽然大学生的主要任务是进行专业知识的学习，但是大学生的其他能

---

① 马悦，余照照．高职大学生心理健康教育（微课版）[M]．北京：人民邮电出版社，2020：105.

力也应得到发展和锻炼，如人际交往能力、生活适应能力、组织管理能力、沟通协调能力等。另外，大学生也会获得更多参与社会实践、活动、比赛和竞赛的机会，学习内容和学习形式更加丰富多彩，大学生也能发展更多元、更全面的能力。

（五）探索性

大学里，大学生会学习更专业的知识，更具有探索和钻研的精神，深入研究自己的专业领域。同时，大学生也会增强探索未知领域的勇气，去创新、创造，不断发展自我的综合能力。①

三、学海无涯——大学学什么

迈入大学校园，面临的是一个全新的学习和生活环境。学习任务十分艰巨，既要学专业知识，也要学专业外的知识；既要学理论，也要学技能；既要学做事，也要学做人（如图 6－2 所示）。那么，大学到底应该学什么呢？

图 6－2　大学学什么

注重学习是中华民族的优良传统，习近平总书记指出："知识是每个人成才的基石……要通过学习知识，掌握事物发展规律，通晓天下道理，丰富学识，增长见识。"习总书记还强调："大学生既要打牢基础知识又要及时更新知识，既要刻苦钻研理论又要积极掌握技能。"

1996 年，联合国教科文组织发表的《学习——蕴藏宝藏》中提出了教育的四大支柱：学会学习、学会做人、学会做事、学会相处。

（一）学会学习

1972 年，联合国教科文组织发表了《学会生存——教育世界的今天和明天》一书，指出"教育应该较少地致力于传递和储存知识，而应该更努力地寻求获得知识的方法（即学会怎样学习）。"美国著名的未来学家阿尔文·托夫勒也提出了一句影响深远的名言："未来的文盲不再是目不识丁的人，而是那些没有学会怎样学习的人。"曾经风靡一时的畅销书《学习的革命》提出："在学校教育中最重要的两个科目应该是'学会怎样学习'和'学会怎样思考'。""学会学习"就是指学会自主学习、学会高效学习、学会学习方法、学会学以致用。

（二）学会做人

我国著名的教育家陶行知先生曾写下这样一副对联——"千学万学学做真人，千教万教教人求真"，首推学生要学会做人。在四大支柱中，学会做人是关键和核心，也是教育的目的和根本。

（三）学会做事

学会做事是指在科学素养的基础上，学会以首创的精神能动地参与广泛而生动的社会生活，培养适应未来职业变动的应变能力、在工作中的创新能力以及在市场环境中创造就业机会的能力。学会做事是人们未来赖以生存和发展的前提，人们不仅要提高自觉做事的能力，还要培养做事的品质：敬业精神和责任感、持久和忍耐力、适应约束和挑战困难的

---

① 马悦，余照照．高职大学生心理健康教育（微课版）[M]．北京：人民邮电出版社，2020：105.

能力、适应社会变化和竞争的能力。

（四）学会相处

每个人都是社会的一部分，每天都得和很多人打交道。对于大学生来说，室友、班级同学、其他系的同学、学校老师都是不可避免的交往对象。因此，大学生还得学会与人相处，和睦、和平相处既是人格的完善和提高，也是学习的保障。现在的企业、单位都在讲团队精神，其实这也是需要人们之间会相处，这是大学生现在乃至终其一生要学习的内容。

培根铸魂

青春华章

“青年强，则国家强。当代中国青年生逢其时，施展才干的舞台无比广阔，实现梦想的前景无比光明。”习近平总书记在党的二十大报告中勉励广大青年坚定不移听党话、跟党走，怀抱梦想又脚踏实地，敢想敢为又善作善成，立志做有理想、敢担当、能吃苦、肯奋斗的新时代好青年，让青春在全面建设社会主义现代化国家的火热实践中绽放绚丽之花。

未来属于青年，希望寄予青年。认真学习贯彻党的二十大精神，广大青年纷纷表示，一定牢记习近平总书记嘱托，坚定理想信念，筑牢精神之基，厚植爱国情怀，矢志不渝跟党走，以实现中华民族伟大复兴为己任，增强做中国人的志气、骨气、底气，不负时代，不负韶华，不负党和人民的殷切期望。

资料来源：人民日报，2022-10-27

四、书山有路——大学怎么学

（一）挖掘学习潜力

1983年，美国哈佛大学教授霍华德·加德纳提出了多元智能理论。他认为，每个人都具有多元智能，即八大智能：语言智能、数学逻辑智能、空间智能、身体运动智能、音乐智能、人际交往智能、自我内省智能、自然观察智能。

加德纳的多元智能理论告诉我们，每个人都是独一无二的，并且有着巨大的潜能，不存在谁更聪明的问题，只存在不同的个体各自在哪个方面更突出的问题。每个人都有不同的智能特点、不同的优势领域，呈现明显的个性化特征，我们可以有意识地对自己加以客观而恰当的评估，从而发现自己的优势智能并通过适合自己的学习方式加以发展，充分发挥自己的智力潜能，使自己获得最佳的发展，这样我们就有可能在自己的强势领域中取得成功。

（二）端正学习动机

动机是指促使个体从事某种活动的内部动力，是由某种需要所引起的有意识的行动倾向，是激励或推动人去行动以达到一定目标的内在动因。大学生的学习动机是直接推动其学习的内部力量，也是一种学习的需要。良好的学习动机是学习的第一推动力，是我们不断前进的保障。学习没有动机，就好比一辆没有持续能源供应的汽车，永远也不可能走多远。因此，大学生需要为自己寻找合适的动机，鞭策自己不断学习、不断前进。当然，最好的办法是爱上学习，投入热情，因为兴趣是最好的动力。

拓展阅读

你的学习动机来源于内部还是外部?

根据动机的来源不同，可以将学习动机分为内部动机和外部动机。

内部动机是指人们对学习本身的兴趣所引起的动机。内部动机的满足在活动之内，不在活动之外，它不需要外界的诱因。例如：当一个孩子想知道为什么太阳从东边升起而在西边落下，他试图从《十万个为什么》一书中去寻找答案，又试着从自己的自然课本中寻找线索，那么这个时候，他的学习行为根本无需家长和老师的监督，更不需要什么糖果或金钱作为奖励。

外部动机是指学习者由外部诱因所引起的动机。外部动机的满足不在活动之内，而在活动之外。学习者不是对学习本身感兴趣，而是对学习结果感兴趣。例如：有些学生在课堂上积极举手回答问题，目的是希望获得老师的表扬，而获得老师表扬之后又可以从家长那里获得物质上的奖励，这种动机就是典型的外部动机。

资料来源：https://baike.baidu.com/item/%E5%86%85%E9%83%A8%E5%8A%A8%E6%9C%BA/10001506?fr=aladdin.

学习动机越强，学习效率就越高吗?

学习动机和学习效率成非正比关系，即“耶克斯-多德森”定律。该定律表明，中等程度的动机激起水平最有利于学习效率的提高。最佳的动机激起水平与作业难度密切相关：任务较容易，最佳激起水平较高。在比较容易的任务中，学习效率随动机的提高而上升；随着任务难度的增加，动机的最佳水平有逐渐下降的趋势。一般而言，最佳水平为中等强度的动机，如图 6-3 所示。

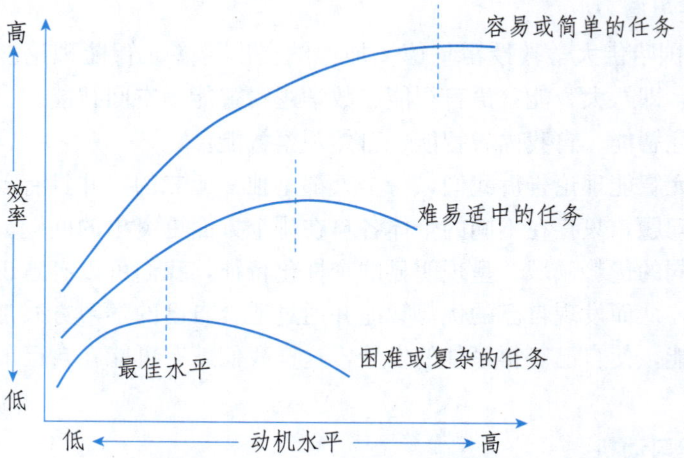

图 6-3　效率与动机的关系

资料来源：https://www.sohu.com/a/145403128_246503.

激发学习动机的五个策略

(1) 学会调节自己的情绪，建立对学习的积极情感。

(2) 将兴趣和目标相结合，从而正确评价自己的学习过程。

(3) 学会自主学习，并对自己的学习负责。

(4) 尝试承担挑战性任务。

(5) 营造积极的学习氛围。

(三) 明确学习目标

人若有明确的目标，心灵便会自然地把他引到朝着目标的方向前进；若是没有一个明确的目标，精力就会被虚耗。设定目标对于工作、学习、生活达到期望至关重要，只有有合理、有效的目标，才可以转化为有效的行动（如图 6-4 所示）。我们可以使用 SMART 原则来帮助设定目标。SMART 原则是目标管理中的一种方法，“S”“M”“A”“R”“T”五个字母分别对应着五个英文单词：Specific（明确性）、Measurable（可衡量性）、Attainable（可达成性）、Relevant（相关性）和 Timebound（时限性）。

图 6-4　设定目标

1. 明确性

例如：“我要学习互联网和营销方面的知识，学习的主要方式是看书、参加公司培训、参加讲座等。”而不是：“我明年要学习很多知识，提高工作能力。”

2. 可衡量性

例如：“我要看 10 本书，参加 4 个讲座。”而不是：“我要多看书，多参加讲座。”后一个目标没有数字，无法衡量。

3. 可达成性

例如：“根据目前的能力和经验，我可以完成 12 本书、2 个讲座、12 篇笔记的计划。”而不是：“我明年要看 300 本书，参加 50 个讲座。”

4. 相关性

例如：“我学习网络营销，是和我的工作相关的，和未来发展相关的。”所以这一目标会有动力，乐于达成。而不是：“我从事互联网行业，但是要投入所有时间学习医学。”这个目标和我的工作、发展目标相关性低。

5. 时限性

例如：“今年暑假我要读 3 本书。”而不是：“我未来（今后）要学习。”

趣味阅读

目标的价值

(1) 增强大学生认识人生和探索人生道路的自觉能动性。

(2) 增强大学生自我完善和自我发展的自觉能动性。

(3) 为大学生指引人生方向和事业方向。

(4) 提高大学生的抱负水平。

(5) 为大学生的成才活动提供激励力量。

(四) 遵循记忆规律

规律是事物内部固有的、本质的、必然的联系及其发展趋势。记忆也有一些基本的规律，了解和掌握记忆规律可以让我们的学习达到事半功倍的效果。

19 世纪末，德国的赫尔曼·艾宾浩斯开创了对记忆的研究，从中发现了保持和遗忘的一般规律，即遗忘进程不是均衡的，在识记的最初时间遗忘很快，后来逐渐缓慢，而一段时间过后，几乎不再遗忘，即遗忘的发展是“先快后慢”（如图 6－5 所示）。这也就是说，遗忘是在学习之后急速发生的，要想防止和减少遗忘，就应该尽早地加以复习。研究还表明，除了受时间因素制约外，记忆还受识记的材料性质、数量、意义、方式及学习程度等其他因素的制约。

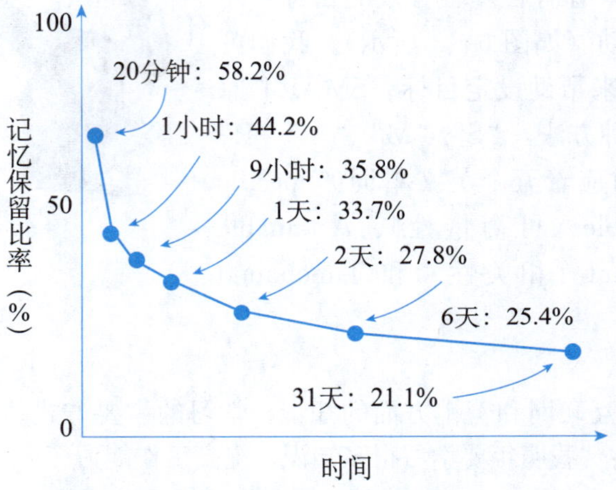

图 6－5 艾宾浩斯遗忘曲线

艾宾浩斯的实验研究向我们充分证实了一个道理，即新学的知识一定要及时复习，勤于复习，才能掌握得牢固。

趣味阅读

记忆力的提高措施

(1) 根据艾宾浩斯遗忘曲线，复习和练习应及时、合理。

(2) 分散复习比集中复习效果更好。

(3) 复习方法多样化。

(4) 教师应向学生提供简缩而概括的记忆材料。

(5) 让多种感官参与复习活动。

(6) 在理解基础上记忆，在实践中应用所学。

(7) 排除前摄抑制和倒摄抑制的影响。

(8) 整体识记和分段识记。对于篇幅短小或者内在联系密切的材料，适于采用整体识记，直到记牢为止；对于篇幅较长或者较难或者内在联系不强的材料，适于采用分段识记。

(9) 运用读、背结合策略对记忆结果进行自我检查。反复阅读与试图回忆相结合，可以提高记忆效果。

第二站　在心流体验中收获智慧，学会创新

安然日记

自从我把自己的困惑向辅导员老师和心理咨询老师倾诉之后，心里觉得舒服多了。我发现在大学生活中，除了学习，更要充分锻炼提升自己，我决定在学习之余，多参加学校和班级组织的各种比赛、活动，和舍友也要多多沟通，一起活动，为自己创造更加美好的大学生活。但是，进入新学期以来，学习内容越来越繁重，难度也越来越大，我发现自己在重要而且有难度的几个科目上学得很吃力，明明花了很多精力学习，却总觉得时间不够用。唉，我该怎么办呢？怎么才能提高学习效率呢？

成长困惑二

你目前的学习状态是什么样子呢？你认为安然可以如何提高学习效率呢？请记录在《成长手册》（成长驿站六→第二站→成长困惑二）里。

成长导航

一、心流与心流体验

（一）心流

当全神贯注投入、沉浸在充满创造力或者乐趣的活动中时，你一定曾体验过一种浑然忘我的感受。美国芝加哥大学心理学家米哈里·契克森米哈赖将心流定义为：人们对某一活动或事物表现出浓厚的兴趣并能推动个体完全投入某项活动或事物的一种体验。心流一般是个体从当前所从事的活动中直接获得的，回忆或想象等则不能产生这种体验。

（二）心流体验

人们进入心流状态时会产生心流体验，他们被所做的事深深吸引，自身的兴趣完全融入其中，专注在自身注意的事情上，并且丧失其他不相关的知觉，就好像被活动吸引进去一般。人们处于心流状态时，因为过于关注、浑然忘我而无暇去思索其他问题，自我意识消失，感觉时间过得特别快或者特别慢。进入心流体验的时间越多，就越能提升自己的幸福感，越能坚持不懈地为实现目标而奋斗。

二、如何获得学习的心流体验

几乎每一种活动，如工作、学习、人际交往、文体活动等，都能产生心流体验。无论做什么事情，若能一边乐于其中，一边不断成长，那就是最佳状态。那么，怎样才能获得学习的心流体验呢？

（一）确立明晰的学习目标

只有确定清晰的学习目标才能持续投入精神力量，为个人获得循序渐进的经验感受。我们要为自己的大学学习确立一个目标系列，包括远期、中期、近期目标，如毕业目标、学年目标、学期目标等。在面对这些目标时，我们不仅需要对自己达到目标的能力充满信心，而且要将目光放在达到目标前的那些障碍上，更要投入更多的精力考虑和实施达到每个近期目标的步骤。

（二）提升专注力

专注力是学习和做事能否成功的关键，对我们的一生起到至关重要的作用。它是指一个人能高度集中于某一件事情的能力，是一项非常重要的心理素质。正所谓“书痴者文必工，艺痴者技必良”。

趣味阅读

专注力提升的方法

（1）营造安静、简单的环境。
（2）有规律的生活。
（3）培养自我约束力。
（4）培养注意事物的广度。
（5）激发兴趣。
（6）明确活动的目的和要求。

（三）培养创造力

创造力是指以新异、独创的方式解决问题的能力。一般认为，创造性思维具有流畅性、灵活性和独创性三个特征。流畅性是指在限定时间内产生观念的多少。在短时间内，产生的观念多，则思维流畅性大，反之，思维缺乏流畅性。灵活性是指摒弃以往的习惯思维方法，开创不同方向的能力。独创性则是指产生不寻常的反应和不落俗套的能力。

大学阶段是创造力提升的关键时期，充分利用好这一关键时期、有意识地培养自己的创造力是我们提升自己综合素质的核心任务（如图6-6所示）。那么，我们应该如何培养自己的创造力呢？

图6-6 培养创造力

1. 丰富知识与经验

创造力不是空中楼阁，它依赖于坚实的知识基础和精湛的专门技能。我们只有精通于自己所学专业领域的知识，并努力开发创造所必需的技能和洞察力，才有可能表现出不同于他人的创造力。可以说，丰富的知识和经验是提高创造力的前提。然而，如果不恰当地运用自己丰富的知识经验，也会成为我们发挥创造力的羁绊。因此，我们在不断扩充自己的知识结构、丰富自己的经验知识的同时，还要在尊重、学习和借鉴的基础上，勤于思考，敢于质疑已有的知识经验，只有这样才不会使自己的独创精神淹没在书海中。

2. 启发创造兴趣

捷克教育家夸美纽斯曾说："兴趣是创造一个欢乐和光明的学习环境的主要途径之一。"我们只有在学习中产生一种迫切探求新知识的欲望，才能使自己的创造能力得以充分发挥。因此，我们应利用一切可能的条件，不失时机地激发自己的创造兴趣，如积极参与老师组织的游戏、竞赛等。要更多地走出课堂，对自然界、人类社会的各种现象予以关注，并在观察的基础上积极思考、大胆想象。丰富的想象是创造的翅膀，尤其是创造性想象，其对提高自身创造性思维、进行创造性劳动具有十分重要的意义。

3. 培养良好的心理品质

现代社会的发展要求学生具有创造性心理品质，如强烈的好奇心和进取心、独立的个性、坚定的自信心、冒险精神等。在日常的生活、学习中，我们要有好奇心，积极地去发现、去探索。当遇到困难时，我们也应注意培养自己独立解决问题的能力，培养百折不挠的意志。

4. 营造积极的心理氛围

几个人一起思考同一问题时所产生的效益往往是大于一个人的，这种思考和解决问题的方式，一方面能提高对问题认识的广度和深度，另一方面在讨论的基础上会产生心理学家所称的"社会促进"现象，即当一个人看到其他人正在完成某个任务时，自己也会积极地思考。

拓展阅读

问题解决的影响因素

(1) 问题的特征。个体解决有关问题时，常常受到问题的类型、呈现的方式等因素的影响。不同的呈现方式不仅会影响个体对问题的理解，也会直接影响问题解决的过程。

(2) 已有的知识经验。已有经验的质与量都影响着问题解决。一般而言，与问题解决有关的经验越多，解决该问题的可能性也就越大，其前提是知识经验在头脑中以良好的结构而非杂乱无章的方式储存。

(3) 定式与功能固着。定式，指以最熟悉的方式做出反应的倾向性。心理定式会无意识地影响问题解决，对问题解决既可能起促进作用，也可能起阻碍作用。功能固着，指人们对一件事物的常用功能过于习惯了，以至于不能为它创造出一种新的用途。功能固着是心理定式的一种特殊表现。

(4) 个体的智力水平、情绪状态、认知风格等也影响着问题解决。

资料来源：https://wenku.baidu.com/view/6b11024be518964bcf847cfc.html.

成长训练营

一、探寻你的学习优势（配合使用《成长手册》成长驿站六→成长训练营→活动一）

（一）活动目的

使学生对自己的学习优势有更为清晰的认识，从而树立学习的信心，认识到学习的差异除了先天的原因之外，更多的是与后天对自身学习优势能力的应用程度有关。

（二）活动准备

轻音乐，推荐音乐：《天空之城》《菊次郎的夏天》。

（三）活动时间

25～30 分钟。

（四）活动步骤

(1) 放松状态。教师引导语（参考）：

“现在我们要进行一次身心放松之旅，请每位同学选个舒服的姿势坐在自己的座位上，闭上眼睛。”

(2) 进行冥想。播放节奏轻快的音乐，让学生跟着老师的引导语和轻松的背景音乐进行想象。引导学生回顾自己在学习上比较擅长的方法。教师引导语（参考）：

“准备好了吗？好，现在深深地吸气，慢慢地呼气，再来一遍，深深地吸气，慢慢地呼气，再来一遍，深深地吸气，慢慢地呼气。好！春天来了，一片鸟语花香的美丽景色，你静静地躺在草地上，心情舒适而愉快地享受春天带给你的欢乐与愉悦。

一束温暖的阳光暖暖地照在你的身上，你觉得浑身都放松了，特别舒服，你紧锁的眉头舒展开了。请你仔细体会一下眉头舒展之后放松的感觉，你觉得好舒服、好轻松，你觉得额头凉丝丝的，脸上每一块肌肉都特别放松，你觉得舒服极了。

现在你觉得浑身放松，心情舒畅，就像躺在湖面上随风飘荡的小船上一样，暖风徐徐吹过你的整个身躯，还有一丝淡淡的水草的香味，你闭上眼睛，深深地陶醉在这片水波荡漾的美丽风景中，心情特别愉快！

现在你觉得特别地放松，浑身都充满了力量，心情特别愉快，你的头脑清醒，思维敏捷，反应灵活，眼睛也非常有神。准备好了吗？好，请你慢慢地睁开眼睛，你觉得头脑清醒，思维敏捷，浑身都充满了力量。”

(3) 学习优势。请学生将刚才在放松练习中联想到的自己最擅长的 5～10 个学习方法写下来。

(4) 秘诀分享。请学生推选班里学习最有效率的两位同学来分享一下他们的学习秘诀。

(5) 改革计划。请学生根据以上的训练总结下一步的学习方法改革计划。

(6) 集体讨论。

二、寻找记忆的钥匙（配合使用《成长手册》成长驿站六→成长训练营→活动二）

（一）活动目的

学会提升记忆力的方法，并且能够有效应用在学习和生活之中。

（二）活动时间

45～60 分钟。

（三）活动准备

（1）速记数字 20 个、速记词语 10～15 个、速记图片 1 张。

（2）记录纸 1 张。

（四）活动步骤

（1）教师导入。教师引导语（参考）：

“记忆是人脑对过去经验的保持和重现，是智力的基本要素；是大脑获取信息，又能根据需要提取出来运用的能力。记忆好坏会受到很多因素的影响，如遗传、年龄、注意力集中程度、技巧的运用等。在下面的记忆游戏中，希望大家运用有效的技巧和方法来提升自己的记忆力。”

（2）组建团队。随机抽选卡牌，根据要求迅速组成 6～8 人一组的团队。

（3）比拼活动。

1）食物连连串。

全部组员围成一圈，从第一个人开始说：“今天我吃了一个 AA。”第二个人说：“今天我吃了一个 AA，两个 YY。”第三个人说：“今天我吃了一个 AA，两个 YY，三个 KK。”依此类推。AA、YY、KK 为食物名称，如面包、蛋炒饭、红烧肉等。每一个成员需重复前面全部成员的话，再说出自己的食物。说错者出局。

每个小组选出最终优胜者，再进行各组优胜者之间的终极比拼。

2）谁是速记王。

呈现 20 个无规律的两位数（如图 6－7 所示，数字可替换），给学生一分钟时间识记，一分钟之后让学生把自己所记得的数字写在纸上，呈现正确答案，让学生数一数自己写对了几个，数量多者获胜。

36	45	73	29	87	28	43	62	75	59
93	67	51	23	15	91	89	20	18	66

图 6－7　20 个无规律的两位数

3）词语串串烧。

呈现 10～15 个词语（如图 6－8 所示，词语可替换）。给学生 30 秒时间，让学生用自己的方式记住这些词语，将记住的词语在纸上写下来，顺序不计，数量多者获胜。

阳　光	小　鸟	玻　璃	科　学	实验室	抖　音	汉堡包
笔记本	钢　琴	计时器	专业书	沙　发	沙尘暴	老　虎

图 6－8　词语串串烧

4）九格调味盘。

呈现九宫格图片（如图 6－9 所示，图片可替换），给学生 30 秒时间识记。向学生提出以下问题：左下角是什么调料？中间是什么调料？左上角是什么调料？蒜蓉在哪里？辣椒油在哪里？等等。呈现正确答案，让学生数一数自己写对了几个，数量多者获胜。

图 6-9　九宫格图片

图片来源：https://image.baidu.com/.

(4) 分享感悟。

1) 教师导语（参考）：

“学习就是一个记住知识和运用知识的过程——这个过程就是一个记忆的过程。记忆力的好坏直接影响我们的学习效果，而记忆方法又对记忆效果起到了关键的作用。因此，在记忆的过程中，我们要根据记忆材料的特点，采取适当的技巧来提升记忆的效果。”

2) 学生分享。请四个小游戏中的优胜者分享记忆方法。

(5) 教师总结。

三、智力大冲浪（配合使用《成长手册》成长驿站六→成长训练营→活动三）

(一) 活动目的

培养学生的创新意识和发散思维能力，学会突破思维定式、走出认知盲区，在活动中产生心流体验。

(二) 活动时间

45～60 分钟。

(三) 活动步骤

(1) 放松训练。教师导语（参考）：

“同学们，在轻松愉快的情境中，人们往往能更好地发挥自己的能力，创新地解决问题。现在让我们先做一会儿白日梦，在白日梦中一起放松放松。”

播放轻音乐，让学生闭上眼睛，以舒服的姿势坐在座位上，做一会儿“白日梦”。可根据时间提出如下问题：你刚才“去”了哪里？“经历”了些什么？你在“白日梦”中是否经历了一些少见、奇妙或者美丽的东西？

(2) 热身游戏——举起大力士。在班级中选一名个头最大的学生，请他坐在讲台上的一张椅子上。其他学生分为 4 人一组，请一组学生上台合力将坐在椅子上的学生抬起来并保持 10 秒。要求：每个人只能动用自己的一到两根手指。

（3）创造力大比拼。

1）它能做什么？

将班级分为三大组，每一组分别从三样物品（铅笔、红砖、回形针）中选择一个，每位同学独立思考，在纸上尽可能写下该物品的用途。看看 5 分钟时间内三个小组分别是哪位学生写的最多。计时结束后数量多者获胜。请优胜者上台分享。

2）汉字变变变。

给学生 5～10 分钟，每位同学独立思考，在以下 10 个“十”字上加上笔画（最多不得超过 3 笔），使其构成新的字。速度最快者获胜，请优胜者上台分享。

十　　十　　十　　十　　十

十　　十　　十　　十　　十

3）相交的直线。

每两条直线相交都可以有 1 个交点。那么，3 条直线相交最多可以有几个交点？4 条直线相交最多可以有几个交点？5 条直线相交最多可以有几个交点？

给学生 5 分钟时间在纸上画出相应的图形，并加以说明。

4）“0”是什么？

班级学生 4～6 人为一组，给学生 5 分钟的时间讨论“0”可以代表什么，以小组为单位，讨论结束后写下答案。请每一组派一位代表上台分享。

（4）教师总结。

四、感受心流的力量（配合使用《成长手册》成长驿站六→成长训练营→活动四）

（一）活动目的

使学生对寻找并积极感受在学习中获得的心流，提高自我效能感。

（二）活动准备

轻音乐。

（三）活动时间

15～20 分钟。

（四）活动步骤

（1）教师导入。教师导语（参考）：

“请回顾近三到五年的生活，列举出你最喜欢做的一件事情、最想做的一件事情、一直坚持的一件事情。写一写这几件事情带给你的感受。”

（2）探索心流体验。引导学生在成长手册相应表格中填写信息。

（3）相互分享。

（4）教师总结。

成长加油站

一、图书、影音作品推荐

成长驿站六
图书、影音作品推荐

二、心理自测

（一）学业自我效能感测验量表

本量表共22个题目，每一道题目的答案都没有对错好坏之分，在回答每一个问题时请不要停留太长时间，请根据自己的实际情况作答。

1. 我相信自己有能力在学习上取得好成绩。（　　）

A. 完全不符合　B. 比较不符合　C. 有点符合　D. 比较符合　E. 完全符合

2. 我认为自己有能力解决学习中遇到的问题。（　　）

A. 完全不符合　B. 比较不符合　C. 有点符合　D. 比较符合　E. 完全符合

3. 和班上其他同学相比，我的学习能力是比较强的。（　　）

A. 完全不符合　B. 比较不符合　C. 有点符合　D. 比较符合　E. 完全符合

4. 我认为我能够在课堂上及时掌握老师所讲授的内容。（　　）

A. 完全不符合　B. 比较不符合　C. 有点符合　D. 比较符合　E. 完全符合

5. 我认为我能够运用所学知识来解决实际生活中的问题。（　　）

A. 完全不符合　B. 比较不符合　C. 有点符合　D. 比较符合　E. 完全符合

6. 和班上其他同学相比，我对所学科目的了解更广泛。（　　）

A. 完全不符合　B. 比较不符合　C. 有点符合　D. 比较符合　E. 完全符合

7. 我喜欢选择有挑战性的学习任务。（　　）

A. 完全不符合　B. 比较不符合　C. 有点符合　D. 比较符合　E. 完全符合

8. 我认为自己能够很好地理解书本上的知识及老师所讲的内容。（　　）

A. 完全不符合　B. 比较不符合　C. 有点符合　D. 比较符合　E. 完全符合

9. 我经常选择那些虽然难却能够从中学到知识的学习任务，哪怕需要付出更多的努力。（　　）

A. 完全不符合　B. 比较不符合　C. 有点符合　D. 比较符合　E. 完全符合

10. 即使我在某次考试中的成绩很不理想，我也能平静地分析自己在考试中所犯的错误。（　　）

A. 完全不符合　B. 比较不符合　C. 有点符合　D. 比较符合　E. 完全符合

11. 不管我的学习成绩好坏，我都从不怀疑自己的学习能力。（　　）

A. 完全不符合 B. 比较不符合 C. 有点符合 D. 比较符合 E. 完全符合

12. 学习时我总喜欢通过自问自答的方式来检验自己是否已掌握所学的内容。（ ）

A. 完全不符合 B. 比较不符合 C. 有点符合 D. 比较符合 E. 完全符合

13. 当我思考某一问题时，我能够将前后所学的知识联系起来思考。（ ）

A. 完全不符合 B. 比较不符合 C. 有点符合 D. 比较符合 E. 完全符合

14. 在阅读书本时，我完全能够理解它所讲的是什么意思。（ ）

A. 完全不符合 B. 比较不符合 C. 有点符合 D. 比较符合 E. 完全符合

15. 在阅读书本时，我能够将内容与自己已掌握的知识联系起来进行思考。（ ）

A. 完全不符合 B. 比较不符合 C. 有点符合 D. 比较符合 E. 完全符合

16. 我上课时总是能认真听讲，不会想其他的事情。（ ）

A. 完全不符合 B. 比较不符合 C. 有点符合 D. 比较符合 E. 完全符合

17. 我常常能准确地归纳出所阅读内容的主要意思。（ ）

A. 完全不符合 B. 比较不符合 C. 有点符合 D. 比较符合 E. 完全符合

18. 我总是在书本或笔记本上划出重点部分以帮助学习。（ ）

A. 完全不符合 B. 比较不符合 C. 有点符合 D. 比较符合 E. 完全符合

19. 当我为考试而复习时，我能够将前后所学的知识融会贯通起来进行复习。（ ）

A. 完全不符合 B. 比较不符合 C. 有点符合 D. 比较符合 E. 完全符合

20. 课堂上作笔记时，我总试图记下老师的每一句话，而不管它是否有意义。（ ）

A. 完全不符合 B. 比较不符合 C. 有点符合 D. 比较符合 E. 完全符合

21. 做作业时，我总力求回忆起老师在课堂上所讲的内容以便把作业做好。（ ）

A. 完全不符合 B. 比较不符合 C. 有点符合 D. 比较符合 E. 完全符合

22. 即使老师没有要求，我也会自觉地做一些课外的习题来检验自己对知识的掌握情况。（ ）

A. 完全不符合 B. 比较不符合 C. 有点符合 D. 比较符合 E. 完全符合

[计分与解释]（仅供参考）：

结果采用5点计分法（A为1分，B为2分，C为3分，D为4分，E为5分），总分为110分，得分越高，说明学习效能感越强。

量表来源：该量表由华中师范大学的梁宇颂、周宗奎（2000）编制，具有良好的信度和效度。

（二）多元智能量表

量表内共有80道题，请按照你的实际行为表现与题目相符的程度，给出分值：完全不符合的给1分，小部分符合的给2分，部分符合的给3分，大致符合的给4分，完全符合的给5分。

1. 词汇丰富，表达能力超出一般。（ ）
2. 喜欢思考、讨论科技或数学方面的问题。（ ）
3. 喜欢用图表来解释说明。（ ）
4. 肢体动作协调，姿态优雅。（ ）
5. 很喜欢关心、欣赏、谈论音乐方面的信息。（ ）
6. 到户外活动，能够细心地观察自然景物，喜好发问、思考。（ ）
7. 经常参加群体聚会活动。（ ）

8. 非常了解自己的优点和缺点。（ ）
9. 能准确记得自己读过的文章或听过的话。（ ）
10. 计算能力优异，数字感良好。（ ）
11. 空间目测能力良好。（ ）
12. 说话时，善于使用肢体和手势来表达意见及情感。（ ）
13. 很会唱歌、吹口哨、哼曲子或打拍子等。（ ）
14. 对大自然有浓厚的兴趣，很愿意关心、思考、从事有关大自然的事。（ ）
15. 朋友很多。（ ）
16. 会自觉地朝自己的目标努力，不需要外部的奖惩或约束来督促。（ ）
17. 表达生动有趣，善于描述、讲故事等。（ ）
18. 对数字、符号、概念等很敏感，抽象思维能力强。（ ）
19. 绘图能力优异，作品充满趣味。（ ）
20. 能运用多种多样的动作来表现一个事物。（ ）
21. 能随手运用生活中的器材来表现音乐。（ ）
22. 关注与大自然有关的书籍或电视节目。（ ）
23. 善于体察别人的情感。（ ）
24. 能够反思和改进自己的做事方式。（ ）
25. 阅读面很广，阅读理解能力很强。（ ）
26. 能用符号、比喻、概念等表达或简化复杂的意思。（ ）
27. 善用图像记忆、思考或表达知识或意思。（ ）
28. 运动感觉很好，偏爱在活动中学习。（ ）
29. 能用音乐来美化生活。（ ）
30. 关心、参与垃圾分类与废物处理事务。（ ）
31. 很了解别人对你的看法。（ ）
32. 独立性强，不依赖他人。（ ）
33. 对词句理解精确，能灵活运用俗语、成语或名句。（ ）
34. 善于归纳，善于得出结论。（ ）
35. 喜欢绘图、造型或者场景布置。（ ）
36. 善于运用肢体动作生动地模仿人、动物等。（ ）
37. 听觉很灵敏，能清晰地记得自己听过的语音、响声、曲子等。（ ）
38. 很会饲养小动物或种植花草树木。（ ）
39. 能积极地参与团体讨论。（ ）
40. 善于自我激励，不需要别人督促自己。（ ）
41. 说理能力良好，擅长辩论或演说。（ ）
42. 擅长推理，逻辑性很强。（ ）
43. 擅长美术鉴赏，对色彩、图形、光彩的感觉十分敏锐。（ ）
44. 能很快学会操作工具、机器等器具。（ ）
45. 乐感、节奏感很好，能很快学会一首歌曲或乐曲。（ ）
46. 尊重自然界的生命，很喜欢欣赏自然景物。（ ）

47. 能主动关心别人，善于为他人排忧解难。（　　）
48. 能理性地对待别人对自己的批评。（　　）
49. 说话、写作能够把握重点，有条有理。（　　）
50. 善于发现、分析问题，能找出问题的症结。（　　）
51. 能很快理解图表、地图、示意图等。（　　）
52. 能很快学会骑车、游泳、球类等新技能。（　　）
53. 唱歌或演奏乐器的能力很强。（　　）
54. 很了解名山、大川、古镇等，通晓各地风土人情。（　　）
55. 同伴总是很尊重、喜爱你。（　　）
56. 在亲属、同学、朋友等人群中，很清楚自己的地位与角色。（　　）
57. 喜好写作，善于用文字表情达意。（　　）
58. 思维方式灵活，能用多种方法解题。（　　）
59. 方位感很强，在陌生的地方能很快找到方向。（　　）
60. 能很快学会跳舞，表演出色。（　　）
61. 能够改编乐曲或歌曲。（　　）
62. 喜欢以大自然为主题的电影、音乐、摄影、美术或文学作品。（　　）
63. 很善于与别人合作。（　　）
64. 遇到不同的或陌生的场合，能很快知道自己该怎么做。（　　）
65. 对方言、外语等语言学得快而好。（　　）
66. 解决数理难题的能力很强。（　　）
67. 很会玩拼图、迷宫、积木等观察游戏。（　　）
68. 体育能力很强，是个优秀的运动员。（　　）
69. 音乐鉴赏能力佳，对乐曲、歌曲有独到的见解。（　　）
70. 关心和参与保护野生动物、水资源和其他自然环境。（　　）
71. 当与别人意见不同时，能有效地沟通、协调。（　　）
72. 面对团体压力，也能坚持自己正确的意见。（　　）
73. 常常自豪地谈论或展示你的作文或文艺作品。（　　）
74. 喜欢深入地探究各种问题。（　　）
75. 常常对自己到过的地理场景记忆犹新。（　　）
76. 善于制作、拆装玩具、航模等器具。（　　）
77. 有演出机会时，常常为大家演奏或演唱。（　　）
78. 喜好登山、远足、攀岩、露营、漂流、赏鸟等休闲活动。（　　）
79. 常被选为团队的领导。（　　）
80. 很清楚自己的个性和追求。（　　）

[计分与解释]（仅供参考）：

把你的分值填写在中对应的方格内。然后把每一列的计分加起来，就是这一列对应的智能总得分。

多元智能量表计分表

智能类型	语言智能		数学逻辑智能		空间智能		身体运动智能		音乐智能		自然观察智能		人际交往智能		自我内省智能	
每题得分	1		2		3		4		5		6		7		8	
	9		10		11		12		13		14		15		16	
	17		18		19		20		21		22		23		24	
	25		26		27		28		29		30		31		32	
	33		34		35		36		37		38		39		40	
	41		42		43		44		45		46		47		48	
	49		50		51		52		53		54		55		56	
	57		58		59		60		61		62		63		64	
	65		66		67		68		69		70		71		72	
	73		74		75		76		77		78		79		80	
合计得分																

量表来源：该量表依据多元智能理论编制，多元智能理论由哈佛大学发展心理学家霍华德·加德纳（Howard Gardner）教授提出，具有良好的信度和效度。

三、实践作业

（一）作业内容

制订一个月的学习计划，并找一位学习伙伴，相互督促。

（二）作业要求

（1）每日清晨，想一想下面两个问题：我今天要做什么？我要如何开始这一天？

（2）在表格中制订一个月之内的每周计划，并在每周结束后对自己的完成情况进行自评和同伴互评，满分 10 颗星。

成长驿站七
感恩生命，迎接希望

学习目标

素质目标

1. 珍惜生命、热爱生命。
2. 形成正确的生命观，把握好当下的生活。

知识目标

复述生命的意义及其特点，总结生活与生命的联系与区别。

能力目标

认识生命的意义，感恩于心，回报于行。

行为目标

珍惜时间，热爱生命，每天心怀爱、感恩和希望关爱自己，善待他人。

课前导语

在大学里，有时候一件小事会引发我们的联想，如有的同学打算考取技能等级证书，当别人都在休闲娱乐时，坐在书桌前学习的同学可能会想："我做的这些有意义吗?""生命中真正重要的是什么?""我要度过怎样的一生?"这些问题都涉及我们对自己生命意义的思考和探寻。本成长驿站将带领大家感悟生命的真谛，感恩身边的人，珍惜生命中的每一天。

第一站　探寻生命，寻找意义

安然日记

放寒假那天的场景仿佛就在眼前，我像往常一样迫不及待地回到了朝思暮想的家，爸爸妈妈早已为我炖了香喷喷的牛肉和排骨，奶奶还包了三鲜馅水饺，就盼着我回家呢。我用业余打工赚的钱给奶奶和爸爸妈妈买了礼物，他们高兴得合不拢嘴，那时的我可真幸福啊！可是，就在昨天，奶奶迟迟未出房间，爸爸强行打开房门后，却发现奶奶没了呼吸，医院诊断为急性心梗去世。想起为奶奶买的新外套她还留着过年穿，真是悲从中来，子欲养而亲不待……

成长困惑一

人生无常，我们无法挽留亲人的生命，如果你是安然，那么在奶奶生前的每一天，你能做些什么，多留些美好的回忆，少一些无奈的遗憾呢？请记录在《成长手册》（成长驿站七→第一站→成长困惑一）里，待上完本堂课之后再回头看看，是否有了答案。

成长导航

每一个生命来到这个世界上，都是一个偶然的美丽。从生命伴随着那声响亮的啼哭来到人间，每一个生命就成了爱的凝聚、情的相牵。从生命诞生的那一天起，所有的父母会突然之间意识到莫大的责任，并在享受到为人父母的喜悦、快乐之后，开始深刻地忧虑新生命的健康与成长，并全身心地投入与付出。从此，父母与孩子快乐与共，心手相连，成为不可分割的统一整体。这是刻骨铭心的记忆，是热切长久的期盼，是绵延浓重的情谊。“亲人”因此成为世界上最美妙、最深刻、内涵最丰富的词语，它凝聚了人世间最重的恩情，绽放着神圣的光芒。

一、了解生命的概念

（一）认识生命

生命构成了世界存在的基础，世界正是因为有了生命才精彩。从自然属性看，人的生命与动物相同，是自然给予的，遵循生物体的运行机理和规律，有生就有死，生命是有限的，非人的意志和意识所能支配。从社会属性看，人的生命已经超越了自然生命的有限性，获得了自我创造、自我规定的自为性。陶渊明《杂诗》第一首有云：“盛年不重来，一日难再晨。及时当勉励，岁月不待人。”鲁迅曾说过：“使一个人的有限的生命，更加有效，也即等于延长了人的生命。”

美国心理学家埃里克森认为，人要经历八个阶段的心理社会演变，这种演变称为心理社会发展，每一个阶段有这些阶段应完成的任务，并且每个阶段都建立在前一个阶段的基础之上，这八个阶段紧密相连（如表7-1所示）。

表7-1 心理社会发展的八个阶段

阶段	时期	获得	避免	体验
1	婴儿期（0～2岁）	信任	不信任	希望
2	儿童早期（3～4岁）	自主	羞怯、疑虑	意志
3	学前期（5～7岁）	主动	内疚	目的
4	学龄期（8～12岁）	勤奋	自卑	能力
5	青年期（13～18岁）	同一感	同一性混乱	重视
6	成年早期（19～25岁）	亲密	孤独	爱情
7	成年中期（26～50岁）	繁殖	停滞	关怀
8	成年晚期（51～死亡）	完美	失望、厌倦	智慧

（二）生命的结构

生命，特别是人的生命，由生物性生命、社会性生命和精神性生命三个因素构成。

1. 生物性生命

人是生物性的存在，生物性是人的生命的最基本的特征，衣食住行、吃喝拉撒是每一个人都必须具有的，生老病死也是每一个人无法逃避的。生物性生命是后两种生命的基础和载体，它是“1”，后面的都是“0”。

2. 社会性生命

社会性生命即人际生命，包括感觉社会、角色扮演、人际交往、求学择业、社会竞争等。每个人想要生存下去，就必须参与和融入社会活动中，在与人的沟通、交往和互动中保存自己的生命，追求自己生命的意义，实现自己生命的价值。这种生命如同人的躯体，背负着人生的诸多意义，承上启下，居于生命的中间状态，有着10倍于“1”的生命质量，更精彩、更灿烂。

3. 精神性生命

人之所以为人，就在于人有高于动物的意识活动，有超越生物性生命的精神世界。这种生命主宰着人生大义，为最高层次，至少有着100倍于“1”的生命质量，是人对于生命意义发自内心的追问，是人对生命价值的精神诉求。当生物性生命消失后，只要能够留给世界精神层面的痕迹，精神生命就在人类得以传承和发扬，即“精神不死”。

培根铸魂

谭千秋：用生命诠释“师者之魂”

在四川德阳市龙井公墓，有一座墓碑，在2008年“5·12”汶川大地震中为救学生而牺牲的谭千秋长眠于此。照片上，他面带微笑，仿佛从未远去。

那个下午，四川省德阳市汉旺镇东汽中学教师谭千秋正在给同学们上课，突然间课桌椅开始抖动，紧接着整间教室都剧烈摇晃起来。谭千秋意识到“地震了”，他立即紧急疏散学生，冲他们喊道：“快跑！”

东汽中学距离汶川地震震中仅30多千米，地震来临的几秒钟内，教学楼就在摇晃中开始坍塌。很多同学来不及跑出教室，砖石就开始掉落。谭千秋下意识地把离他最近的 4 名学生拉了过来，把他们藏在桌子底下，而他自己却趴在桌子上，用血肉之躯保护他们。

地震后，东汽中学成为一片废墟。第二天晚上，搜救人员搬开压在谭千秋身上最后一块水泥板时，所有人都被震撼了：他像雄鹰一样张开双臂，紧紧地趴在桌上，桌子下面蜷伏着 4 名学生，他们都幸存下来了。谭千秋用生命诠释了“师者之魂”。

1957 年出生于湖南衡阳的谭千秋，深信只有知识才能改变命运，他学习非常刻苦，村民都将他作为“勤学楷模”教育孩子。1978 年 3 月，谭千秋以优异成绩考入湖南大学政治专业学习；1982 年大学毕业后，学校准备让他留校任教。当学校领导征求他的意见时，他却主动请缨：“我要到祖国最需要的地方去！”

谭千秋毕业后，被分配到了四川绵竹东方汽轮机厂工作，先后在东方汽轮机厂的职工大学和东汽中学任教。在那里，他一扎根就是 26 年。他常对学生说：“做人最重要的是有社会责任感。”在地震中，他毫不犹豫，用生命践行了对学生的教诲。

谭千秋的女儿谭君子当时正在北京大学上学。得知消息后，她第一时间赶回家，却只见到了父亲的遗体。后来她说：“我虽然很舍不得父亲，但我更为他感到骄傲！”

如今，一座由湖南援建、以谭千秋名字命名的中学在地震灾区德阳旌阳区拔地而起，校园里的谭千秋雕塑令人肃然起敬。谭千秋走了，但“千秋精神”却仍在继续传承。

资料来源：李晓东，周洪双．谭千秋：用生命诠释“师者之魂”[EB/OL]．[2019-10-17]．https://m.gmw.cn/baijia/2019-10/17/33239228.html.

二、探寻生命的意义

美国积极心理学家塞利格曼指出，生命的意义是健康最有力的正向指标，生命的意义与个体身心健康具有密切联系。皮特森也指出，过有意义和有目的的生活被认为是积极心理健康的核心特征，是通往真正幸福的途径之一。如果体悟到了生活的意义，人的生命就会充满活力，就能充分体验到生活的幸福；否则就会觉得心灵空虚，感到精神苦闷甚至绝望。只有通过对生命的积极思考，个人才能努力实现自己给予高度评价的生命目标。

（一）生命的意义有助于人们理解生命的本质

人的生命是短暂的、有限的，人终有一死；人的生命又是独一无二的，有无限可能的。法国文学家托马斯·布朗曾说过：“你无法延长生命的长度，却可以把握它的宽度；你无法预知生命的外延，却可以丰富它的内涵；你无法把握生命的量，却可以提升它的质。”生命的有限性决定了它的宝贵性，我们要丰富生命的内涵，在无尽的可能性中选择自己、成为自己、超越自己，这也就是生命的本质。

趣味阅读

我心归处是敦煌

樊锦诗（如图 7-1 所示），浙江杭州人，1938 年出生于北京，在上海长大，是名副其实的江南闺秀。她的父亲樊际麟毕业于清华大学。樊锦诗自小家境优渥，读中学时，受父亲的影响，喜欢到博物馆看文物展览，对考古专业充满遐想，她被北大的学术氛围所吸

图 7-1　樊锦诗

引，报考了北京大学考古系，师从名师宿白、苏秉琦先生。大学跟随老师去敦煌实习，毕业分配就分到了敦煌。自此，就在敦煌留下，做了敦煌的守护人。樊锦诗说："一个人能拥有的只有现在，任何一个人，过的只是他现在的生命。"一个人做一件事不难，难的是无论对人还是对事一辈子都始终如一，这是最令人佩服和动容的地方。为了敦煌，樊锦诗和丈夫两地分居长达 19 年，两个儿子出生后都没有得到很好的照料，但她视敦煌石窟的安危如生命，扎根大漠，潜心石窟考古研究和创新管理，完成了敦煌莫高窟的分期断代、构建"数字敦煌"等重要文物研究和保护工程，整理完成敦煌石窟考古报告《敦煌石窟全集》。樊锦诗一生为敦煌莫高窟尽心尽力，被人们亲切地称为"敦煌的女儿"。在边远的西北大漠，在许多人望而却步或去了又离开的地方，是她用生命在坚持和守望，成就了如今的敦煌莫高窟，更成就了樊锦诗自己。2019 年国庆前夕，樊锦诗获颁国家荣誉称号勋章。

资料来源：中国青年报．樊锦诗：半生坚守心归处［EB/OL］．［2021-08-12］．https://baijiahao.baidu.com/s?id=1707871365744855617&wfr=spider&for=pc.

（二）生命的意义能够让人明白活着的理由

在任何处境中都能找到活下去的理由，是一个人心理健康的重要标志。司马迁在《报任安书》里曾记载，西伯姬昌拔拘禁而演绎《周易》；孔子受困厄才作出《春秋》；屈原被放逐，才写了《离骚》；左丘明失去视力，才有《国语》；孙膑被截去膝盖骨，《孙子兵法》才撰写出来；吕不韦被贬谪蜀地，后世才流传着《吕氏春秋》；韩非被囚禁在秦国，写出《说难》《孤愤》；《诗》三百篇，大多都是一些圣贤发愤之所为作也。他们的人生遭遇重大挫折，感情有压抑郁结不解之处，不能实现其理想，所以记述过去的事迹，使将来的人了解他的志向。就像左丘明失去了视力，孙膑断了双腿，终于不能被人重用，便退而著书立说，想留下文章来表露自己的本心，拓展生命的意义。

（三）生命的意义为人们提供追求幸福的路径

人人都渴望幸福的生活，于是大家都会问："什么样的生活是幸福的？""没有任何压力，没有任何努力，躺在床上快乐肥宅，就是真正的幸福吗？""你更在意当下的幸福，还是今后的幸福？"每个人对幸福的定义都是不同的，古希腊的大哲学家伊壁鸠鲁说："幸福就是肉体无痛苦，灵魂无纷扰。"伊壁鸠鲁认为，肉体的痛苦大部分是自然强加给人的，而精神上的痛苦则是人可以控制的，平和的心境可以帮助我们忍受痛苦。大文豪苏轼其实也和我们有一样的心境，他在一首《临江仙》中写道："长恨此身非我有，何时忘却营营。夜阑风静縠纹平。小舟从此逝，江海寄余生。"意思是说，我时常为身不由己而深深遗憾，何时能忘却名利纷扰，过上悠闲的日子？趁着这夜深、风静、江波坦平，驾起小船从此消失在红尘，泛游江河湖海度过余生。肉体上的痛苦不可避免，谁也没有办法。而当肉体上没有痛苦的时候，我们拥有平和的心境，遇事保持一颗平常心，也就是得到了幸福。

（四）生命的意义让人们在生命困境中看到希望

尼采曾经说过："知道为什么而活的人，几乎可以忍受一切。"那些知道自己的生命中，还有某项使命待完成的人，最有可能活下来。在美国“9·11”恐怖袭击事件后进行的心理调查中发现，生命意义的存在有助于缓解创伤后应激反应症状，越觉得自己生命有意义的人，在创伤性事件后恢复和生活得越好。而那些被诊断患有癌症的患者，如果感觉到自己生命的更多意义，其感知到的痛苦也会减少。从困境中寻找意义有助于让人们在生命中看到希望。

趣味阅读

无腿蛙王的重生之路

在2008年汶川大地震中，北川中学有位幸存高中生——代国宏。地震时班里很多老师、同学在教学楼坍塌的一瞬间走了，离他最近的同桌整个身体被压在横梁下，奄奄一息地说：“代国宏，你出去后一定要告诉我的爸爸妈妈，我特别想念他们，你一定要出去。”被救出后，代国宏昏迷了两个多月，醒来的时候发现因截肢手术没有了双腿，原本1米74的身高到只有一米出头，他曾经一度消沉。经历过死亡的边缘，他说：“人生一世，有些事会忘记，也有些事会永远铭记，就像我永远不会忘记自己生命的18岁。”

为了让代国宏的身体恢复，医生建议他去学游泳。第一次下水的代国宏，尽管十分慌张，尽管一次又一次地呛水，尽管完全没有办法掌握平衡，但是他还是非常享受这种在水中的感觉，因为他在游泳中感受到了他曾经失去的一样东西，一样重要的东西——自由，“这是失去双腿后，我第一次能够用自己力量决定前进的方向。”他疯狂地练习，这一次他不需要别人推行，他下定决心重新找回属于自己的人生！

2010年，第一次参加全国残疾人游泳锦标赛，代国宏就获得百米蛙泳冠军，随后在大大小小的赛事中，先后获得九次冠军，被称为“无腿蛙王”（如图7-2所示）。游泳给他带来的变化，其实最大的还是内心上的。他说：“我非常享受在泳池里得到的自由，包括收获的荣誉，这一切都让我更加自信，更有信心做更多想做的事。”2015年退役时，代国宏并不知道下一步自己能怎么走。“你可以做生命教育，你的经历是活教材。”一位朋友的话提醒了他。于是，他与女友成立了北川知言文化传播公司，为学校、企业提供生命教育课程。请他讲课的邀请络绎不绝，他甚至受邀到北大、清华，给学生们分享自己的经历。如今，他们在温江买了房，和普通人一样过着赚钱养家还房贷的平静生活。

图7-2　“无腿蛙王”代国宏

回忆起10年前，被埋在废墟瓦砾中的黑暗角落里独自坚持的日子。代国宏说：“只有活下来，一切才会那样美好。”

资料来源：中国新闻网. 无腿蛙王的重生之路：只有活下来 才会那样美好[EB/OL]. [2018-05-01]. https://www.chinanews.com.cn/sh/2018/05-01/8503643.shtml.

人最宝贵的就是生命，人类的延续、人类的灿烂、事业的辉煌都因为生命的存在才得以成为可能与现实。舍弃自己的生命和漠视他人的生命，一切都无从谈起。

生命教育是指对个体从出生到死亡的整个过程中，通过有目的、有计划、有组织地进行生存意识熏陶、生存能力培养、生命价值提升，最终使其生命质量充分展现的活动过程。该教育通过各种教育活动，引导学生思考生与死的生命课题，以积极的态度面对生活中的失落与痛苦，培养学生对自然、对自己、对他人、对社会的关爱情怀，提高学生对生命及其存在价值的认识。

三、社会支持及作用

通常而言，人们很难将死亡与青春年少、风华正茂的大学生联系在一起。但是，近年来，大学生自杀的事件屡有发生。一个鲜活的生命的消失，既让家人痛苦、朋友悲伤，也使国家多年的培养毁于一旦。著名文学大师罗曼·罗兰说过："世界上只有一种英雄主义，那就是了解生命而且热爱生命的人。"当代的大学生处于一个经济高速发展、竞争激烈的社会，他们面临着来自家庭、学校、社会各方面的压力，一时之间难以应对。而大学生正处于由不成熟转向成熟的重要过渡阶段，心理上很容易有波动，遇到问题情绪会不稳定，如果他们在面对这些挫折、压力、竞争时不能以一种健康的心态来应对的话，就会陷入忧郁、自闭和绝望中，这时有的学生就会走向极端，自己结束自己的生命。

那么，当代大学生应如何珍惜生命、善待生命，把握好生命的每一天呢？这就要大学生自觉地提高自身心理素质修养，提高对逆境的忍受力，寻求社会支持。当你身处逆境、压力重重之时，你最需要的是什么呢？相信亲朋好友亲切的问候、深切的理解和热情的帮助是每一个人都热切渴望的。这些问候、理解和帮助实际上就是心理学中所说的社会支持，它对于个体的身心健康有着十分重要的意义和作用。

社会支持包括以下几类：首先是来自亲人的支持。父母、兄弟姐妹等亲人的支持，这是个体最基本、最重要的社会支持源泉。和睦的家庭、温暖的亲情足以帮助人消除心灵的疲倦，顶住外界的种种压力。其次是来自朋友的支持。每个人都有一些知心的朋友，当遇到种种不快的时候，不妨向他们倾诉和求助。最后是来自社会的支持。社会是一个大家庭，一方有难，八方支持。全社会都要为学生的健康成长努力，为他们营造健康的生存空间，用正面的舆论宣扬生命的价值，使生命教育在潜移默化中影响学生，达到生命教育的目的。

趣味阅读

用上所有的力量

星期六上午，一个小男孩在他的玩具沙箱里玩耍。沙箱里有一些玩具小汽车、敞篷货车、塑料水桶和一把亮闪闪的塑料铲子。在松软的沙堆上修筑公路和隧道时，他在沙箱的中部发现了一块巨大的岩石。

小家伙开始挖掘岩石周围的沙子，企图把它从泥沙中弄出去。他是个很小的男孩，岩石却相当巨大。手脚并用，似乎没有费太大的力气，岩石便被他连推带滚地弄到了沙箱的边缘。不过，这时他才发现，他无法把岩石向上滚动、翻过沙箱。

小男孩下定决心，手推、肩挤、左摇右晃，一次又一次地向岩石发起冲击，可是，每当他刚刚觉得取得了一些进展的时候，岩石便滑脱了，重新掉进沙箱。

小男孩只得哼哼直叫，拼出吃奶的力气猛推猛挤。但是，得到的唯一回报便是岩石再次滚落回来，并砸伤了他的手指。

最后，他伤心地哭了起来。这整个过程，男孩的父亲从起居室的窗户里看得一清二楚。当泪珠滚过孩子的脸庞时，父亲来到了他跟前。

父亲的话温和而坚定："儿子，你为什么不用上所有的力量呢？"

垂头丧气的小男孩抽泣道："但是我已经用尽全力了，爸爸，我已经尽力了！我用尽了我所有的力量。"

"不对，儿子，"父亲亲切地纠正道，"你并没有用尽你所有的力量。你没有请求我的帮助。"

父亲弯下腰，抱起岩石，将岩石搬出了沙箱。

资料来源：http://wenda.so.com/q/1380817099063757.

四、理解生命的终结

中国人的传统是忌讳提到死亡的。死亡是一种自然规律，令人害怕但又无法回避。然而，人正是因为对死亡的恐惧才会更加留恋、珍惜生命。《西藏生死书》作者索甲仁波切说："只有当我们学会面对死亡，我们才能学会生命中重要的课题——生为一个人，在最深层的意义上，如何面对自己并与自我达成协议。"

什么是生命，生命为什么来之不易？什么是死，死对周围的人意味着什么？通过对这两个问题的思考，可以使学生认识到生的可贵，珍惜生命，避免一旦遇到挫折就轻弃生命。

有这样一个故事：有一段时间，青少年流行养电子宠物，有一个孩子，养了一只鸡，定时给电子鸡喂食、放风，还挺认真的。如果给小鸡喂过多的食物，小鸡就会撑死，可是孩子只要一摁按钮，小鸡就又活了，他又能开心地玩下去。有一天，这个孩子因为一点小事居然把同学给捅死了，他对警察说："我没想到同学会死，我以为他像电子鸡一样，只要一摁按钮就能活过来呢。"这个孩子对生命的认识存有多大的误区，他竟然不知道人的生命只有一次。

正如中国公安大学李玫瑾教授所言，在感叹生命的美丽之时，"我们是否把生命的真相与意义告知过孩子。我们是否告诉过他们，这个世界上最伟大的奇迹都是生命活动的痕迹，从思想名著到令人陶醉的音乐，从让全世界受益的电的发明到生命起源的科学探索……生命是如此美好而神奇"。同时，我们是否还告诉过他们，生命的成长不会是一帆风顺的，其间有困苦、有曲折、有磨难，但困苦成就了生命的坚韧，曲折丰富了生命的底蕴，磨难强大了生命的力量。

古往今来，多少伟大的人生就是这样造就的。司马迁在《报任安书》中写道："人固有一死。或重于泰山，或轻于鸿毛，用之所趋异也。"虽然同为一死，但价值不同，分界也在于义。庄子在《让王》一篇中，用十五则寓言来阐释：要重生轻利，要珍惜生命。庄子对死毫无顾忌，却非常珍惜自己的生命，将就"养生"，尊重客观规律，顺其自然，过完天赋寿命。魏晋名士嵇康"厌世"，不愿与当权者合作，却不"厌生"，隐居山野，打铁为生，非常爱惜自己的生命，并写过《养生论》。

同时，我们还应注意到，生命其实也很脆弱。一次不小心，一场突如其来的意外，一个无法原谅的恶念，或侵入肌体、心灵的疾患等，都有可能让生命的花朵在瞬间凋落，造成情感的重创甚至难以愈合的创伤。因此，珍爱生命，呵护生命，是一个连续不断的过程，需要时刻注意并小心翼翼，才能使生命获得较为完美的历程。

第二站　感恩于心，幸福生活

安然日记

为了缓解父母的经济压力，我课余时间经常打工，平时吃饭都维持在“吃饱就行”的水平，经常是多吃馒头少吃菜。两周前，我经常光顾的餐厅窗口老板问我愿不愿意在用餐高峰时段给帮忙卖饭，报酬是可以管我吃好、吃饱。我感激老板的善良，干活儿也特别卖力，省下了一大笔开销。昨天辅导员告知我获得了 3 300 元的国家助学金，用于资助我更好地学习。我立刻向父母汇报了这个好消息，一家人都特别高兴。我也更加坚定了努力学习、感恩学校、报效祖国的想法。

成长困惑二

在日常生活中，你经历过帮助别人或受人帮助的事情吗？如果你经历这样的事情，会有什么样的感受？请记录在《成长手册》（成长驿站七→第二站→成长困惑二）里，待上完本堂课之后再回头看看，是否有了更多的感触。

成长导航

生命是上天赐给我们每个人的独特礼物，我们对生命的历程应始终报以感恩的态度。《增广贤文·朱子家训》有云：“滴水之恩，当涌泉相报。”《诗经》有云：“投我以木桃，报之以琼瑶。”这些至理名言在我国民间广为流传，随时提醒我们珍惜现在拥有的，发现生活中的感动，培养感恩的生活态度。

趣味阅读

曹德旺：做慈善不仅仅捐款这么简单

曹德旺：“人生两件事，一件是做事，整合资源抓住机会，做企业赚钱；另外一件就是做人，慈善是磨炼自己的心性，让我学会做人。”

曹德旺是福耀玻璃创始人，人称“玻璃大王”。目前，福耀玻璃的市场份额占到整个汽车玻璃行业的 70%，是当之无愧的行业老大。曹德旺小时候家境贫穷，9 岁才上学，14 岁就退学了，先后放过牛、修过自行车、拉过板车、跟着爸爸起早贪黑做过水果生意，可谓吃尽苦头，还经常饿肚子。1983 年，曹德旺承包了高山异型玻璃厂，后来又贷款入股了这个工厂，开始了自己的企业家之旅。曹德旺极具商业经营的天赋，工厂在他手里办得风生水起。之后，曹德旺成立福耀玻璃，专注于汽车玻璃市场，他的客户遍布全球各国汽车制造企业，包括全球前二十大汽车生产商，如丰田、大众、福特、现代等，以及中国前十大乘用车生产商，如上汽通用、上海大众、北京现代、东风日产等。谈到自己的企业，曹德旺充满自信："目前我的市场份额已经达到70%，不在乎第二名是谁，和我竞争的五家公司，加起来利润还没我的多。"

曹德旺的商业之路虽然精彩，但是更令人尊敬是他的慈善事业。曹德旺的个人财富在富豪榜上并不靠前，但他捐过的钱却是国内企业家里数一数二的。早在1983年刚承包连年亏损的玻璃厂时，他的小学老师就上门请求他捐赠添置新课桌，他二话没说就掏了2 000元。从那个时候开始，曹德旺就一直在做慈善，回报社会，成为中国慈善排行榜上的常客。2009年，曹德旺宣布将家族所持公司股份的70%用于慈善，被称为中国"裸捐"第一人。目前，他总捐款的数额已经超过160亿元。新冠肺炎疫情发生不久，曹德旺率先捐了1.4亿元，在此期间，曹德旺还通过福耀集团在海外的资源，从各国购买了242万件物资，价值超过1 000万元。

慈善不仅仅是捐款那么简单。要把钱花到最需要的地方，做出真正的效果，需要花费很多的心力。曹德旺对于慈善事业非常用心，他不仅仅付出金钱，更付出大量的时间和心力。他把慈善当成一个个项目来做，要保证效果和效率。对很多扶贫的项目，曹德旺都会亲自去到地方一线考察，和政府一起制定扶贫方案，确保扶贫效果。

2010年，西南5省发生严重自然灾害，曹德旺向中国扶贫基金会捐赠2亿元善款，用于灾区贫困农户的生活保障。曹德旺提出一个条件："基金会必须在半年内将救助款全部发放到位，时间紧，但准确率不能降低，差错率必须控制在1%以下。同时，基金的管理费必须保证在3%以内。"很多人称之为"史上最苛刻的捐款条件"。

曹德旺认为做慈善一定要有一颗平常心，要用平等心去做。对于救助群体，要把他们作为平等的群体来对待，尊重他们，理解他们的需求，帮助别人不能高高在上，居高临下，做慈善是给自己一个帮助人的机会。没有需要帮助的人，你到哪里去积功德呢？他说："慈善不仅仅是捐款，更不要伤到别人的自尊，做慈善是磨炼自己的心性，提高自己的德行，德行越厚，所能承载的成就也就越大。"

资料来源：https://baijiahao.baidu.com/s?id=1697574689745372024.

一、感恩的意义

中国是历史悠久的文明古国，感恩是中华民族的优秀传统美德之一。《本草纲目·禽部》载："慈乌：此鸟初生，母哺六十日，长则反哺六十日。"乌鸦反哺、羊羔跪乳的故事在民间代代相传，深入人心。感恩，就是对自然、社会和他人给予自己的恩惠和帮助的由衷认可、心存感激，并通过自己十倍、百倍的付出，用实际行动予以真诚回报，是每一位不忘他人恩情的人萦绕心间的情感。清华大学社会科学学院院长彭凯平教授说："感恩之心不是通常意义上的报答，不是情感回报，更不是义务和责任。它指的是我们对自己拥有的事物和受惠经历的一种欣赏、一种快乐、一种积极主动的体验。"

研究表明，感恩是心理健康的关键。常怀一颗感恩的心能让人们感到更加幸福，拥有更好的人际关系，感恩也甚至有对抗抑郁和自杀想法的潜力。感恩的意义体现在以下几个方面：

（一）感恩使人知足

俗语说，知足常乐。老子说，知足者富。只有知恩、感恩、谢恩，才会懂得知足。

（二）感恩使人与环境融洽和谐

感人之恩，必不与人争；感人之恩，必与人为善。一个知恩、感恩的人，他的生活环境必定是完美的，使他幸福平安的。研究发现，感恩对人类的健康有大约9%的贡献；孤独的人更容易患疾病，因为孤独的人和他人几乎很少有交流。而感恩可以帮助我们构建与他人的关系，产生更多有意义的交流和积极的情绪，从而减少孤独，疾病也会更少。

（三）感恩使人成长

感恩是一种学习态度，从别人所做的“一切”当中去体验和学习做人之道、处世之道，从而不断地使自己变得越来越完美。俗话说，没有最美，只有更美。人生的使命，就是使自己不断变得更完美。

（四）感恩是对社会和谐的一种贡献

感恩使被感恩的人感受到自己的价值，进而以人为本、与人为善，共同营造出一个完美的社会环境。

（五）感恩对身体健康有所帮助

已有研究将感恩和一系列益处联系在一起，包括减少身体各处疼痛、提高睡眠质量、降低心脏病发率等。心理研究者杰夫·霍夫曼表示，感恩能使人充满活力。已有越来越多的研究表明，感恩不仅能带来好心情，更能使人身体健康。

（六）感恩逆境能帮助我们更好地面对未来

樊富珉教授认为，对逆境的感恩也十分重要，学习用一个新的角度去看待逆境，从中吸取力量，可以帮助我们用更好的心态面对未来。

由上可知，感恩最大的受益人首先是感恩者自己。感恩深深滋养着一代代人，感恩之心对人的身体健康与心理健康都有好处。

培根铸魂

吃水不忘挖井人

瑞金城外有个村子叫沙洲坝。毛主席在江西领导革命的时候，在那儿住过。

一天，毛主席看见一个老乡挑着浑浊的水往家里走，就问：“老乡，这水挑来做什么用呀？”老乡回答说：“吃呀！”毛主席疑惑地问：“水这么脏，能吃吗？”老乡苦笑着说：“没法子，再脏的水也得吃呀！”毛主席又问：“是从哪里挑的？”老乡回答：“从塘里挑的。”毛主席请老乡带他去看看。走了一阵，只见一个不大的水塘，杂草丛生，池水污浊。全村人洗衣、洗菜、吃水全在这里。毛主席关切地问：“能不能到别处挑水吃？”老乡摇摇头，说：“我们沙洲坝就是缺水呀！挑担水要走好几里路。”毛主席皱了皱眉头，若有所思地走了。

第二天，毛主席找来村里人一起商量挖水井的事。大家一起勘察水源，选择井位。井位确定后，毛主席挽起衣袖，卷起裤腿，带头挖了起来。于是，大伙挖的挖，铲的铲，干得热火朝天。在挖井的日子里，毛主席和临时中央政府的其他领导人，一有空就到工地参加劳动。经过十几天的奋战，水井挖成了，沙洲坝的人民终于喝上了清澈甘甜的井水。群众激动地说：“我们从来没有喝过这么甜的水，毛主席真是我们的大恩人！”

后来，为了表达对毛主席的感恩和思念，沙洲坝人民在井旁立了一块石碑，上面刻着：“吃水不忘挖井人，时刻想念毛主席！”

资料来源：https://www.163.com/dy/article/CQ3MGN4K05249BAC.html.

二、感恩于心，回报于行

感恩是一种生活态度，是一种美德。感恩应该是社会上每个人应该遵守的基本道德准则，是做人的基本修养，也是人之常情。对大学生而言，感恩意识绝不是简单回报父母的养育之恩，它更是一种责任意识、自立意识、自尊意识和健全人格的体现。

有位哲学家说过，世界上最大的悲剧或不幸，就是一个人大言不惭地说没有人给过自己任何东西。大学生应该学会知恩、感恩，父母的养育之恩，老师的教育之恩，社会的关爱之恩，军队的保卫之恩，祖国的呵护之恩……从家庭、学校开始，学会尊重他人。以平等的眼光看待每一个生命，尊重每一份平凡普通的劳动，也更加尊重自己。经常怀着感恩之心，才会心地坦荡，胸怀宽阔，自觉自愿地给人以帮助，助人为乐。

三、感恩父母，养育了我

父母给予我们生命，让我们健康成长，父母的关爱是最无私的。我们在父母无微不至的关怀中茁壮成长，父母不知为我们花费了多少心血与汗水。

“身体发肤，受之父母，不敢毁伤，孝之始也。”无论是对自己还是对他人，热爱生活，捍卫生命，是最深刻的孝道；忽视生命，是对生命价值的漠视，对亲情的摧残，是不负责的表现。人应有尽孝之念，从现在开始就要从身边的小事做起，去感恩父母、回报父母。为父母做一些力所能及的事情：在父母生日时献上一句祝福和一张卡片；在父母劳累时为他们揉揉肩、捶捶背；帮父母洗碗、扫地、叠衣服；与父母多说说知心话，多交流；有事就要让父母知道，不要让他们担心；远在他乡时，给父母打上一个电话，捎上一句祝福……

趣味阅读

一碗馄饨

一个女孩跟妈妈又吵架了，一气之下，她转身向外跑去。

女孩走了很长时间，看到前面有个面摊，这才觉到肚子饿了。可是，女孩摸遍了身上的口袋，连一个硬币也没有。面摊的主人是一个很和蔼的老婆婆，她看到女孩站在那里，就问：“孩子，你是不是要吃东西？”“可是，可是我，可是我忘了带钱。”女孩有些不好意思地回答。“没关系，我请你吃。”老婆婆说。

老婆婆端来一碗馄饨和一碟小菜。女孩满怀感激，刚吃了几口，眼泪就掉了下来，落在碗里。“你怎么了？”老婆婆关切地问。“我没事，我只是很感激！”女孩忙擦眼泪，对老婆婆说，“我们不认识，你却对我这么好，愿意煮馄饨给我吃。可是我妈妈，我跟她吵架，她竟然把我赶出来，还叫我不要回去！”

老婆婆听了，平静地说道：“孩子，你怎么会这么想呢？你想想看，我只不过煮了一碗馄饨给你吃，你就这么感激我，那你妈妈煮了十多年的饭给你吃，你怎么不感激她呢？你怎么还要跟她吵架呢？”

女孩愣住了。

女孩匆匆吃完了馄饨，开始往家里走去。当她走到家附近时，一下子就看到了疲惫不堪的母亲正在路口四处张望……母亲看到她，脸上立即露出了喜色：“赶快过来吧，饭早就做好了，你再不回来吃，菜都要凉了！”

这时，女孩的眼泪又掉了下来……

有时候，我们会对别人给予的小恩小惠“感激不尽”，却对亲人一辈子的恩情“视而不见”。

资料来源：http://wenda.so.com/q/1366827436062392?src=130.

四、感恩老师，教育了我

每个人的成长和成才，都离不开老师的培养；社会的每一点进步和更新，无不饱含着老师的辛劳和奉献。在人生的十字路口，是老师向学生伸出了热情的双手，使学生在彷徨中坚定，在思索中清醒。在人生的旅途中，是老师丰富了学生的心灵，开发了学生的智力，为学生点燃了希望的光芒，给学生插上了理想的翅膀，使其遨游在知识的海洋里。

古人云：“一日为师，终身为父。”三尺讲台，三寸舌，三寸笔，三千桃李。十年树木，十载风，十载雨，十万栋梁。

有人说：“疼爱自己的孩子是本能，而热爱别人的孩子是神圣。”老师所给予的爱恰恰就是这种神圣之爱。教育没有爱就成了无水之池，老师用自己的汗水辛勤耕耘，不断浇灌一朵朵美丽的心灵之花。高尔基曾说过：“爱孩子是母鸡也会做的事，但要善于教育他们，这就是国家的一件大事了，这需要才能和渊博的生活知识。”作为学生，我们每一个人都要由衷地感激老师为我们所付出的一切。

培根铸魂

张桂梅和无法复制的华坪女高

张桂梅（如图7-3所示）是云南省丽江华坪县女子高级中学的创始人和现任校长。她用12年的光阴，在云南大山里创造出近些年最伟大的“教育奇迹”，张桂梅是这个时代的楷模。

她是孩子口中慈爱又严厉的“张妈妈”，是将全部心血倾注在教育事业上的“燃灯校长”。

“只要还有一口气，我就要站在讲台上，倾尽全力、奉献所有，九死亦无悔！”这是怒放的生命，这是无言的奉献。扎根贫困山区40多年，张桂梅以弱小的身躯，托起了大山女孩们的希望和梦想。为筹款办学，她曾连续几个假期去云南昆明的街头募捐；她每天5点多第一个来到教学楼，直到深夜学生都已入睡才回到宿舍；长年累月的过度操劳，使她患上了骨瘤、血管瘤、肺气肿等20多种疾病，但她并没有退却……日复一日，她用平凡的坚守书写不凡。她是崖畔的桂，雪中的梅。

图7-3　张桂梅

有人不解，没有子女，没有财产，张桂梅如此拼命图的是什么。用她自己的话说，当听到学生大学毕业后能为社会做贡献时，她觉得值了。教书育人的朴素心愿，正是支撑她坚持到底的不竭动力，豁出命来也要改变贫困山区女孩的命运。“捧着一颗心来，不带半根草去。”像张桂梅一样的乡村教师还有很多，一个个感人的故事，宛如一座座灯塔，指引着孩子们前行的方向，激励着更多教育工作者在前行的路上坚守初心、照亮他人。

在“张妈妈”筹办的云南省丽江市华坪女子高级中学，一段誓词震撼人心：“我生来就是高山而非溪流，我欲于群峰之巅俯视平庸的沟壑。我生来就是人杰而非草芥，我站在伟人之肩藐视卑微的懦夫！”在誓言的感召下，越来越多的孩子不认命、不服输，走出山区，回报社会，把张桂梅身上的精神之光传递下去。

资料来源：马若虎．张桂梅：燃一盏灯，让学生们眼前有光［EB/OL］．［2021-07-21］．https://article.xuexi.cn/articles/index.html?art_id=17104255428111013758&item_id=17104255428111013758&to_audit_timestamp=2021-07-21%2016%3A16%3A33&study_style_id=feeds_default&t=1631176624460&showmenu=false&ref_read_id=b7d93359-9a45-4b0c-907e-c33eb4584221_1638863796366&pid=&ptype=-1&source=share&share_to=wx_single.

学生感恩老师，老师要的回报就是学生每天的进步和将来的成就。课堂上，一道坚定的目光、一个轻轻的点头，证明了你在全身心投入，专心致志地听讲，这便是感恩；学生知错就改，接受老师的批评教育，这也是感恩；学生积极进取，尊重老师的劳动成果，这依然是感恩。当然，认真地完成每次作业，积极地举手发言，认真地思考，主动地参与，靠自己的努力换来理想的成绩，取得更大的进步，获得更好的发展，这便是对老师辛勤工作的最好回报，也是老师最大的欣慰。同时，学生在知识上、感情上理解老师、体贴老师，这更是对老师谆谆教诲的最大肯定，也是老师最快乐的满足。身边的这些点点滴滴包含的正是学生对老师的尊重和肯定，对自己健康成长的尊重和肯定。

五、感恩祖国，呵护了我

我们要感恩祖国。新中国成立后，在中国共产党的领导下，全国人民团结一心艰苦奋斗，经过几十年的共同努力，我国的经济实力飞速发展，人们生活水平发生了质的飞跃。感恩祖国，让我们在这片神州大地上健康快乐地成长，祖国军事力量的强大，所以我们安全无忧；祖国有完善的社会保障，所以我们生活无忧；祖国有高速发展的科技成果，所以我们对未来充满希望；因为有强大的祖国，我们才能挺起胸膛，面向世界，展示中国风采。

培根铸魂

他们是为我而死

2021年2月，微博“他们是为我而死”这个热搜一天阅读就高达12亿，引发关注：“他们是为我而死。黄昏将至，我吃着白米饭，喝着快乐水，想不通这些身强体壮的士兵为什么会死。我在深夜惊醒，突然想起，他们是为我而死！”

是的。年轻力壮的士兵，为什么忽然成了英灵？因为他们要保护每一寸中国土地，每一个中国人。他们，是为你我而死。我们应该知道，我们应该铭记。

这里的“我”，不是别人，正是看文章的你，每一个中国人。很多人可能不知道，2020年6月，出了一件大事，在中国和印度的边境线，发生了一次激烈打斗。印军约600人带着狼牙棍、盾牌，越过边境线，蓄谋来犯。中国约10名解放军前去谈判，结果对方大打出手。中方增援力量随后赶到，漆黑的夜里，双方进行了五六个小时的肉搏战。最后，解放军以几十人的兵力，用棍棒和石块，把600个印度兵打得抱头鼠窜。据估计，印军约有20多人丧生，近50人被俘，100人受伤。而不幸的是，中国也有4位军人牺牲，一位团长身负重伤。

你还记得吗？

2001年4月1日，美国侦察机侵犯我国南海领空，导致中美撞机事件，飞行员王伟牺牲。他最后的通话记录无数次被人们想起：“这里是81192，我是驾驶员王伟，我已无法返航，请你们继续前进！”如今，祖国越来越强大，但边关从不安宁。如果你觉得太平，那是因为几十万边关将士在艰苦驻守，在流血牺牲。

你还记得吗？狼牙山五壮士、白刃格斗英雄连、刘老庄连、董存瑞、邱少云、黄继光等无数英雄群体和革命先烈，用生命诠释了一往无前的英雄气概。他们舍生忘死，我们无法患难与共，唯有表达最真诚的敬意，敬英雄赤胆忠心，敬英雄舍命为国，敬英雄饮冰难凉的热血，敬英雄拼尽全力的守护！

资料来源：https://www.thecover.cn/news/7011353.

中国特色社会主义新时代，广大青年积极投身伟大斗争、伟大工程、伟大事业、伟大梦想波澜壮阔的实践，坚持守正创新、踔厉奋发，全面深化自身改革，青年们在党和人民最需要的时刻冲得出来、顶得上去，展现出自信自强、刚健有为的精神风貌。“清澈的爱，只为中国”，成为当代中国青年发自内心的最强音。伟大梦想，伟大使命，广大青年自觉担当重任，深入基层一线，让青春在实现中华民族伟大复兴的中国梦中绽放异彩，为党和国家事业取得历史性成就、发生历史性变革贡献了青春、建立了重要功勋。

培根铸魂

我骄傲，我是中国人

王怀让

在无数蓝色的眼睛和褐色的眼睛之中，
我有着一双宝石般的黑色眼睛，
我骄傲，我是中国人！
在无数白色的皮肤和黑色的皮肤之中，
我有着大地般黄色的皮肤，
我骄傲，我是中国人！
我是中国人——
黄土高原是我挺起的胸脯，
黄河流水是我沸腾的血液，

长城是我扬起的手臂，
泰山是我站立的脚跟。
我骄傲，我是中国人！
我是中国人——
我的祖先最早走出森林，
我的祖先最早开始耕耘，
我是指南针、印刷术的后裔，
我是圆周率、地动仪的子孙。
在我的民族中，
不光有史册上万古不朽的
孔夫子、司马迁、李自成、孙中山，
还有那文学史上永远活着的
花木兰、林黛玉、孙悟空、鲁智深。
我骄傲，我是中国人！
我是中国人——
在我的国土上，
不光有雷电轰击不倒的长白雪山、黄山劲松，
还有那风雨不灭的井冈传统、延安精神！
我是中国人——
我那黄河一样粗犷的声音，
不光响在联合国的大厦里，
大声发表着中国的议论，
也响在奥林匹克的赛场上，
大声高喊着“中国得分”！
当掌声把五星红旗送上蓝天，
我骄傲，我是中国人！
我是中国人——
我那长城一样的巨大手臂，
不光把采油钻杆钻进外国人预言打不出石油的地心，
也把通信卫星送上祖先们梦里也没有到过的太空！
当五大洲倾听东方的时候，
我骄傲，我是中国人！
我是中国人——
我是莫高窟壁画的传人，
让那翩翩欲飞的壁画与我们同往。
我就是飞天，
飞天就是我。
我骄傲，我是中国人！
资料来源：https://baike.so.com/doc/1333604-1409947.html.

珍惜现在的拥有，增强奉献意识和社会责任意识，懂得回报社会，从身边的小事做起，从身边的点滴做起。实现中国梦，需要我们加强自身的学习，增强自身的素质，提高实现梦想的能力；要加强对理论知识、文化知识、专业知识的学习，树立终身学习的理念，不断提高自己认识问题、解决问题的能力，脚踏实地地做好自己的事情；要发挥自己的先锋模范作用，以自己的实际行动感染更多的人，用自己的热情来带动更多的人。

感恩是一种美德，只有会感恩的人才能承担责任。静下心来仔细想想，生活中值得自己感恩的人、事、物还真的不少。学会感恩，不要总是抱怨命运不够好，得到的不够多，物质不够丰富，总是拿自己和别人做比较，愤然于别人丰富而自己贫穷，别人快乐而自己忧伤，别人幸福而自己孤独。也许真的并不是我们得到的太少，而是我们的心越来越不满足了。只要我们永远怀着一颗感恩的心去生活，就会发现生活的美好、世界的美丽，就会永远快乐地生活在真情的阳光里。

成长训练营

一、探索我的生命（配合使用《成长手册》成长驿站七→成长训练营→活动一）

（一）活动目的

（1）通过体验，帮助学生深入了解个人的成长过程，让学生接纳他人，建立紧密的联系。

（2）通过体验，帮助学生形成感恩、希望等积极心理品质。

（二）活动准备

（1）参加活动的学生每人 1 张 A4 纸，前后两张课桌四人形成一个活动小组。

（2）课程背景音乐推荐：《怒放的生命》（汪峰）。

（三）活动时间

60 分钟。

（四）活动过程

（1）指导教师课程导语："世界因生命而精彩。每个人的生命都是独一无二、不可替代的，每个人都有自己独特的成长故事，每个人都会长成自己期待的样子。让我们一起踏上探寻生命之旅吧！"

（2）具体活动步骤如下：

1）我的名字。

①请在纸上写下你的名字，思考如下问题：谁给你起的名字以及小名？他们赋予这个名字哪些意义？如果满分 100 分，你觉得自己的名字大概有多少分？你的名字和你的人生有什么关系？如果你给自己起个名字，你希望叫什么？你赋予这个名字哪些意义？

②四人交流。

2）我的家庭故事。

①请介绍你最重要的几位家庭成员，你最喜欢谁？谁对你的影响最大？为什么？家庭中发生的哪件事令你最为感动？哪件事令你印象最深刻？如果有机会选择家庭，你会选择现在的家庭吗？或者选择什么样的家庭？

②四人交流。

二、我的五样（配合使用《成长手册》成长驿站七→成长训练营→活动二）

（一）活动目的

通过体验，让学生强化珍爱生命，感恩生命的意识。

（二）活动准备

（1）参加活动的学生每人 1 张 A4 纸，前后两张课桌四人形成一个活动小组，1 盒水彩笔，每组一个生鸡蛋。

（2）课程背景音乐推荐：《相逢是首歌》（俞静）。

（三）活动时间

60 分钟。

（四）活动过程

（1）请准备一张洁白的A4纸，一只黑色签字笔（不要用水彩笔），在纸的顶端，一笔一画认认真真写下“×××的五样”，“×××”是你的名字。

（2）请用黑色笔在纸上飞快地写下你生命中最重要的五样东西。可以是人和动物（如父母、宠物等），实在的物体（如水、食物、钱等），也可以是精神追求（如理想信念等），总之你可以随意想象，只要写下内心中最珍贵的五样东西即可。

（3）请目不转睛地看着这五样东西，屏住气看一分钟，感受它们在你心中引发的情感，体会自己拥有它们时的情绪。

（4）糟糕，生活出现了意外，你要舍去一样东西，把它完全涂黑，再也无法辨识。在这个过程中，请你细细体察丧失之感所引发的痛苦，以及失去这样东西，你还能不能坚强地活下去。

（5）你的纸上只剩下四样宝贵的东西了，还有一个黑洞。此刻，生活又发生了重大变故，来势更凶猛，你必须再放弃一样东西，请做出选择，将它彻底涂黑。在这个过程中，请你细细体会丧失之感所引发的痛苦，以及失去这样东西，你还能不能坚强地活下去。

（6）白纸上还有三个选项和两个黑洞，只有你知道，黑洞中被你放弃的是什么。生命进程中遭遇了更痛苦的挫折，你又要放弃一样宝贵的东西了，你没有权利住手，只能听从命运的摆布。请和它告别，将它彻底涂黑。

（7）请认真审视你的纸上仅存的两样东西，这就是你最宝贵的东西。你涂掉的三样，它们同样是你宝贵的东西。被涂掉的顺序就是它们在你心目中的位置。请在纸张的空白处，用鲜艳的彩笔重新把你这五样东西写下来，给它们做漂亮的装饰，以此感恩它们仍在你的身边，你未来的希望之中。

（8）请记住这个顺序，如果在生活中遇到无所适从、难以决定的时候，请用头脑中的打印机，打出今天这张纸，顺从内心真正的需求，做出生命中正确的选择。

三、一封家书/一封感谢信（配合使用《成长手册》成长驿站七→成长训练营→活动三）

请结合以上学习感受和活动感受，给家人写一封家书/感谢信。

成长加油站

一、图书、影音作品推荐

成长驿站七

图书、影音作品推荐

二、心理自测

生命意义问卷（C-MLQ）

指导语：首先，请花一点时间思考一下“对你来说，什么使你感觉到你的生活是很重要的”。然后，根据下列的描述与你的情况相符合的程度，在1～7中做出选择，其中，1＝完全不同意，2＝基本不同意，3＝有点不同意，4＝不确定，5＝有点同意，6＝基本同意，7＝完全同意。请尽可能准确和真实地做出回答，下列问题的主观性很强，每个人的回答都会有所不同，并无对错之分。

1. 我很了解自己的人生意义。（　　）
2. 我正在寻找某种使我的生活有意义的东西。（　　）
3. 我总是在寻找自己人生的目标。（　　）
4. 我的生活有很明确的目标感。（　　）
5. 我很清楚是什么使我的人生变得有意义。（　　）
6. 我已经发现了一个令人满意的人生目标。（　　）
7. 我一直在寻找某样能使我的生活感觉起来是重要的东西。（　　）
8. 我正在寻找自己人生的目标和使命。（　　）
9. 我的生活没有很明确的目标。（　　）
10. 我正在寻找自己人生的意义。（　　）

[计分与解释]（仅供参考）：

人生意义问卷（Meaning in Life Questionnaire）是美国学者于2006年编制，用于测量人生意义的两个因子：人生意义体验和人生意义寻求。前者指个体目前所体验和知觉自己人生有意义的程度，后者指个体积极寻求人生意义或人生目标的程度，各含5道题目，其中，第1、4、5、6、9题测量意义体验，第2、3、7、8、10题测量意义追寻。得分越高说明个体在该维度上的认知信念越强。

三、实践作业

请选择成长加油站推荐的图书或电影，写一篇观后感或者读后感，不少于500字。

成长驿站八
通往幸福之路，收获幸福心理

学习目标

素质目标

结合前面积极心理品质的培养与训练，如真诚、希望、感恩、爱等，树立正确的幸福观，收获幸福。

知识目标

1. 复述幸福的含义及构成，了解幸福的意义。

2. 总结增强幸福感的方法。

能力目标

1. 灵活运用幸福的性质，完善自我对幸福的看法。

2. 意识到提升自我幸福感的重要性，采取有效措施。

行为目标

1. 有效区分不同类型的幸福，识别自己和他人的品格优势，并在实际生活中发挥品格优势。

2. 熟练运用增强幸福感、维持幸福感的方法，为创造更加美好的幸福生活不断奋斗，获得持久的幸福。

课前导语

2012年中央电视台推出《走基层·百姓心声》特别调查节目，面向各行各业工作者提出了一个问题："你幸福吗?"礼品摊摊主说："幸福，快快乐乐就是幸福。"烧饼店老板说："不大幸福，太累了。"吃早餐的大爷说："挺幸福的，生活比原来好了许多。"如果现在问你这个问题，你会如何回答？许多人可能会感到比较迷茫，没有思绪。本成长驿站将从积极心理学的视角，结合积极心理品质的培养，可以帮助大家对"你是否幸福?""幸福是什么?""如何收获幸福?"等问题有更清晰的认识。

第一站　我和我的幸福清单：感知幸福

安然日记

步入大学校园以来，我有了新的“朋友圈”，对自己的要求从单一的“考上大学”，变得更加丰富起来，如“提升学生工作能力”“参加丰富多彩的社团活动”“毕业时获得一份满意的工作”等。在本周进行的主题班会中，辅导员提出了“幸福”一词，让我们从1至10分，对自己现在的幸福程度进行打分，并邀请3名同学分享了得分以及自己对幸福的理解：

王红说自己的幸福得分为8分，认为“每天能够学习到新的知识，自身能力得到不断提升是幸福”；李斐的幸福得分为7分，认为“家人身体健康，与朋友关系和睦是幸福”；张博的幸福得分为7分，认为“每天能够吃饱饭，开开心心，没有烦心事儿就是幸福”。

听到了同学们的回答后，我不禁陷入了沉思。“幸福”这个常常被我挂在嘴边的词语，我赋予它的含义到底是什么呢？而我现在所得到的幸福，又有多少呢？

成长困惑一

你是否像安然一样，对于“幸福”没有准确、清晰的认识，感到无从下手，不知道如何来描述？你是否曾经评估过自己的幸福程度，苦恼不知道如何来维持或者提升自己的幸福感？又或者有其他的困惑？请尝试将自己的想法记录在《成长手册》（成长驿站八→第一站→成长困惑一）里。

成长导航

一、什么是幸福

美国学者马丁·塞利格曼认为，幸福侧重于人生繁荣、蓬勃发展，由积极情绪（Positive Emotion）、投入（Engagement）、人际关系（Relationship）、人生意义（Meaning）、成就（Accomplishment）五个可测量的元素组成，简称PERMA，每个元素都能促进幸福（如图8-1所示）。人生的蓬勃程度是衡量幸福的黄金标准。

（一）积极情绪

积极情绪（Positive Emotion）就是个体的感受，如愉悦、狂喜、入迷、温暖、舒适、感激、敬佩等，在此元素上成功的人生称为“愉悦的人生”（Pleasant Life）。例如：周围有些人收入不高、生活拮据，但是每天都很开心、快乐，这就是一种愉悦的人生，有些人收入较高、生活富裕，反而每天唉声叹气、愁眉苦脸，感觉不到生活的快乐，这就不是愉

图 8-1　PERMA

图片来源：［美］马丁·塞利格曼．持续的幸福［M］．赵昱鲲，译．杭州：浙江人民出版社，2012.

悦的人生。当人们尽自己的最大的努力，完成了一件之前从未完成过的事情，此时所产生的成就感，也是幸福。

（二）人际关系

约翰·卡乔波认为，良好的人际关系（Relationship）是人类幸福的基石。积极的人际关系能够对幸福产生深刻的正面作用，是实现蓬勃人生的必要条件。建立良好的人际关系就是要学会帮助别人，帮助别人是提升幸福感最可靠的方法。处于和谐、稳定的团队中的人，不仅能够得到别人的支持，而且能够支持别人，在工作过程中保持毅力、充满热情。

（三）投入

投入（Engagement）指的是完全沉浸在一项吸引人的活动中，时间好像停止，自我意识消失，这是一种“心流（flow）现象”。例如：作家全力以赴、忘我地创作一篇文章，达到人物合一，忘掉周围的一切。处于投入状态中的个体，需要动用全部的认知和情感资源，集中全部的注意力，因此能够远离烦恼、悲伤，进入投入的快乐。

趣味阅读

牛顿的故事

牛顿是举世闻名的科学家，他的童年是不幸的，从小与外婆相依为命。他从不乱花钱，唯一的爱好是做一些小工艺品，他把零用钱攒起来，买了锯子、钉子、锤头等一系列工具，一放学就躲在房子里敲敲打打。

牛顿学习时精神很专注。有一次煮鸡蛋，心里想着数学公式，竟误把手表当作鸡蛋丢进了锅里。还有一次，从早晨起就计算一个问题，午饭都忘了吃，当他感到肚子饿时，已暮色苍茫。他走出书房，一阵清风吹过，感到异常清新，突然想到：“我不是去吃饭吗，怎么走到庭院中来了？”于是他立即回头，又走进了书房。当他看到桌上摊开的算稿时，又把吃饭的事忘得一干二净，立即又伏案紧张地计算起来。

资料来源：https://www.diyifanwen.com/tool/gushidaquan/1322496.html.

（四）人生意义

人生意义（Meaning）指归属和致力于某样个体认为超越自我的东西。意义具有主观成分，但不是单纯的主观感受，而是一种对他人、对社会、对自己有价值的行为。幸福的人不仅感到快乐，还觉得人生有意义，怀揣着让他人、国家、世界更美好的目标，积极投入生活。不同的人能从不同的事情里找到意义，关爱亲朋好友、坚毅地追求值得的目标、帮助他人解决问题、为他人带去希望等，都是人生有意义的体现。例如：维东哨所的战士们虽然长年驻守在祖国边界，与孤寂为伴，与风雪为伍，条件十分艰苦，但他们生活得很有意义，满腔热血戍守祖国边疆。

（五）成就

成就（Accomplishment）的长期形式是“成就人生”，往往是一项终极追求。有些人参加比赛是为了娱乐、开心、享受心流，甚至解决问题，有些人参加比赛是为了赢得比赛、超越他人，证明自己的能力。成就无大小之分，追求成就人生的人，通常会全身心投入到工作中，并在完成时感受到快乐等积极情绪。

二、幸福的分类

泰勒·本·沙哈尔将幸福分为快乐和意义两个维度，认为快乐不是不痛苦，而是能承受得住困难和挫折，在总体上保持积极的人生态度。快乐指向于当下的满足感和愉悦的体验，而意义则指向未来的价值和意义。最好的幸福状态是既能感受到眼前幸福，又能对未来充满希望和目标。

幸福四象限理论将幸福的状态分为感悟幸福型、忙碌奔波型、虚无主义型、享乐主义型四种（如图8-2所示）。

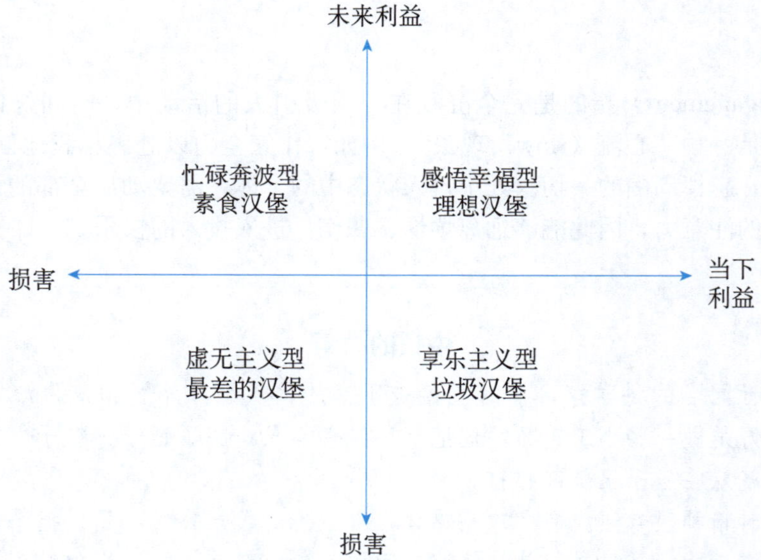

图8-2 幸福四象限理论

图片来源：[美]泰勒·本·沙哈尔．幸福的方法[M]．汪冰，刘骏杰，译．北京：中信出版社，2013.

第一象限是感悟幸福型，又叫理想汉堡，认为现在幸福，未来也幸福，既能享受当下的快乐，也能享受未来的幸福。处在这一象限的人为了有意义的目标，快乐地努力奋斗，这种幸福是人人向往的。

第二象限是忙碌奔波型，又叫素食汉堡，目标导向，只在乎结果，无视过程，认为现在不幸福，但是未来会幸福，不断努力是为了实现未来的目标。这种类型的人将成功视为幸福，经常把“等我买了房就好了”“等我升了职就好了”等挂在嘴边，认为经历的痛苦是获取幸福所必需的。

第三象限是虚无主义型，又叫最差的汉堡，认为现在不幸福，未来也可能无法幸福，人生来就是受苦的，无论如何努力，都无法改变现状。总是在抱怨，永远责怪别人，责怪自己，对未来没有任何期望。

第四象限是享乐主义型，又叫垃圾汉堡，认为现在幸福，未来不幸福，及时行乐，只注重当下的快乐，忽略行为可能带来的负面影响。整天沉迷于打游戏，坚守在不开心的工作岗位，不愿意为未来做出任何改变的人，都属于这一象限。

趣味阅读

幸福的基石

达斯嘉和塞利格曼等人在比对各国不同文化之后，归纳出智慧、勇气、仁爱、正义、节制和精神卓越六种具有普适性的美德，作为人的基本品性。之后，衍生出24种可以获得这些美德的途径，即优势品格，又称为积极心理品质。24项积极心理品质是获得幸福的基石。

优势品格是长期存在的，能够带来好的结果，并且是可以培养的。足够的练习，全身心的投入，持之以恒的坚持，就可以发展出相应的优势。了解并发挥自己的优势品格，发现他人的优势品格，可以帮助人们获得真正的幸福。

1. 第一种美德：智慧

知识是个体对世界的客观认知，智慧是运用知识去辨析判断、发明创造的一种能力。

(1) 好奇心、对世界的兴趣。好奇心使我们对不符合预想的事物产生尝试的兴趣。好奇的人不会容忍模棱两可的情境，他们会去追求真相。好奇心可以是很特定的（如只对玫瑰花），也可以是很广泛的（对每一件事都去观察）。好奇心驱使我们主动地追随新奇的事物，而不是被动地吸收信息，好奇心的反面是容易厌倦。

(2) 喜爱学习。你喜欢学习新的东西，不论是在课堂上还是在生活中；你喜欢上学、阅读、去博物馆，去任何都可以学到新东西的地方。在没有任何外在诱因的情况下，你仍然对某个领域有继续学习的兴趣。

(3) 判断力、批判性思维、思想开放。能够周详地考虑事情的方方面面，客观地、理性地筛选信息，不草率下结论，根据真凭实据来做决定，思想开放，愿意接受别人的意见，并且愿意改变主意。

(4) 创造性、实用智慧、街头智慧。遇到问题，不墨守成规，善于创造性解决问题。有些人在学校里可能考试成绩一般，但是在生活中却是一个“智多星”，能够接到各种问题和烦恼，其实这就是一种实用智慧和街头智慧。

(5) 社会智慧、个人智慧、情商。社会和个人智慧是对自己及他人的认知，善于了解别人的动机和感觉，并且能对它做出很好的回应。具有社会智慧的人能注意到人与人之间的不同点，尤其是他们情绪、脾气、动机和意图的不同，然后针对这些不同做出恰当反应。情商是指能够识别自我情绪、管理自我情绪、识别他人情绪和管理他人情绪的能力。

(6) 洞察力。指深入事物或问题的能力，是通过表面现象精确判断出背后本质的能力。通俗地讲，洞察力就是透过现象看本质，是一种分析和判断的能力。

2. 第二种美德：勇气

勇气指在很不利的条件下还能为达成理想目标而勇往前进。这个美德是具有普遍性的，全世界各个民族都敬仰有勇气的人，每一个民族都有他们自己的英雄。勇敢、毅力与正直是这个美德的三种表现。

(1) 勇敢与勇气。一个勇敢的人是能够将恐惧情绪与自己的行为分开的人，他会抗拒要逃跑的冲动，面对恐惧情境，他不去理会主观和生理反应所带来的不适。胆大妄为和冲动并不是勇敢，虽然害怕但仍能面对危险才是勇敢。如今，勇敢的意义已超越了战场上的勇敢及身体上的勇敢，还包括道德上的勇敢和心理上的勇敢。道德上的勇敢是明知站出来会带来不利，但仍挺身而出。心理上的勇气包括泰然地甚至愉悦地面对逆境或重病，不为此丧失尊严。

(2) 毅力、勤劳、勤勉。有毅力的人有始有终，能够坚持不懈地完成任务。勤勉的人会承担困难的工作并把它完成，而且没有抱怨。

(3) 正直、真诚、诚实。正直就是要不畏强势，敢作敢为，坚持正道，勇于承认错误。真诚就是真实地面对生活，真诚地对待自己与他人，不论说话办事都诚诚恳恳、不隐瞒事实真相，说一不二。

3. 第三种美德：仁爱

仁爱是指与别人，包括朋友、亲戚、点头之交，甚至陌生人交往时的积极表现。

(1) 仁慈与慷慨。具有这类优势的人对别人很仁慈、很慷慨，别人来找他们帮忙时，即使是不太熟的朋友他们也会帮忙。这类人都有一个共同点，凡事先替别人着想，有时甚至会将自己的利益放在一边。移情和同情是达到这个美德的两个途径。

(2) 爱与被爱。如果你非常珍惜自己与别人的亲密关系，就证明你有爱与被爱的优势。

4. 第四种美德：正义

正义是个体与集体的关系，如与家庭、与社区、与国家及与世界的关系。

(1) 责任、团队精神、忠诚。具有团队精神的人通常是集体中的优秀分子，很忠心，有责任感，努力做好本职工作，努力使团队成功。当集体目标与个人非目标冲突时，会遵从集体目标。

(2) 公平与公正。公平与公正是指不让个人感情影响自己的决定，人人平等，可以把私人偏见放在一边，将别人的利益看得与自己一样，秉公处理。

(3) 领导力。领导力是指有很好的组织才能，并能监督任务的执行。一个有人情味的领导首先应该是一个有效率的领导，能与组织成员保持良好的关系，并能如期实现工作目标。其次，当他处理团体间的各种关系时，能够对所有人有爱心，这种领导除了有效率之外，还有人道的美德。

5. 第五种美德：节制

这个重要的美德指的是恰当地、适度地表现出自己的需求。一个有节制的人并不会压抑自己的动机，但是会等到恰当的时机去满足它，以避免对自己或他人造成伤害。

(1) 自我控制。自我控制是指在某些情况下，人们能够控制住自己的情绪、欲望、需求和冲动。

(2) 谨慎、小心。谨慎的人不说、不做以后会后悔的事。谨慎应该是在反复确认正确后再发布行动命令，谨慎的人有远见、三思而后行，他们能够为了将来的成功抵抗眼前的诱惑。

(3) 谦虚。谦虚的人不喜欢出风头，宁愿让成绩自己说话。他们不认为自己很了不起，别人敬重他们的谦虚，但谦虚不是虚伪。一个谦虚的人不看重自己的成败，如果把眼光放远一点，个人的成败或痛苦实在微不足道。

6. 第六种美德：精神卓越

精神卓越指的是一种情绪优势，它超越了你，而将你与更宏大、更永久的东西相连接，将你与别人、与未来、与进化、与神圣或宇宙相连接。

(1) 对美和卓越的欣赏。你停下来去闻路边的玫瑰，你欣赏各领域中美好和卓越的东西，不论是自然的还是人为的，不论是数学的还是科学的。你对美好的东西充满了敬畏与惊喜，看一场精彩的球赛，目睹人类无私的高尚行为，都会激荡你的灵魂并使你奋发。

(2) 感恩。感恩行为是对别人优秀的道德情操表示感激，作为一种情绪，它是对生命的惊讶、感谢和欣赏。我们可以把感恩扩大到整个世界，也可以对大自然、动物等表示感恩。

(3) 希望、乐观、展望未来。希望指的是期待未来会更好，并为了实现这一目标而做好计划并努力工作。希望、乐观及展望未来，是对未来充满积极态度。对未来有憧憬，期待好的事情会发生，相信只要努力便会有好运。

(4) 灵性、目标感、信仰、宗教。拥有这类优势的人对宇宙、人生的意义有坚定的信仰，知道自己的人生是有目标的，他们的信仰会塑造他们的行为，而信仰也是他们获得慰藉的泉源，帮助他们通过更广泛的视角去寻找生命的意义。

(5) 宽恕与慈悲。慈悲的人原谅那些曾对不起他们的人，他们永远会给别人第二次机会，他们处世的原则是慈悲而不是复仇。当他们宽恕别人时，他们的主要动机或行为就转向积极（仁慈与慷慨）而较少消极（回避或报复）。

(6) 幽默。幽默的人喜欢说笑话，给别人带来欢笑，他们自己也喜欢笑。他们总是看到事情光明的一面。

(7) 热忱、热情、热衷。热忱指的是充满热情，会全心全意投入工作。他们每天早上睁开眼睛时会迫不及待地想开始一天的工作，同时，他们工作的热情能够带动别人的热情。

资料来源：https://mp.weixin.qq.com/s/kaXPMHk7ieaMkgxPC5VMaA.

三、追求幸福的意义

（一）追求幸福有助于美好生活需要的实现

日益增长的美好生活需要是人们现在迫切需要满足的，而美好生活的需要主要是心理的需要。一个人要有大爱的精神，不仅能够爱自己、爱别人，更要爱国家、爱民族、爱社会；要积极、愉悦，服务于他人，认为自己活得有价值、有意义；要为国家的繁荣发展贡献出自己的力量。

（二）追求幸福能够促进健康人格的养成

对幸福的正确认识，有助于个体树立正确的幸福观，有效把握与满足内心需求，发现自身美好品质，健全身心人格，积极乐观生活，深切认知、体会与追求幸福，在体验幸福中为实现目标而奋斗。

（三）追求幸福有助于充分发挥个人潜能

大多数人往往有90%的潜力没有被挖掘。追求幸福的人，为了实现自己的人生目标，为了使生活更有意义，会不断努力，充分发挥个人潜能。正如哲学家伯特兰·罗素所说："真正令人满意的幸福总是伴随着充分发挥自身的才能来改变世界。"

（四）追求幸福有利于获得成功

积极心理学家桑妮娅·吕波密斯基、劳拉·金以及埃德·迪纳认为："幸福的人在生活的各种层面都非常成功，包括婚姻、友谊、收入、工作表现以及健康状况。"幸福的人拥有更好的人际关系，在工作上表现更好，活得更开心、更长寿。幸福和成功之间存在强烈的相互作用，即成功（无论是工作还是感情方面）可以带来幸福，而幸福本身也可以带来更多的成功。

趣味阅读

幸福实验

2005年1月，塞利格曼等人开设了一个网站，提供一项免费的练习——寻找好事，成千上万的人在该网站上注册。抑郁程度最严重的50个抑郁症患者登录了网站，进行了抑郁和幸福的测试，然后做了寻找好事的练习。这50个人的抑郁得分平均为34分，显示他们已经属于重度抑郁，可能勉强才起了床，上网做这个测试后，又回到床上。他们每个人都做了寻找好事的练习——一周内每天记录三件好事，然后汇报到网站。

结果，他们的平均抑郁得分从34降到了17，抑郁程度从重度降到中度，甚至轻度，他们的幸福得分从最低的15%增加到了50%。这50个人中，有47个人抑郁程度降低，变得更加幸福。

资料来源：[美] 马丁·塞利格曼．持续的幸福 [M]．赵昱鲲，译．杭州：浙江人民出版社，2012.

（五）追求幸福是对意义和快乐的需求的满足

人的最大动力，是来自对生命意义的追求。追求快乐是人的本能，无论目标再怎么伟大、有意义，如果过程中没有体会到快乐，长期坚持下去都非常困难。如果同时追求快乐和意义两种价值，就可以拥有充实而幸福的生活。当幸福的人对自己的行为心存使命感时，能够获得更大的快乐；当幸福的人在从事的工作中找寻到快乐时，也可以加深工作对他们的意义。

趣味阅读

幸福的三个等式

哈佛商学院亚瑟·布鲁克斯提出了幸福的三个等式：

1. 幸福＝基因＋环境＋习惯

研究表明，决定一个人幸福与否的，有不少是先天因素。心理学家发现，一个人幸福与否，44%～52%取决于遗传。另外两个因素是环境和习惯。环境影响能占10%～40%。虽然环境起很大的作用，但大部分学者认为，环境不是很重要，因为环境的影响并不会持续很久。例如：我们以为被提拔、巨幅升迁能让我们永久地更快乐，分手会让我们永久地心碎，但并非如此。

实际上，人类求生方面的一个特征是心理上的自我平衡，我们会对变化做出调整，能很快地习惯环境的变化。钱之所以买不到幸福，是因为我们很快就会习惯钱买到的东西。基因和环境是我们基本无法改变的，而习惯对幸福的影响是长期的、可以控制的。

2. 习惯＝信念＋家人＋朋友＋工作

持久的幸福源自人际关系、高效的工作，以及人生中的超验成分。信念是指一种思考人生问题、超越自身利益的框架。对于该建立怎样的家庭关系和朋友关系，关键是培养和维持爱、跟他人忠诚的关系。乔治·威廉特用了75年的时间，研究了哈佛大学1939年、1944年的毕业生，关注他们的健康和幸福，最终发现：幸福就是爱。爱着家人和朋友的人都很幸福，否则就不幸福。高效的工作也能够创造一种人生意义感，它能让你感到自己在取得成功、服务他人。

3. 满足＝你拥有的÷你想要的

许多人努力去提高这个等式里的分子，即努力去获得更多东西，但这都是徒劳的，总是得不到满足。获得满足的秘诀是关注这个等式中的分母——欲望部分。不要痴迷于拥有的东西，而要管理自己的欲望。不要计算自己的财富、权力、名气，然后努力去增加它们，而要列出自己的世俗欲望，并努力去减少它们，即列出要舍弃的东西。头脑中占据注意力的欲望越少，就越能关注已有的东西带来的安宁和满足。

资料来源：https://mp.weixin.qq.com/s/QPE18fx_cdYSDov-6OBE-g.

第二站　幸福生活大解密：创造幸福

安然日记

生活中能够产生幸福感的事情有很多，我看到别人脸上洋溢着的发自内心的微笑，充实的学习、工作，为了未来而不断努力，不禁反思起自己现在的状态，想要从比较虚无、漫无目标的生活中转变过来。

是确定学习目标，还是制订运动计划？是每天给父母打个电话问候近况，还是约好朋友外出游玩？是主动帮助同学打扫卫生，还是与同学分享自己的好物？……这些事情不断在我的脑海中涌现，使我陷入了沉思。

成长困惑二

你是否也苦恼于不知道如何积极创造属于自己的幸福生活？或者曾经想要走出宿舍、走出家门、走出舒适圈等，但是没有开始行动或没有坚持下来？请把你的想法、没有开始行动或坚持的原因记录在《成长手册》（成长驿站八→第二站→成长困惑二）里。

成长导航

一、增强幸福的因素

（一）自尊

自尊由自我效能感和自我价值感两部分构成。自我效能感指个体对自己是否有能力完成某一行为所进行的推测与判断，自我价值感指个体对自身价值、重要性及悦纳程度的认知与情感体验，极大地影响着一个人的知、情、意、行等各个方面。一般而言，自尊来自个体对自身努力付出的肯定，并非只有高成就的人才能拥有高自尊。

一个人的自尊与其幸福感联系紧密，自尊越高，幸福感越高。可以通过以下方法，提高自尊程度，感受到更多的幸福。

1. 打破负面预期

低自尊的人常常因为过高估计坏的结果发生的可能性、带来的严重后果，低估自己应对突发状况及最坏事件的能力，认为自己孤军奋战，遇事无法得到他人的支持，故而容易做出负面预期。

通过找到替代性想法，可以改变不良认知。例如：可以问自己一些问题，如“支持/不支持负面预期的证据分别是什么？”“更现实的可能性是什么？”“支持这种可能性的现实的证据是什么？”“如果最坏的事情发生，可以做什么？”需要注意的是，想象无法作为证据，需要依据事实进行。

2. 提高自我接纳，减少自责

低自尊的人不肯定自己，无法看到自己身上的闪光点，容易因为某件小事未完成而责备自己。芬内尔列出了问题清单，能够帮助人们更好的发现自己的优点①：

（1）你有什么积极的品质？

（2）你有过什么成就，无论它们多么微小？

（3）你有什么天分或才智，无论它们多么微小？

（4）其他人喜欢或欣赏你哪些方面？

（5）你有哪些你所欣赏的人的品质？

（6）你没有哪些缺点？

（7）一个关心你的人会怎样评价你？

在对自己的优点初步了解之后，进行优点记录，即随身携带一个小本子，遇到表现良好的时候，在本子上记录自己的品质及发生的事例，将优点或正面的品质具体化。长此以往，会对自身具备的优点更加敏感。

（二）追求卓越而非完美

完美主义指不受控制地追求完美，同时伴随着对失败的恐惧和无法接受。完美主义的人对自己的要求很高，外表整洁，工作、生活有条不紊，条理清晰，非常上进，周围人对他的评价总是“靠谱、认真、有责任心”。适度的完美有利于激发个体的内在动力，但如

---

① ［英］梅勒尼·芬内尔．克服低自尊［M］．2 版．聂亚舫，译．上海：上海社会科学院出版社，2019.

果过度关注结果而非过程，对自己要求太严格，设定的目标过高或者不切实际，甚至因为害怕失败，不愿采取行动，故而压力过大，感受到的快乐和幸福感较低。

追求卓越则是注重整体的过程，无论是成功还是失败，既追求结果，也能接受过程，这是一种灵活变通的思维方式，在追求卓越的过程中，也懂得适当休息。

因此，可以采取以下几种方式缓解过度完美主义的困扰：

1. 降低期望

完美主义的人可能由于责任感太强，对自己期望过高，总觉得自己没有照顾好大家，以致辜负了期待；也可能对身边的人期望过高，当他们没有达到你预期的要求时，会感到十分焦虑。这时，可以告诉自己，别人不会因为偶尔的小错误就否定你，也不会因为达不到你的要求而失去未来。

2. 抓大放小，确定优先项

可以把要完成的所有事，按照重要性评级。每隔 3～6 个月列出近期所要完成的事情并排序，明确现阶段最重要的前三件事，高标准、严要求完成这三件事，其他的事情可以适当降低要求。

3. 每件事用“完成百分之几”打分

过度完美主义者认为，事情的结果只有 100%完美和零两种，但不是所有的事都能够做到 100%完美。因此，在评价自己时，不要只用“好”与“不好”来评价，可以用百分比。例如：要写一篇 4 000 字的课程论文，但只写完了 3 000 字，可以对自己说“我完成了 75%”，而不是“我什么也没完成”。

（三）处理好亲密关系

亲密关系不仅仅指爱情关系，只要两个人亲密到一定程度，内心向对方敞开到一定程度，家人、朋友、室友、同学、同事等，都属于亲密关系的一种。

良好的亲密关系会让人感觉被认可，获得他人的认同，满足社会需要和尊重需要，有归属感，使得在面对挫折时更加自信，更容易选择坚持，让人更幸福。但是，亲密关系中必然有冲突存在，需要双方树立持续付出，要允许冲突存在，并学会处理冲突。

1. 学会放下立场

遇到冲突时，首先要学会放下立场，寻求和谐。放下，是一种心态的选择，对方如何对待你，主要取决于你的立场，不要坚持自己一定是对的。但是这也不意味着要承认自己是错的，放下立场，只不过是为了与自己和解，让两个人都快乐。退一步，海阔天空。

2. 正确认识冲突的出现

在亲密关系中，我们应该追寻能激发人生意义与方向，并在受到考验时，给予我们帮助的人际关系。冲突的出现能够帮助我们及时进行自省。此时的对方更像是你的一面镜子，帮助我们看到自己的不足，更好地认识自己，疗愈创伤，最终找回真正的自己，收获心灵的成长。

3. 发现对方的优点

发现对方的优点是维持良好亲密关系的秘诀。相识之初，每个人都被对方所吸引，但是随着交往的深入，会不断发现对方的缺点，矛盾重重。金无足赤，人无完人，发生冲突时，如果紧盯着对方的缺点，就会很容易放大双方的矛盾。下次发生时，冲突可以尝试进行一个游戏，叫作“看谁优点多”，一人说一个对方的优点，相信到最后，会有神奇的效果。

趣味阅读

塞利格曼10条幸福策略

(1) 受到了他人的帮助，感受到了别人对自己的关心或爱。

(2) 对别人做出了善意的举动，帮助了他人，做了善事。

(3) 很愉快地跟朋友在一起。

(4) 品味到了生活中的美好时刻，如看到了美丽的景色，吃了美味的食物。

(5) 做了自己感兴趣的事，如看电影、听音乐、画画、外出游玩等。

(6) 做了对身心有益的事情，如跑步、瑜伽、冥想等。

(7) 全心全意投入一项活动中，感觉废寝忘食。

(8) 完成了一项重要的事情。

(9) 反思了一些事情，感到了自我的成长。

(10) 找到了人生目标和意义，对未来充满希望。

资料来源：https://www.jianshu.com/p/086bd2f657a2.

二、增强幸福感的方法

(一) 转变消极，乐观归因

面对挫折、失败时，人们难免产生焦虑、悲伤、恐惧、后悔等消极情绪，长期沉浸于这种情绪状态下，会增加矛盾、冲突，降低工作效率。

泰勒·本·沙哈尔对最开心的10%的人进行研究的结果发现，这些人与最不开心的10%的人相比，承受的痛苦等负面情绪并不少，只不过他们的情绪恢复更快。塞利格曼认为，悲观主义者比乐观主义者更容易感到沮丧，他们在工作、课堂、运动场上无法发挥真正的潜力，人际关系也不太好。乐观是一种归因模式，乐观的人会用内部的、永久的、普遍性的原因来解释积极的事件，用外部的、临时的、特殊的与情境有关的原因来解释消极事件，而悲观的人则正好相反。悲观的想法是可以改变的，变得更加乐观有三个技巧：改变认知、即时行动和想象成功。

1. 改变认知

影响情绪和行为变化的主要因素是对事件的认知，因此，要通过努力和不断练习，改变消极认知。日常的改变往往是微小的、逐步的，剧烈的改变不易发生，所以一开始就给自己设定一个适当的、可以实现的目标，坚定自己可以改变的信念，并以积极、成功而非痛苦、失败的视角来看待问题。

趣味阅读

一毛钱的故事

从前，有一位寺庙禅师，带着三位徒弟下山化缘。当时正值冬天，山下的百姓都躲在家里不出来，街上更是空无一人。禅师和三位徒弟都饥肠辘辘，但是走了好久都没人愿意给他们饭吃。师徒四人就找了一间废弃的房子在里面休息。禅师看到徒弟们又累又饿又冷，然后跟他们说："徒弟啊，为师给你们每人一毛钱，你们去买一样东西回来吧，看谁能买到最多的东西。”三位徒弟都欣然答应，各自拿着一毛钱就出去买东西了。

不到一个小时，大徒弟先回来了。禅师问大徒弟：“你买到什么东西了?”大徒弟回答道：“师父，一毛钱真的买不到东西，街上的店铺都关门了，我逛了一圈更累更冷了，就回来了。”大徒弟摊开手掌，那一毛钱依然在掌心里面。

再过了半小时，二徒弟回来了。禅师问二徒弟：“你买到什么东西了?”二徒弟回答道：“师父，我去到了隔壁村，那里有一家卖包子的店开着，我用你给我的一毛钱买了一个包子，店家还多送了我一个，我吃饱了就回来了。”二徒弟的脸上充满了得意扬扬的满足和幸福。

又过了半小时，三徒弟也回来了。禅师问三徒弟：“你买到什么东西了?”三徒弟回答道：“师父，我去过大师兄和二师兄走过的地方了，我不想那么快就回来，想再走远一点。”禅师疑惑。三徒弟接着说：“我走到另外一个村子，看到有一个衣衫褴褛的乞丐哆嗦在一个墙角，我觉得自己应该要为他做些什么，便摸摸了一下口袋，发现除了您给我的这一毛钱，我什么都没有，但是我觉得他更需要这一毛钱，所以我就给了他这一毛钱。乞丐很开心，拿到了这一毛钱后，竟然给了我半盒火柴。我就想，火柴有什么用呢？又不能吃，也不能取暖，也卖不了钱。然后我就回来了。”

禅师微笑了一下，就叫三徒弟点燃了一根火柴，结果原来漆黑的废弃房子顿时间明亮起来，让整个房子都充满了柔和和跃动的烛光。

三个徒弟的外出买东西的结果为什么会出现如此大的区别呢？原因可能很明显。

大徒弟觉得一毛钱确实不值钱，在没人的街上根本买不到东西，不懂得开发和利用资源，只看到消极一面，只能得到消极的结果。二徒弟能坚持找到一毛钱的价值，同时也能利用好一毛钱，换取了自己想要的温饱，但只是看到表面的价值。三徒弟看到自己的慈悲，也看到别人的需要，能把一毛钱的内在价值与人的价值联结起来，甚至意外收获比物质更可贵的东西，如光明、温暖和慈悲。禅师能看到世间的变化，也看到三个徒弟的不同，用母性的爱一直关注着徒弟，用父性的爱默默推动徒弟的成长。

资料来源：https://mp.weixin.qq.com/s/l6bQJA4XWaD9olsFSiVcyA.

2. 即时行动

行动是最为重要的一环，同样是决定性的一环。当改变认知、有了全新的认知之后，需要立刻付诸实际行动。

首先，找到自身优势，提出较高的标准和执行计划，坚信自己能够做到，同时寻求一个对自己友好，经常表达赞美的环境，在该环境中实施行动，并坚持下去。

其次，多关注生活中的幸福和美好瞬间。心怀感恩的人比其他人的人际关系更融洽，免疫力更强，身体更健康。每天写下“感恩日记”，促进积极情绪的体验，提升自我价值。

最后，挖掘生活中的幽默感。通过观察身边幽默的人或者喜剧演员，总结他们身上幽默的特点是什么，反思自己身上是否有这样的特点，并在每天结束时，记录下 3～5 件幽默的事，可以使自己更加轻松。

3. 想象成功

当人们对于成功非常肯定，并且为之付出最大热情和努力时，结果往往如预期的一样。

（二）尝试汲取经验

成功没有捷径，所有获得成就的人，总是敢于行动，而且经常经历失败。遭遇失败时感到恐惧是正常的，但不能停止尝试新事物的脚步，要及时从失败中总结经验，以更好地面对未来的生活。

（三）运动与冥想

冥想是对更平静、更灵活的存在方式的熟悉过程，可以让人们感染更多的积极情绪，增强幸福感。通过运动与冥想练习，能够提高专注力，正确看待负面情绪，帮助人们稳定心绪，缓解焦虑，释放压力。

趣味阅读

收获幸福的处方灵药

（1）每周4次半小时的身体锻炼。

（2）每周6～7次15分钟的冥想练习。

（3）每天保证8小时睡眠。

（4）每天至少12个拥抱。

资料来源：https://mp. weixin. qq. com/s/ESXpU-ooD0UqTlt2W4XNVw.

（四）设定幸福目标

有意义的目标能够带来更多的幸福感。设定明确的目标，不仅要关注目标的结果，更要关注实现目标的过程，将目标看作对自己有意义的事情，达到与自我的和谐，而不是为了满足社会标准、迎合他人期望。

（五）关注内在感受

幸福是一种内在感受。关注自己内在的感受，找寻自己真正的需求，并朝着这个方向改变、努力，能够感受到更多的幸福。

拓展阅读

如何获得持久的幸福

短暂的幸福很容易获得，那么应如何提升幸福的持久度呢？塞利格曼提出了幸福公式“H＝S＋C＋V”，可以帮助大家获得持久的幸福。其中，H是幸福持久度，S是幸福的范围，C是生活环境，V是自己可以控制的因素，三者共同作用，影响个体幸福的持久度。

1. 幸福的范围（S）

一个人的幸福指数，一半由基因决定。芬兰赫尔辛基大学研究人员发现，个体对幸福的感知能力有50%受遗传影响，有些人先天比另一些人更加乐观，更容易注意到事情的积极方面。某项研究追踪了22名中乐透大奖的人，结果发现，最终他们都降回原来的幸福指数附近，赢得大奖并没有使他们更幸福。另外，如果有不幸的事情发生，人们也会从低潮中恢复到原来的设定。也就是说，基因决定了整体幸福程度的范围，乐观个性、个人特质等会限制幸福指数的上限。

2. 生活环境（C）

从广义来讲，生活环境泛指一般难以短时间人为改变的因素，如社交生活、健康状况、富裕程度等。

生活环境确实可以提升幸福感。一项跨国的大型调查显示，在富裕的国家，人民生活满意度比较高。但是，当人均国民收入超过8 000美元后，生活满意度并不能随着财富的增长而增加。跻身《福布斯》富豪榜前100名的富豪，只比普通美国人幸福一点点而已。也就是说，并不是金钱越多幸福就越持久，即便是极端贫穷的人，也能从生活中找到一些满意的事情。

塞利格曼等人在研究非常幸福的人时发现，最幸福的前10%的人几乎都有亲密的生活伴侣。非常幸福的人和一般人、不幸福的人之间最大的差别在于他们有着充实丰富的社交生活，非常幸福的人独处时间最少，在社交上花费的时间更多。喜欢交友、口才好、比较外向等，都是使社交充实并获得幸福的原因。

身体健康对幸福感的影响，主要与个体主观上对自己健康状况的认知有关，客观上的身体健康与幸福感也有关系，但是比较小。有些癌症晚期的患者，整体生活的满意度与客观上健康的人也相差无几。

3. 自己可以控制的因素（V）

（1）幸福法则1：过去的就让它过去。

1）学会遗忘。不要沉溺于过去，对未来采取被动的态度。过去的事不能决定你的未来，不要把自己桎梏在过去，过去的不幸不能决定长大后会出现什么样的问题。如果一直对过去的事情耿耿于怀则容易愤怒，让自己变得愤世嫉俗。

2）学会感恩。对过去的感觉，绝大程度上取决于记忆。感恩能增加美好记忆的强度，心存感恩的人较为幸福。罗伯特·埃蒙斯和迈克尔·麦卡洛随机指派学生写两周的日记，记录令他们心存感激的事情、令他们讨厌的事情，或者只记录每天发生的事情。结果发现，记录感恩事件的学生，其快乐程度和对生活的满意度都急剧上升。

3）学会宽恕。为了确保人们能在恶劣的环境中生存下去，大脑保留了许多带有抗争特点的消极记忆，宽恕可以在不改变记忆的情况下，将痛苦和仇恨转变成中性甚至积极的情绪，从而提高幸福感。

宽恕主要经历5个步骤，即“REACH”。R是回忆（Recall），尽量以客观的方式回忆伤痛，不将对方妖魔化，也不自怨自艾。E是移情（Empathize），从对方的观点来看他伤害你的原因，可以编一个故事，设想对方如何解释他的行为。A是利他（Altruistic），回想一下你以前是否曾经伤害过别人，而对方原谅了你，这是别人给你的礼物，你当时对这个礼物非常感激。C是承诺（Commit），宽恕对方，可以对方写信，或者在日记、诗歌中写下宽恕，或者是告诉一个可以信赖的朋友。H是保持（Hold）宽恕之心，宽恕并不是把记忆抹去，而是把记忆原有的标签替换掉，不在记忆中加入报复的成分。提醒自己已经原谅了他，然后重读宽恕之信。

（2）幸福法则2：未来不全像你想象。

面对未来，如果人们总是把当下不幸的遭遇归结为永久性的、持续的，把不幸的原因归结于普遍性的，那么会很容易放弃每一件事，丧失对生活的希望。可以学习乐观者解释事情的方式，将好的结果的发生归因于自己的人格特质或能力，用暂时的、特定的原因解释失败。之后，你会发现，未来并不像你想象中那么糟糕。

(3) 幸福法则 3：抓住现在的幸福。

1) 享受愉悦的幸福。愉悦有强烈的感官和情绪特点，是立即的、暂时的，一旦外在刺激消失，愉快会很快褪去。高强度的愉悦包括狂喜、兴奋、刺激等；中等强度的愉悦包括活泼、开心、高兴、欢喜等；低强度的愉悦包括舒适、和谐、满意、放松等。通过避免习惯化、品味和正念，可增加生活中的愉悦。

①避免习惯化。吃第一口冰激凌时往往感觉非常好，第二口所带来的愉悦感可能是第一口的一半，一旦身体对热量的需求满足后，愉悦感会大大降低了，这是神经系统导致的习惯化过程。生活中能带来愉悦的事物有很多，一旦习惯了，愉悦就会减少。找出会带给你愉悦的事物，把愉悦分配到自己的生活中，找到愉悦习惯化的最佳间隔时间，将会获得更多愉悦。

②品味。品味就是感知愉悦，将注意力放在愉悦的经验上。提升品味能力的方法有很多，例如：与他人分享你的愉悦；将当时的愉悦情景印在脑海中，保留能唤醒愉悦记忆的东西；祝贺自己；使知觉敏锐，打开所有感官通道，集中注意力，体味细节；让自己完全沉浸在其中，不去想其他，只是感受。

③正念。正念始于观察，将注意力转而集中于当下发生的事情，使心情归于宁静，感到放松。

2) 追寻满意的幸福。满意是指人们做了最喜欢做的事所带来的感觉，会使大家沉浸在其中，是思考和诠释的结果，比愉悦更长久。获得满意的体验，需要做有挑战性且需要技术的事情，有明确的目标，集中注意力，深深地投入事情中，即时反馈，有掌控全局的感觉，忘我，感觉时间就此停滞，享受心流的最优体验。

资料来源：[美] 马丁·塞利格曼．真实的幸福 [M]．洪兰，译．沈阳：万卷出版公司，2010.

培根铸魂

幸福是奋斗出来的

美好生活都是奋斗出来的。天上不会掉馅饼，美好生活不会凭空来，只有努力奋斗才能梦想成真。把人民对美好生活的向往作为奋斗目标，做到一时一事并不难，难的是持续用力、久久为功。我们要永远保持共产党人的奋斗精神，永远保持对人民的赤子之心，始终同人民想在一起、干在一起，以人民忧乐为忧乐，以人民甘苦为甘苦，努力为人民创造更美好、更幸福的生活。

资料来源：中共中央宣传部．习近平新时代中国特色社会主义思想学习问答 [M]．北京：学习出版社，2021.

成长训练营

一、幸福猜猜乐（配合使用《成长手册》成长驿站八→成长训练营→活动一）

（一）活动目的

（1）带领学生体验猜谜的乐趣，了解学生对幸福的初始体会。

（2）结合科学实验研究，帮助学生正确认识影响幸福的因素的作用，有助于正确幸福观的形成。

（二）活动准备

多媒体 PPT，奖励小印章。

（三）活动时间

10 分钟。

（四）活动过程

（1）指导老师课程导语（参考）："细心观察你会发现，收到一份小礼物、观看一部喜剧片、享受一次度假旅行、品尝一份美食都能够产生愉悦等积极情绪体验，感到幸福。那么，幸福是如何产生的？是不是金钱、外貌等因素都会对幸福产生影响？产生的影响又如何呢？相信大家心中都有了自己的答案，下面我们就来一起猜猜看吧。"

（2）指导老师依次展现题目，让学生选择自己认为正确的答案，并做好记录。

题目 1：金钱越多，幸福感越强。

题目 2：做完美容手术变美丽的人，幸福感更强。

题目 3：独自品尝一块巧克力，将手中的巧克力赠送给他人，哪种幸福感更强？

题目 4：奥运比赛中获得银牌与获得铜牌相比，哪种更幸福？

题目 5：身体健康的人比身体不健康的人更幸福。

（3）学生们选择完之后，指导老师给出答案，并通过分享科学家们做过的调查研究，讲解原因。

题目 1：不一定。

揭秘时刻：2016 年，生活榜研发团队在全国 32 个城市随机抽取 1 万人为样本，就月收入和幸福的关系进行了数据采集、调研、分析。结果发现，在低收入水平下，当贫困威胁到生存时，有钱绝对可以带来幸福，而且收入的增加会带来幸福水平的显著提升。但是当收入一旦达到能够满足人们基本生活需要的水平之后，即每个人都有基本生活保障时，金钱增加所能带来的幸福效果就微乎其微了，金钱的增加只能增加一点或甚至不能增加幸福感。

题目 2：不一定。

揭秘时刻：挪威科学家对 1 597 名女性进行了 13 年的追踪研究，发现 5%的女性做过美容手术，做过美容手术的女生对自己外表本来就不满意，做过手术之后，对外表更不满意，而且产生自杀想法、酗酒行为的可能性也大大增加。

如果是因为健康问题，为了使自己的人生变得更有意义来使自己变美是会更幸福；如果是因为满足自己的虚荣心，让别人觉得更漂亮来改变自己的容貌，这种做法是不可取的。

题目3：将手中的巧克力赠送给他人更幸福。

揭秘时刻：哈佛大学商学院研究人员将一部分大学生分成了四组，看看哪组人更幸福。第一组每人给5美元，要求把钱花在自己身上，如为自己买巧克力；第二组每人给20美元，要求把钱花在自己身上；第三组每人给5美元，要求把钱花在别人身上，如为别人买巧克力；第四组每人给20美元，要求把钱花在别人身上。结果发现，把钱花在别人身上更幸福，而且与钱的金额大小无关。

题目4：获得铜牌更幸福。

揭秘时刻：著名心理学家托马斯·吉洛维奇曾做了一项研究，请康奈尔大学学生评价1992年巴塞罗那夏季奥运会各项比赛中获得奖牌的选手在冲过终点时和在领奖台上的情绪表现，并给选手的表情打分，满分为10分，表情越开心，分数越高。结果发现，在比赛结果刚刚宣布时，银牌选手的平均得分只有4.8分，铜牌选手的得分高达7.1分。在颁奖仪式上，铜牌选手的快乐表情有所收敛，但仍有5.7分，银牌选手变得更不开心，表情变成了4.3分。

这与社会比较心理有关，当人们向上比较的时候，很难感受到自己已经获得的成就；而当人们向下比较时，反而会知足常乐。也就是说，一个人获得的成就大小本身与幸福没有太大的关系，真正影响幸福和快乐的，是人们对该成就的预期、看法和比较。

题目5：不一定。

揭秘时刻：研究发现，客观意义上的身体健康与幸福的相关刚达到显著性（即有相关但很小），相关更大的是我们主观上对自己健康状态的认知。就医或住院并不影响我们对生活的满意度，只有主观的健康才跟幸福有关，而主观的健康也受消极情绪的影响。即使是癌症晚期的病人，整体生活的满意度与客观上健康的人相差无几。

二、幸福特别日志（配合使用《成长手册》成长驿站八→成长训练营→活动二）

（一）活动目的

（1）帮助学生敞开心扉，勇敢表达自己。

（2）帮助学生改变消极心态，更好地感受幸福，收获快乐。

（二）活动准备

（1）幸福日志纸1张。

（2）黑色签字笔1支。

（三）活动时间

20分钟。

（四）活动过程

（1）指导教师课程导语（参考）："在了解了感悟幸福型、忙碌奔波型、虚无主义型、享乐主义型这四种类型的幸福的含义后，相信你在某些时刻会符合其中的某种或某些类型。如果让你回顾过去和现在的生活，回想一下，你是否在某一段时期，曾经忙碌奔波地生活？你是否有过作为享乐主义者的经历或者一段享乐的生活？在某件事情上或是某段时间里，你是否也曾感到堕入了虚无主义的旋涡，除了眼前的不幸，看不到任何希望？或者在某一件或两件事情中，你是否曾同时体会到当下和未来的幸福？你经常处于哪一个象限呢？或者说你对哪一个象限特别感兴趣呢？请在相应空格处写下该象限的名字。”

（2）学生写完象限的名字后，指导教师要求学生写下符合该象限的经历，包括当时的感受和现在的感受、当时的行为以及当时和现在的想法。写的过程中，不要求语句优美、通顺。

每个象限的内容参考如下：

1）感悟幸福型。描述一下人生中某个特别幸福的时期或者经历。发挥想象力，让自己再次回到那个时候，重温一下当时的感受，并写下来。

2）忙碌奔波型。写下人生中忙碌奔波的经历。为什么曾经是那样？是否从中受益？付出的代价是什么？

3）虚无主义型。写下特别痛苦的时刻，或者感到绝望、无助的时刻，并描述当时以及现在对它最深刻的感受和想法。

4）享乐主义型。解释一下只顾享乐的时刻或经历。是否从中得到了很多？损失的是什么？

（3）学生写完后，指导老师让学生从旁观者的角度给自己提建议，指导语如下：“回想一下，如果当时可以从旁观者的角度给自己一些建议的话，会是什么样的建议呢？”

（4）所有学生填写完成后，指导教师发布指令，由各小组组长带领小组成员交流书写内容。之后，每个象限至少1名学生分享内容及收获。

三、幸福档案（配合使用《成长手册》成长驿站八→成长训练营→活动三）

（一）活动目的

（1）通过幸福冥想练习，回忆之前发生的幸福经历，有意识地关注身边的积极事件，有助于提升幸福感。

（2）通过建立幸福档案，巩固并加深对幸福的感受，提醒幸福的存在，帮助学生更加懂得珍惜。

（二）活动准备

（1）幸福冥想指导语。

（2）冥想音乐（推荐）：帕里加特的《心的觉醒》，Dan Gibson 的《Nature's Path》《Driftwood》，班得瑞的《The Sound of Silence》。

（3）幸福档案纸1张。

（4）彩色画笔若干。

（三）活动时间

30分钟。

（四）活动过程

（1）指导教师课程导语（参考）：“每个人的生活中都出现过一些美好的事情，可能是很小很细微的事情，也可能是轰轰烈烈的大事，让你刻骨铭心，每当一回想起，总会情不自禁露出微笑。下面，请大家跟随我，通过回忆与想象，强化和延长当时的快乐体验，享受幸福。”

（2）幸福冥想指导语（参考）：

“请你坐在凳子的前三分之一处，身体坐正坐直，背不靠椅背，双腿分开，双脚放在地上，与肩同宽，双手放在双腿上，轻轻地闭上眼睛……

现在，请你把注意力集中在腹部；用鼻子慢慢吸气，再用嘴巴慢慢吐气，用鼻子慢慢吸气，用嘴巴慢慢吐气；慢慢吸气，慢慢吐气，想象空气慢慢从鼻孔沿着气管进入腹部，腹部随着吸入气体不断增加，慢慢地鼓起来；吸足气后，稍微停一下，用嘴慢慢吐气，把腹部的气慢慢吐尽。再一次，慢慢吸气，使腹部鼓起来，慢慢吐气，继续保持这种均匀、缓慢、深沉的呼吸状态，将注意力完全集中在自己的呼吸上，什么都不要想。好，慢慢吸气，慢慢吐气……你做得非常好……

下面，请你思考一件对你来说意义重大或者让自己开心的事。它可能发生在遥远的过去，也可能就发生在这一两天；可以是一件刻骨铭心的大事，也可以是一件平淡无奇的小事；可以是与家人、朋友、同学度过的美好场景，可以是去过的一些好玩的地方的经历，也可以是你过去取得的成绩，但当时的你从中体验到了许多快乐，感受到满满幸福。它也可能是对你来说具有特殊意义的人物、物品、言语或资料，如你所崇拜的榜样，你期待活得像他一样精彩；与亲朋好友的合照，与他人共同制作的纪念品；家人为你做的一道菜；他人对你说的一句谢谢；自己通过努力奋斗获得的奖状证书等。或者是你对未来的憧憬，你所向往的地方。

现在请好好思考这件事，让与它相关的画面，通通浮现在你的脑海。就像是回放一段影片一样的，去回忆、想象那些画面，把这段美好的画面描绘得越来越清晰，越来越生动，越来越明亮。仿佛就发生在此时，你可以听到什么声音，看到什么颜色，闻到什么味道？那是什么样的地方，有哪些人，你们都说了什么，做了什么，当时的你有着怎样的想法和心情？

不要对这件事做任何评价，只是简单呈现它的一切美好。觉察此刻你的心情，包括你的面部表情，以及身体感觉，和先前比有什么变化，你有什么新的发现吗？试着让这份美好愉悦的感觉持续得更久、更强烈。

接下来，我将数3个数，从3数到1，当你听到1的时候睁开眼睛。3，你感到心情平静，注意力十分集中；2，你感到大脑十分清醒，当我数到1的时候睁开眼睛——1。”

（3）填写幸福档案。将在“幸福冥想”环节中在脑海中呈现的画面，采用绘画或者简单文字展示出来（有条件的可以展示出真实照片），并详细介绍事情发生的经过，写出它让你感到幸福温暖的原因以及当下的感受。

（4）填写完成后，各小组在组长的带领下交流幸福档案的内容。

（5）指导教师通过学生自荐或互荐的方式，选择2～3名同学分享。

四、幸福礼包大放送（配合使用《成长手册》成长驿站八→成长训练营→活动四）

（一）活动目的

展示并分享学生一学期以来努力学习、积极体验的美好时刻，与学生一起体会收获幸福的喜悦。

（二）活动准备

（1）PPT、自制短视频、音乐等（各小组幸福展示所用、教师分享所用）。

（2）幸福贺信纸1张。

（3）彩色笔1支。

（三）活动时间

45分钟。

（四）活动过程

（1）指导教师课程导语（参考）：“本学期课程即将结束，通过本节课程的学习，大家不仅学习到培养积极心理品质的知识与方法，而且学会注意生活中的小确幸，收获彼此间的友谊，感恩相遇与理解，感谢陪伴与付出。接下来，每个小组都有一些话想对大家说，请大家掌声欢迎，静心聆听。”

（2）幸福告白。学生以小组为单位，向大家展示。可以是本学期各个活动的作品、照片，可以是每个成员录制的感想制作而成的短视频，可以是之前的课程和活动过程中学生录制或拍摄的美好瞬间等。无固定要求，内容积极向上即可。

（3）幸福放映。教师播放自制的记录学生学习期间的精彩画面，需要覆盖每名学生，并附以积极向上的评语。

（4）幸福贺信。回顾本学期的学习过程，写下学习前对幸福的理解、感受，现在对幸福的感受，学习过程中通过哪些方法增加了幸福感，遇到哪些人和事让你感受到更多幸福，对自己的改变表示肯定、鼓励和感谢，并写下对未来的期待。

学生书写完后，由指导教师完成“教师贺语”部分，并将内容反馈给学生。

成长加油站

一、图书、影音作品推荐

成长驿站八
图书、影音作品推荐

二、心理自测

幸福感指数量表

（一）总体情感指数量表

下列描述中哪一数值最贴近你对生活的感受？请在相应数字上打“√”。

厌倦的	1	2	3	4	5	6	7	有趣的
痛苦的	1	2	3	4	5	6	7	快乐的
无用的	1	2	3	4	5	6	7	有价值的
孤独的	1	2	3	4	5	6	7	朋友很多的
空虚的	1	2	3	4	5	6	7	充实的
无望的	1	2	3	4	5	6	7	充满希望的
沮丧的	1	2	3	4	5	6	7	有奖励的
生活未给予我任何机会	1	2	3	4	5	6	7	生活对我太好了

（二）生活满意度量表

你对生活总体的满意或不满意程度如何？哪一数值最接近你的满意度或不满意度？请在相应数字下打“√”。

十分不满意	1	2	3	4	5	6	7	十分满意

[计分与解释]（仅供参考）：

幸福感指数量表由心理学家安格斯·坎贝尔于 1976 年编制，包括总体情感指数和生活满意度两个量表，前者由 8 个情感题目组成，权重为 1，相加求得平均数即为该量表得分；后者则由 1 个满意度题目组成，权重为 1.1。两个量表得分相加得到的总分（量表 1 得分×1+量表 2 得分×1.1），即为总体幸福感指数，范围为 2.1（最不幸福）至 14.7（最幸福）。分数越高，表示幸福感越高，分数越低，表示幸福感越低。

三、实践作业

细心观察，你可能会发现自己的大部分时间都用在那些在未来会获益但我们并不享受的事情上，或者是做了太多既没有意义又不快乐的事。每天花一些时间记录当天的生活，可以帮助我们发现自己独特的需要，找到自己的幸福模式，为自己的生活做出更好的规划。

（一）作业要求

（1）请从今天开始，用一周的时间，把自己的日常作息记录下来。在每天结束前，写下你是如何利用时间的，即包括你今天做过的事情，以及每件事所花的时间。

（2）本周结束时，将所做的事情汇总起来，画一个图表，上面写上它们所带来的意义和快乐，以及所花的时间（你可以为它们带给你的快乐与意义评分，－5 分为最低分，5 分为最高分）。

在所用时间旁，注明你希望以后用更多还是较少的时间在这件事情上。如果希望用更多的时间就写“＋”，增加很多时间就写“＋＋”，减少一些时间写“－”，减少很多时间写“－－”，保持写“＝”。

举例：

事件	意义	快乐	时间/周
和家人相处	5	4	2.2 小时，＋＋
工作上的会议	4	2	11 小时，－
看电视剧	2	3	25 小时，－－

（3）完成之后，思考并打造出你认为理想的一周。除了为之前做过的事情分配适当的时间外，也可以增加一些可以做、之前未做、能够带来幸福的事情。如每周与家人相处 8 个小时、每周看一次喜欢的电影等。

（二）评分标准

（1）每天事件记录全面、真实、详细，无抄袭（30 分）。

（2）根据实际情况对一周发生的事情，认真汇总、整理、制作图表，完成评分及反思（30 分）。

（3）结合自身实际，写出理想的一周完成的事情，内容真实、详细、形象，且能够实现（40 分）。

参考文献

1. 马丁·塞利格曼. 真实的幸福 [M]. 洪兰，译. 沈阳：万卷出版公司，2010.

2. 马丁·塞利格曼. 持续的幸福 [M]. 赵昱鲲，译. 杭州：浙江人民出版社，2012.

3. 彭凯平，闫伟. 活出心花怒放的人生：写给中国青年的幸福枕边书 [M]. 北京：中信出版社，2020.

4. 彭凯平. 吾心可鉴：澎湃的福流 [M]. 北京：清华大学出版社，2016.

5. 戴维·迈尔斯. 社会心理学 [M]. 11 版. 侯玉波，乐国安，张智勇，译. 北京：人民邮电出版社，2016.

6. 泰勒·本·沙哈尔. 幸福的方法 [M]. 汪冰，刘骏杰，译. 北京：中信出版社，2013.

7. 莫妮卡·拉米雷斯·巴斯科. 不执着，叫看破，不完美，是生活 [M]. 杨巍，译. 南京：江苏凤凰文艺出版社，2018.

8. 克里斯多福·孟. 亲密关系 [M]. 张德芬，译. 长沙：湖南文艺出版社，2015.

9. 曾光，赵昱鲲，等. 幸福的科学 [M]. 北京：人民邮电出版社，2018.

10. 严虎，黄菲，大学生心理画 [M]. 北京：清华大学出版社，2019.

11. 江光荣，大学生心理健康素养 [M]. 长沙：湖南师范大学出版社，2020.

12. 樊富珉，费俊峰. 大学生心理健康十六讲 [M]. 2 版. 北京：高等教育出版社，2020.

13. 夏翠翠. 高职大学生心理健康教育 [M]. 2 版. 北京：人民邮电出版社，2020.

14. 冉超凤，黄天贵. 高职大学生心理健康与成长 [M]. 4 版. 北京：科学出版社，2021.

15. 马悦，余照照. 高职大学生心理健康教育（微课版）[M]. 北京：人民邮电出版社，2020.

16. 周莉，刘海娟. 大学生心理健康教育 [M]. 3 版. 北京：中国人民大学出版社，2020.

17. 贾楠，乔凯平. 心理与成长：大学生心理健康指导 [M]. 北京：机械工业出版社，2021.

18. 李斌. 高职大学生心理健康教育 [M]. 3 版. 北京：高等教育出版社，2020.

图书在版编目(CIP) 数据

心灵成长之旅：大学生积极心理指导与训练：含成长手册 / 张丽芳，吴蕊主编. --2 版. --北京：中国人民大学出版社，2022.3
新编 21 世纪高等职业教育精品教材. 公共基础课系列
ISBN 978-7-300-30345-1

Ⅰ.①心… Ⅱ.①张… ②吴… Ⅲ.①大学生-心理健康-健康教育-高等职业教育-教材 Ⅳ.①G444

中国版本图书馆 CIP 数据核字（2022）第 026084 号

新编 21 世纪高等职业教育精品教材・公共基础课系列
心灵成长之旅：大学生积极心理指导与训练（第 2 版）（含成长手册）
主　编　张丽芳　吴　蕊
副主编　焦莹莹　孙　东
Xinling Chengzhang zhi Lü：Daxuesheng Jiji Xinli Zhidao yu Xunlian

出版发行	中国人民大学出版社		
社　　址	北京中关村大街 31 号	**邮政编码**	100080
电　　话	010－62511242（总编室）		010－62511770（质管部）
	010－82501766（邮购部）		010－62514148（门市部）
	010－62515195（发行公司）		010－62515275（盗版举报）
网　　址	http://www.crup.com.cn		
经　　销	新华书店		
印　　刷	北京昌联印刷有限公司	**版　　次**	2019 年 1 月第 1 版
开　　本	787 mm×1092 mm　1/16		2022 年 3 月第 2 版
印　　张	15.5 插页 1	**印　　次**	2024 年 1 月第 4 次印刷
字　　数	348 000	**定　　价**	42.00 元

目录

MULU

成长驿站一

勇于探索，发现独一无二的我

第一站　我就是我，不一样的烟火

成长困惑一

关于自己，你还有其他疑惑吗？请记录在下面的横线上，待上完本堂课之后再回头看看，是否有了答案。

成长训练营

活动一 我是谁（20问）

“我是谁”（20问）是心理学家了解一个人自我意识的“20问”法。请根据自己的情况，在7分钟内写完这20个描写自己的句子。请按照自己思考的顺序来写，不必考虑其中的重要性和逻辑关系。

1. 我是______________________________。
2. 我是______________________________。
3. 我是______________________________。
4. 我是______________________________。
5. 我是______________________________。
6. 我是______________________________。
7. 我是______________________________。
8. 我是______________________________。
9. 我是______________________________。
10. 我是______________________________。
11. 我是______________________________。
12. 我是______________________________。
13. 我是______________________________。
14. 我是______________________________。
15. 我是______________________________。
16. 我是______________________________。
17. 我是______________________________。
18. 我是______________________________。
19. 我是______________________________。
20. 我是______________________________。

教师根据学生描述"我"的情况做分析评价（也可以直接在描述上做批注）。

____

____

____

____

____

____

____

____

____

____

____

____

____

____

____

（1）听完老师讲解关于自我意识的概念后，请你再回头看看写下的那些不同的"我"，试着整合一下。例如：生理自我是一个瘦高个儿，有一头乌黑的长发，笑起来很好看；心理自我比较内向，喜欢一个人独处；社会自我是班长，有责任感，人缘很好。

生理自我____

____。

心理自我____

____。

社会自我____

____。

（2）根据你对"我"的描述，优点或缺点的个数哪个多？

A. 优点多　　B. 缺点多　　C. 数量一样多

（3）给现在的自己打分，你打几颗星？（5★为满分）

☆☆☆☆☆

活动二　名片制作——独一无二的我

我的自画像（可附带文字说明）

队友眼中的我

优点：

给我的建议：

第二站　把握现在，做更好的自己

成长困惑二

你认为哪些人的建议是可以认真对待的？

成长训练营

活动三　“优点大轰炸”

1. 在“优点大轰炸”活动中，你的角色是（请在括号内打“√”）：
A. 被赞美者（　　）　　B. 称美者（　　）　　C. 没有参与该活动（　　）

2. 如果你是被赞美的同学，在听到同学们说到自己优点的时候，你心里的感受与期许是什么？

3. 如果你是发出赞美的同学，在真诚赞美时，你的心情又如何？

4. 日常生活中你会经常说出类似真诚赞美的话语吗？如果没有，现在想想原因是什么。

实践作业：拍摄视频版《独一无二的我》

请你课后通过调查，多角度、多方位了解不同人眼中的“我”是什么样的，重新提交一份《独一无二的我》视频版名片（填写完整后再拍摄视频）：

（1）父母眼中的我：

____

____

____

（2）辅导员眼中的我：

____

____

____

（3）舍友认为我：

____

____

____

（4）班级同学对我的印象：

同学 1：____________________

同学 2：____________________

同学 3：____________________

（5）我参加了________社团，社团伙伴认为我（如没有参加社团，此项可以跳过）：

____

____

（6）对我有重要意义的人，他们对我的印象：

好朋友：____________________

亲人：____________________

男/女朋友：____________________

________：____________________

改变的最好时机就是现在。通过这堂课的学习和实践，相信你对自己已经有了更深刻了解和很多意外的发现。

你想从哪方面先入手做出尝试，做更好的自己呢？立下一个“Flag”吧，不努力一下，你永远不知道自己的潜力有多大！

成长体验与感悟

亲爱的同学们，我们一起走过了《成长驿站一　勇于探索，发现独一无二的我》，相信你一定有很多感悟和收获。

请在这里留下你此时此刻的感受吧！让我们一起来见证你的成长！

小星星亮起来！☺

自 我 评 价：☆☆☆☆☆☆☆☆☆☆

同伴评价 1：☆☆☆☆☆☆☆☆☆☆

同伴评价 2：☆☆☆☆☆☆☆☆☆☆

同伴评价 3：☆☆☆☆☆☆☆☆☆☆

教 师 评 价：☆☆☆☆☆☆☆☆☆☆

恭喜你，完成了成长驿站一的学习，获得__________称号！

教师寄语：

教师签名：

成长驿站二

快乐随行，体会幸福感和积极情绪

第一站 我的情绪我知道——认识情绪

成长困惑一

看完安然的日记，你是否也有过类似的感受？关于自己，你还有其他疑惑吗？请记录在下面的横线上，待上完本堂课之后再回头看看，是否有了答案。

成长训练营

活动一 情绪的潘多拉[①]

1. 请记录一周生活中的心情，填写心情晴雨表中的前四项。

心情晴雨表

情绪	行为反应	结果评估	理由	其他反应方式

心情晴雨表记录了我们上一周生活当中的心情，就像天气有阴晴风雨雪一样，我们的心情也都会一直变化。

圈出心情晴雨表的消极情绪，看看在一周生活当中，你拥有的消极情绪有没有超过积极情绪。

2. 回忆一下最近一段时间以来，哪件事情让你最烦恼，写在一张空白的纸条上。

我 我想 我感觉到	事情 想法 情绪感受

3. 写完后投入潘多拉魔盒，转动，抽取几张，从不同的角度来解读问题。填入心情晴雨表最后一项，学会换个角度考虑问题。

4. 快乐点击。想拥有一份好心情吗？那就跟我们来选择一下保持一个好心情。

请将下面的左右两栏进行连线。

（1）当你面对他人的批评时，	（A）不要伤心，要懂得“矛盾无时不有”。
（2）当你和同学有矛盾时，	（B）不要难过，要理解父母苦心。
（3）当你和家人有误会时，	（C）不要委屈，要提醒自己闻过则喜。
（4）当有人对你不满时，	（D）不要愤怒，要得饶人处且饶人。
（5）当你对他人表现不满时，	（E）不要生气，要自勉走自己的路。
（6）当你做错事情时，	（F）不要焦虑，要相信人终能战胜环境。
（7）当你对新环境不适应时，	（G）不要内疚，要记得吃一堑，长一智。

① 阳志平，彭华军，等．积极心理学团体活动课操作指南[M]. 2 版. 北京：机械工业出版社，2016：130.

第二站　我的情绪我做主——积极情绪

成长困惑二

看完安然的日记，你是否也有过类似的经历？退一步海阔天空，宽容可以避免不必要的争吵。对于如何合理的化解负面情绪，你是否还有其他的方法和技巧，或是疑惑？

____

____

____

____

____

成长训练营

活动二　快乐大魔盘[①]

1. 情绪测测测

积极的情绪有益于我们的学习和生活，消极的情绪有损于我们的学习和生活。你了解自己的情绪体验状态吗？

____

____

2. 一吐为快

你最近有不顺心的事情或者不良情绪吗？是怎么引起的？请找到和你抽取相同签号的同学，向他倾诉你的烦恼。

第一组：我是　A. 倾诉者　　　B. 倾听者

我的感受是：______________________________

____

____

第二组：我是　A. 倾诉者　　　B. 倾听者

我的感受是：______________________________

____

____

---

① 阳志平，彭华军，等．积极心理学团体活动课操作指南[M]. 2版．北京：机械工业出版社，2016：122.

3. 快乐大魔盘

在生活中遭遇到不良情绪时，我的调节方法有：

____

____

____

____

4. 拥有快乐

（1）做游戏。做击鼓传花游戏，音乐停时花落在谁处，则请他起来讲一则笑话或一个故事，或者以其他方式让同学们笑一笑，使大家亲身感受笑一笑对自己心情的积极作用，让大家感受快乐。

（2）每位同学写一下自己的角色感受与全体同学分享。

①游戏开始时，我希望/不希望花球落在我手里。

②当花球落在我手里时，我感到……

③我已经/还没有准备好一个笑话/故事。

④我有信心/没有信心让同学们笑一笑。

⑤看到他们笑了，我会……

⑥看到他们没笑，我会……

____

____

____

____

活动三　幸福在哪里

1. 播放视频，学生讨论与分享感受。

2. 认识你自己。

（1）我是谁？

请同学们用 10 个词语描述"我是一个……的人"，全方位认识自己、评价自己。

我是一个的（　　　　）、（　　　　）、（　　　　）、（　　　　）、（　　　　）、（　　　　）、（　　　　）、（　　　　）、（　　　　）、（　　　　）的人。

其他同学点评他的评价，看看该生的自我评价和他人评价是否相符。

（2）戴高帽。

6～8 人为一组，由一位同学先起立，介绍自己，如姓名、个性、爱好等。其他同学轮流说出自己所观察到的该同学的优点，需真实、诚恳、具体。

（3）教师总结后，学生进行反思，以下优势是自己新发现的：

实践作业：制作积极自我放松训练视频

制作积极自我放松训练视频。评分表如下：

积极自我放松训练视频评分表

序号	评分标准	得分
1	内容完整，含训练过程、体会等（30 分）	
2	能树立掌握放松训练的过程（30 分）	
3	内容令人印象深刻，个人形象饱满（40 分）	

成长体验与感悟

亲爱的同学们，我们一起走过了《成长驿站二　快乐随行，体会幸福感和积极情绪》，相信你一定有很多感悟和收获。

请在这里留下你此时此刻的感受吧！让我们一起来见证你的成长！

小星星亮起来！☺

自我评价：☆☆☆☆☆☆☆☆☆☆

同伴评价 1：☆☆☆☆☆☆☆☆☆☆

同伴评价 2：☆☆☆☆☆☆☆☆☆☆

同伴评价 3：☆☆☆☆☆☆☆☆☆☆

教师评价：☆☆☆☆☆☆☆☆☆☆

恭喜你，完成了成长驿站二的学习，获得__________称号！

教师寄语：

教师签名：

成长驿站三

抗压耐挫，直面人生

第一站　人无压力轻飘飘，井无压力不喷油

成长困惑一

同学们，你是如何看待成长过程中的压力和挫折的呢？

成长训练营

活动一　句子接龙：“成长是＿＿＿＿＿＿”

从小时候的牙牙学语蹒跚学步，到今天的渴求知识准备展翅高飞，这一路上的你或跌跌撞撞，或充实顺畅，对于成长也都有了自己的体味和感受。在你心里，成长是什么样子的呢？请写下三句：

成长是＿＿＿＿＿＿＿＿＿＿＿＿＿＿＿＿＿＿＿＿＿＿＿＿＿＿＿＿＿＿

成长是＿＿＿＿＿＿＿＿＿＿＿＿＿＿＿＿＿＿＿＿＿＿＿＿＿＿＿＿＿＿

成长是＿＿＿＿＿＿＿＿＿＿＿＿＿＿＿＿＿＿＿＿＿＿＿＿＿＿＿＿＿＿

请和同桌或前后座的其他三位同学交流对于成长的理解，选出你最喜欢的一条。

1. 学生自评：在听到同学们对于成长的不同认识后，你从这三位同学的表述中选出每个人最有新意的一条，记录下来。

2. 教师点评：

活动二　成长的历程："蛋和鸡"

1. 在成长的历程"蛋和鸡"的活动中，你最终的"战绩"是（请在属于你的状态上打"√"）：

A. 成长为一只鸡

B. 一只半成年鸡

C. 刚出壳的小鸡

D. 退回到了蛋的状态

2. 在以下哪个成长历程中，你经历反复的次数最多？（请在属于你的状态上打"√"）

A. 鸡　　B. 半成年鸡　　C. 刚出壳的小鸡　　D. 蛋

3. 在历经成长的反复过程中，你的心情是怎样的？请用文字或图画展示出来。

第二站　挫折就像一跳板，弹跳高度任你选

成长困惑二

我对挫折的态度：______

我对挫折的理解：______

成长训练营

活动三　“齐眉棍”

1. 在“齐眉棍”体验活动中，你最大的心理压力是什么？你又是如何应对的？

______

______

2. 当你面对一次次失败，又遭到队友的抱怨和责备时，你内心的感受是什么样的？当你看到队友之间产生抱怨或责备时，作为团队一员，你是否采取了有效措施化解团队成员之间的摩擦？还是选择了旁观，不发一言？

______

______

3. 你认为所在团队成功的秘诀是什么？

______

______

4. 请为你的团队打分（各项满分 5 分）：

序号	成员	领导力	组织力	参与度	贡献度	合计	备注
							队长

实践作业：身边的榜样

寻找身边的榜样人物，感受奋进的积极力量。

成长体验与感悟

亲爱的同学们，我们一起走过了《成长驿站三　抗压耐挫，直面人生》，相信你一定有很多感悟和收获。

请在这里留下你此时此刻的感受吧！让我们一起来见证你的成长！

小星星亮起来！☺

自 我 评 价：☆☆☆☆☆☆☆☆☆☆

同伴评价1：☆☆☆☆☆☆☆☆☆☆

同伴评价2：☆☆☆☆☆☆☆☆☆☆

同伴评价3：☆☆☆☆☆☆☆☆☆☆

教 师 评 价：☆☆☆☆☆☆☆☆☆☆

恭喜你，完成了成长驿站三的学习，获得__________称号！

教师寄语：

教师签名：

成长驿站四

积极互动，构建和谐人际关系

第一站　成长路上，感谢有你：大学生人际关系概述

成长困惑一

看完安然的日记，请思考一下，你遇到过安然日记中的苦恼吗？你认为安然和舍友产生矛盾的主要原因是什么？安然“随心所欲、自由自在”的理念对吗？

成长训练营

活动一　宿舍心灵花园创意海报秀

1. 活动前，请回忆一下，你了解同宿舍同学的基本情况吗？请填写下表。

宿舍同学基本情况统计表

序号	舍友姓名	生日	家乡	兴趣爱好	你对他/她的了解程度（0～10 分）	
					活动前	活动后
1						
2						
3						
4						
5						
6						
7						

2. 通过参与宿舍心灵花园创意海报秀，你对宿舍成员的情况是否更加了解了呢？请继续完善你的表格。

3. 你觉得这次活动有哪些收获呢？

____

____

活动二　人际交往户外体验：信任之旅

1. 你在第一轮旅行中扮演的什么角色？A. 盲人（　　）　　B. 拐杖（　　）

你感觉自己在哪些方面做得很好？你的搭档在哪些方面做得很好？你还有哪些方面需要提升或还有困惑？

____

____

2. 你在第二轮旅行中扮演的什么角色？A. 盲人（　　）　　B. 拐杖（　　）

你感觉自己在哪些方面做得比第一轮更好？你的搭档在哪些方面做得更很好？

____

____

活动三　人际交往户外体验：解开千千结

一开始你认为全班“解开千千结”的任务能完成吗？你感觉自己哪些方面做得很好，从而帮助全班解开了“千千结”？你还有哪些方面需要提升或还有困惑？

____

____

第二站　构建和谐人际关系：积极有效的沟通方法

成长困惑二

你认为安然做得对吗？如果遇到这样的舍友，请你想想，要采取怎样的方式方法交流，才能和他达成一致的约定呢？

___

___

成长训练营

活动四　沟通架起成功的桥梁

1. 积极语言练习。

（1）你寒假刚刚到家，父母准备了丰盛的饭菜欢迎你回来，这时候你会说什么，让父母感到高兴？

___

___

（2）假期里，你想给父母要点钱，用于给好朋友买生日礼物，你要怎么说，父母才会痛快地答应给你钱？

___

___

（3）你在宿舍专注于看电影，瓜子皮扔了一地，舍友回来要求你把瓜子皮打扫干净，你想看完再打扫，这时你怎么说，舍友才会高兴？

___

___

（4）舍友专注于看电影，瓜子皮扔了一地，这时你回来了，你想让他/她一会儿把地扫干净，这时你怎么说，舍友才会接纳你的意见？

___

___

2. 通过今天的活动，你有哪些发现和体验，试着将你的想法写下来吧！

___

___

___

实践作业：我们的宿舍我们的家

请你课后通过调查，多角度、多方位了解你所在的宿舍究竟是什么样子的，完整填写下列内容后，再拍摄视频：

1. 宿舍全体成员姓名：

____

____

____

____

____

2. 拍摄和制作视频人员分工：

____

____

____

____

____

3. 拍摄主题：

____

____

____

____

____

4. 拍摄感悟：

____

____

____

____

____

5. 拍摄评分（满分 100 分）：

你对你们宿舍的视频满意度分数是________分。

你认为自己在其中的贡献度分数是________分。

成长体验与感悟

亲爱的同学们，我们一起走过了《成长驿站四　积极互动，构建和谐人际关系》，相信你一定有很多感悟和收获。

请在这里留下你此时此刻的感受吧！让我们一起来见证你的成长！

小星星亮起来！☺

自 我 评 价：☆☆☆☆☆☆☆☆☆☆

同伴评价 1：☆☆☆☆☆☆☆☆☆☆

同伴评价 2：☆☆☆☆☆☆☆☆☆☆

同伴评价 3：☆☆☆☆☆☆☆☆☆☆

教 师 评 价：☆☆☆☆☆☆☆☆☆☆

恭喜你，完成了成长驿站四的学习，获得__________称号！

教师寄语：

教师签名：

成长驿站五

谢谢你，让我遇到更美好的自己

第一站 问世间情为何物：认识爱情

成长困惑一

到底什么是爱情呢？

成长训练营

活动一　爱情 AI 模拟题

请模拟戴上 AI 眼镜，进入爱情情景，并根据以下提示进行训练：写一段关于自己积极方面的文字，如我有哪些优点，擅长做什么，有哪些重要的品质和能力，有哪些事情可以证明自己还不错。

活动二　爱要如何说出口

1. 如果你是 A，请把你能想到的爱情的表达方式写出来。

2. 如果你是 B，请把你希望得到的爱情的表达方式写出来。

3. 与你的搭档交流一下，你们有没有相同的表达方式？哪种方式的成功率更高？为什么？

第二站 拨弄爱的琴弦：培养积极的爱情观

成长困惑二

这些不合理的期待对亲密关系尤其是爱情会有怎么样的影响呢？

成长训练营

活动三 爱情的“利息”：故事结局设想

1. 根据自己的想法来对故事的发展和结局进行设想：

2. 小组分享：写完之后，在小组内分享自己的故事结局，并说明为什么会有这样的结局。把你觉得其他同学有趣的设想记录下来。

3. 活动反思：为了以后我们能获取更多的爱情“利息”，我们现在应该如何做呢？

实践作业：我的理想恋人

请以“我的理想恋人”为主题，给未来的心爱的他/她，写一封情书，恰当地表达自己的爱，培养爱的能力。

姓名：　　　　年　月　日

成长体验与感悟

亲爱的同学们，我们一起走过了《成长驿站五　谢谢你，让我遇到更美好的自己》，相信你一定有很多感悟和收获。

请在这里留下你此时此刻的感受吧！让我们一起来见证你的成长！

小星星亮起来！☺

自 我 评 价：☆☆☆☆☆☆☆☆☆☆

同伴评价 1：☆☆☆☆☆☆☆☆☆☆

同伴评价 2：☆☆☆☆☆☆☆☆☆☆

同伴评价 3：☆☆☆☆☆☆☆☆☆☆

教 师 评 价：☆☆☆☆☆☆☆☆☆☆

恭喜你，完成了成长驿站五的学习，获得__________称号！

教师寄语：

教师签名：

成长驿站六

开放创新，点燃智慧的力量

第一站　打开智慧之门，认识学习

成长困惑一

你遇到过安然日记中的苦恼吗？你是怎么看待大学学习的？

1. 在我心中，大学学习是：______________________________

2. 我认为，安然应该：______________________________

成长训练营

活动一　探寻你的学习优势

1. 放松状态。请你坐在自己的座位上，轻轻闭上眼睛。
2. 进行冥想。请跟着老师的引导语和轻松的背景音乐进行想象。
3. 学习优势。请你将放松练习中联想到的自己最擅长的5～10个学习方法写下来：

（1）________________

（2）________________

（3）________________

（4）________________

（5）________________

（6）________________

（7）________________

（8）________________

（9）________________

（10）________________

4. 秘诀分享。请你和同学们分享自己的学习诀窍。
5. 改革计划。请你根据以上的训练总结下一步自己准备采取的学习方法改革计划。

（1）________________

（2）________________

（3）________________

（4）________________

（5）________________

（6）________________

（7）________________

（8）________________

（9）________________

（10）________________

活动二　寻找记忆的钥匙

1. 教师导入。

2. 组建团队。随机抽选卡牌，根据要求迅速组成6～8人一组的团队，每组推选一名组长。

3. 比拼活动。

（1）食物连连串。请重复前面同学说出的食物名称，并说出自己的食物名称。

（2）谁是速记王。请将老师呈现的20个无规律的两位数进行一分钟速记，一分钟之后写在《记忆比拼记录纸》上。

（3）词语串串烧。请将老师呈现的词语进行30秒速记，将记住的词语在《记忆比拼记录纸》上写下来，顺序不计，正确答案数量多者取胜。

（4）九格调味盘。请将老师呈现的九宫格图片进行30秒时间速记。回答相应问题，并将答案写在《记忆比拼记录纸》上。正确答案数量多者取胜。

记忆比拼记录纸
谁是速记王
词语串串烧
九格调味盘

4. 分享感悟。你在四个记忆游戏中有什么感受？你觉得自己发挥得怎么样？你觉得如何提高记忆效果？请你和同学们一起分享记忆方法。

______

______

______

5. 教师总结。

______

______

______

第二站　在心流体验中收获智慧，学会创新

成长困惑二

你目前的学习状态是什么样子呢？你认为安然可以如何提高学习效率呢？

1. 我目前的学习状态是：____

____

2. 我认为，安然可以：____

____

成长训练营

活动三　智力大冲浪

1. 放松训练。闭上眼睛，请你以舒服的姿势坐在座位上，做一会儿“白日梦”。
2. 热身游戏——举起大力士。要求：每个人只能动用自己的一到两根手指。
3. 创造力大比拼。

（1）它能做什么？

将班级分为三大组，每一组分别从下列三样物品中选择一个，请你独立思考，在纸上尽可能写下该物品的用途。5 分钟计时结束后数量多者获胜。

铅笔	红砖	回形针

（2）汉字变变变。

请你独立思考 5～10 分钟，在以下 10 个十字上加上笔画（最多不得超过 3 笔），使其构成新的字。速度最快者获胜。

十	十	十	十	十
十	十	十	十	十

（3）相交的直线。

每两条直线相交都可以有 1 个交点。那么，3 条直线相交最多可以有几个交点？4 条

直线相交最多可以有几个交点？5条直线相交最多可以有几个交点？

你有5分钟时间在纸上画出相应的图形，并向同桌加以说明。

三条直线	四条直线	五条直线

（4）“0”是什么？

分为4～6人一组，每个小组有5分钟的时间讨论“0”可以代表什么，请你们以小组为单位，讨论结束后写下答案。每一组推选一位代表上台分享。

4. 教师总结。

活动四　感受心流的力量

1. 导入。

请回顾近三到五年的生活，列举出你最喜欢做的一件事情、最想做的一件事情、一直坚持的一件事情。写一写这几件事情带给你的感受。

我最喜欢做的事情：________________

____

我最想做的事情：________________

我的感受：________________

____

我从多年前一直坚持到现在的事情是什么？是什么力量让我能够一直坚持做下去？

事件：________________

动因：________________

我的感受：________________

____

2. 探索心流体验。

3. 相互分享。

4. 教师总结。

实践作业：制订一个月学习计划

（一）作业内容

制订一个月的学习计划，并找一位学习伙伴，相互督促。

每周计划	每周完成情况	
	自己评分	同伴评分
第一周	☆ ☆ ☆ ☆ ☆ ☆ ☆ ☆ ☆ ☆	☆ ☆ ☆ ☆ ☆ ☆ ☆ ☆ ☆ ☆
第二周	☆ ☆ ☆ ☆ ☆ ☆ ☆ ☆ ☆ ☆	☆ ☆ ☆ ☆ ☆ ☆ ☆ ☆ ☆ ☆
第三周	☆ ☆ ☆ ☆ ☆ ☆ ☆ ☆ ☆ ☆	☆ ☆ ☆ ☆ ☆ ☆ ☆ ☆ ☆ ☆
第四周	☆ ☆ ☆ ☆ ☆ ☆ ☆ ☆ ☆ ☆	☆ ☆ ☆ ☆ ☆ ☆ ☆ ☆ ☆ ☆

（二）作业要求

（1）每日清晨，想一想下面两个问题：我今天要做什么？我要如何开始这一天？

（2）在每周结束后对自己的完成情况进行自评和同伴互评，满分 10 颗星。

成长体验与感悟

亲爱的同学们，我们一起走过了《成长驿站六　开放创新，点燃智慧的力量》，相信你一定有很多感悟和收获。

请在这里留下你此时此刻的感受吧！让我们一起来见证你的成长！

小星星亮起来！☺

自我评价：☆☆☆☆☆☆☆☆☆☆

同伴评价1：☆☆☆☆☆☆☆☆☆☆

同伴评价2：☆☆☆☆☆☆☆☆☆☆

同伴评价3：☆☆☆☆☆☆☆☆☆☆

教师评价：☆☆☆☆☆☆☆☆☆☆

恭喜你，完成了成长驿站六的学习，获得__________称号！

教师寄语：

教师签名：

成长驿站七

感恩生命，迎接希望

第一站 探寻生命，寻找意义

成长困惑一

人生无常，我们无法挽留亲人的生命，如果你是安然，那么在奶奶生前的每一天，我们能做些什么，多留些美好的回忆，少一些无奈的遗憾呢？请尝试着将自己的想法写下来吧。

成长训练营

活动一　探索我的生命

通过体验，帮助学生深入了解个人的成长过程，接纳、热爱不完美的自己和他人，建立紧密的联系，帮助学生形成感恩、希望等积极心理品质。

1. 我的名字

我的名字		起名人	分数	名字含义
姓名				
小名				
自己起名				

2. 我的家庭故事

我的家庭成员	喜欢顺序	影响顺序	最感动的事
			印象最深刻的事

第二站　感恩于心，幸福生活

成长困惑二

在日常生活中，你经历过帮助别人或受人帮助的事情吗？如果你经历这样的事情，会有什么样的感受？

____

____

____

____

____

成长训练营

活动二　我的五样

请选择你生命中最重要的五样东西，将它们写在纸上。

________的五样

活动三　一封家书/一封感谢信

实践作业：观（读）后感

请选择成长加油站推荐的图书或电影，写一篇观后感或者读后感，不少于 500 字。

姓名		班级	
阅读书目/电影			
一句话总结			
观后感/读后感			

成长体验与感悟

亲爱的同学们，我们一起走过了《成长驿站七　感恩生命，迎接希望》，相信你一定有很多感悟和收获。

请在这里留下你此时此刻的感受吧！让我们一起来见证你的成长！

小星星亮起来！☺

自 我 评 价：☆☆☆☆☆☆☆☆☆☆

同伴评价1：☆☆☆☆☆☆☆☆☆☆

同伴评价2：☆☆☆☆☆☆☆☆☆☆

同伴评价3：☆☆☆☆☆☆☆☆☆☆

教 师 评 价：☆☆☆☆☆☆☆☆☆☆

恭喜你，完成了成长驿站七的学习，获得__________称号！

教师寄语：

教师签名：

成长驿站八

通往幸福之路，收获幸福心理

第一站　我和我的幸福清单：感知幸福

成长困惑一

你是否像安然一样，对于“幸福”没有准确、清晰的认识，感到无从下手，不知道如何来描述？你是否曾经评估过自己的幸福程度，苦恼不知道如何来维持或者提升自己的幸福感？对于幸福，你是否还有其他的困惑？请尝试将自己的想法写下来。

成长训练营

活动一　幸福猜猜乐

以下是对幸福的不同描述，请在下方横线处对描述的正误做出判断并做出自己的解释。

描述1：金钱越多，幸福感越强。＿＿＿＿＿＿＿＿＿＿＿＿＿＿＿＿＿＿＿＿＿＿＿

＿＿＿＿＿＿＿＿＿＿＿＿＿＿＿＿＿＿＿＿＿＿＿＿＿＿＿＿＿＿＿＿＿＿＿＿＿＿＿

描述2：做完美容手术变美丽的人，幸福感更强。＿＿＿＿＿＿＿＿＿＿＿＿＿＿＿＿

＿＿＿＿＿＿＿＿＿＿＿＿＿＿＿＿＿＿＿＿＿＿＿＿＿＿＿＿＿＿＿＿＿＿＿＿＿＿＿

描述3：独自品尝一块巧克力，将手中的巧克力赠送给他人，哪种幸福感更强？＿＿＿

＿＿＿＿＿＿＿＿＿＿＿＿＿＿＿＿＿＿＿＿＿＿＿＿＿＿＿＿＿＿＿＿＿＿＿＿＿＿＿

描述4：奥运比赛中获得银牌与获得铜牌相比，哪种更幸福？＿＿＿＿＿＿＿＿＿＿＿

＿＿＿＿＿＿＿＿＿＿＿＿＿＿＿＿＿＿＿＿＿＿＿＿＿＿＿＿＿＿＿＿＿＿＿＿＿＿＿

描述5：身体健康的人比身体不健康的人更幸福。＿＿＿＿＿＿＿＿＿＿＿＿＿＿＿＿

＿＿＿＿＿＿＿＿＿＿＿＿＿＿＿＿＿＿＿＿＿＿＿＿＿＿＿＿＿＿＿＿＿＿＿＿＿＿＿

活动二　幸福特别日志

1. 你经常处于幸福四象限（感悟幸福型、忙碌奔波型、虚无主义型、享乐主义型）中的哪一个象限呢？或者说你对哪一个象限特别感兴趣呢？请在下页“幸福日志纸”相应空格处写下该象限的名字。

2. 请写下符合该象限的经历，包括当时的感受和现在的感受、当时的行为以及当时和现在的想法。每个象限的内容参考如下：

（1）感悟幸福型：描述一下人生中某个特别幸福的时期或者经历。发挥想象力，让自己再次回到那个时候，重温一下当时的感受，并写下来。

（2）忙碌奔波型：写下人生中忙碌奔波的经历。为什么曾经是那样？是否从中受益？付出的代价是什么？

（3）虚无主义型：写下特别痛苦的时刻，或者感到绝望、无助的时刻，并描述当时以及现在对它最深刻的感受和想法。

（4）享乐主义型：写下只顾享乐的时刻或经历。是否从中得到了很多？损失的是什么？

3. 写完后，请从旁观者的角度给自己提建议。

幸福日志纸

象限名称	
内容经历	
建议	

第二站　幸福生活大解密：创造幸福

成长困惑二

你是否也苦恼于不知道如何积极创造属于自己的幸福生活？或者曾经想要走出宿舍、走出家门、走出舒适圈等，但是没有开始行动或没有坚持下来？请把你的想法、没有开始行动或坚持的原因写下来。

____

____

____

____

成长训练营

活动三　幸福档案

将在“幸福冥想”环节中在脑海中呈现的画面，采用绘画或者简单文字展示出来（也可以展示出真实照片），详细介绍事情发生的经过，写出它让你感到幸福温暖的原因以及当下的感受。

幸福档案纸

活动四　幸福礼包大放送

请回顾本学期的学习过程，写下学习前对幸福的理解、感受，现在对幸福的感受，学习过程中通过哪些方法增加了幸福感，遇到哪些人和事让你感受到更多幸福，对自己的改变表示肯定、鼓励和感谢，并写下对未来的期待。

幸福贺信

热烈祝贺我经过一学期的努力，感受到幸福的美好。______________________

____

____

____

____

____

____

____

今后，我将________________________________

____

____

____

姓名：__________

______年____月____日

教师贺语：________________________________

____

____

____

姓名：__________

______年____月____日

实践作业：打造幸福地图

一周时间记录表

天数	事件及所花时间
第一天	
第二天	
第三天	
第四天	
第五天	
第六天	
第七天	

一周事件大汇总

事件	意义	快乐	时间/周

我和我的幸福计划

成长体验与感悟

亲爱的同学们，我们一起走过了《成长驿站八　通往幸福之路，收获幸福心理》，相信你一定有很多感悟和收获。

请在这里留下你此时此刻的感受吧！让我们一起来见证你的成长！

小星星亮起来！☺

自 我 评 价：☆☆☆☆☆☆☆☆☆☆

同伴评价 1：☆☆☆☆☆☆☆☆☆☆

同伴评价 2：☆☆☆☆☆☆☆☆☆☆

同伴评价 3：☆☆☆☆☆☆☆☆☆☆

教 师 评 价：☆☆☆☆☆☆☆☆☆☆

恭喜你，完成了成长驿站八的学习，获得__________称号！

教师寄语：

教师签名：